U0800639

“十四五”高等职业教育公共课程系列教材

现代礼仪

徐美玲　王　琳◎主　编
郭珊珊　雷莲桂　阳　涛◎副主编

中国铁道出版社有限公司
CHINA RAILWAY PUBLISHING HOUSE CO., LTD.

内容简介

本书从三大方面精心编写，第一篇为中华优秀传统礼文化与社会主义核心价值观的密切联系；第二篇为现代公关礼仪；第三篇为轨道交通服务礼仪。

本书传承并弘扬中华优秀传统礼文化精髓，以践行社会主义核心价值观为导向，以全面提高学生职业礼仪素养、综合素质能力为主导思想，突出礼仪学科操作性与应用性强的特点，在内容编排上，设计了情景案例、知识链接、演礼训练、思考应用、礼仪热点等模块。

本书适合作为高等职业院校通用教材，也可作为轨道交通行业运输服务岗位职业礼仪培训教材，还可作为社会各界读者的自学读物。

图书在版编目（CIP）数据

现代礼仪/徐美玲，王琳主编. —3版. —北京：中国铁道出版社有限公司，2023.2

"十四五"高等职业教育公共课程系列教材

ISBN 978-7-113-29574-5

Ⅰ.①现… Ⅱ.①徐…②王… Ⅲ.①礼仪-高等职业教育-教材 Ⅳ.①K891.26

中国版本图书馆CIP数据核字（2022）第146146号

书　　名：现代礼仪
作　　者：徐美玲　王　琳

策　　划：王春霞　　**编辑部电话：**（010）63549501
责任编辑：王春霞　包　宁
封面设计：刘　颖
责任校对：刘　畅
责任印制：樊启鹏

出版发行：中国铁道出版社有限公司（100054，北京市西城区右安门西街8号）
网　　址：http://www.tdpress.com/51eds/
印　　刷：河北宝昌佳彩印刷有限公司
版　　次：2016年8月第1版　2023年2月第3版　2023年2月第1次印刷
开　　本：787 mm×1 092 mm　1/16　**印张：**13.25　**字数：**328千
书　　号：ISBN 978-7-113-29574-5
定　　价：38.00元

前　言

荀子曰："礼者，人道之极也。"礼是做人的头等大事，礼仪规范作为人类社会交往的"通行证"，是人们寻求自身发展、约束修身行为的基本准则。礼仪是治理强大国家的力量所在。

我国素以"礼仪之邦"著称于世，讲"礼"重"仪"是我们中华民族的传统美德。随着全球政治、经济、文化交流以及日常社会交往日益频繁，礼仪作为一个人综合素质文明程度的最直观的体现，作为促进经济发展、社会进步与友好合作的推进器的润滑剂，其重要性不言而喻。现代社会正如荀子所说，已走向"人无礼则不生，事无礼则不成，国无礼则不宁"的时代。

根据《教育部关于深化职业教育教学改革全面提高人才培养质量的若干意见》（教职成〔2015〕6号）文件，贯彻执行"大力加强中华优秀传统文化与社会主义核心价值观教育"精神，秉承高职教育"实用为主，够用为度"的原则，依照"轨道交通服务礼仪"课程标准要求，我们编写了本书，以满足新形势下礼仪教学改革的迫切需要，同时为一线教学与培训提供良好的教学材料和教学支持。

本书是集中华优秀传统礼文化与社会主义核心价值观的密切联系、现代公关礼仪、轨道交通服务礼仪为一体的高职礼仪教学及社会培训的教材。

本书传承弘扬中华优秀传统礼文化精髓，以社会主义核心价值观为导向，以全面提高学生职业礼仪素养、综合素质能力为主导思想，突出礼仪学科具有很强操作性与应用性之特点，在内容编排上，设计了大量的情景案例、知识链接、演礼训练、思考应用、礼仪热点等模块内容。

本书第一篇"中华优秀传统礼文化与社会主义核心价值观的密切联系"，可帮助学生理解领会中华礼仪的起源、发展、作用，传承中国礼文化精髓，践行社会主义核心价值观，从个人综合素质层面渗透中华传统文化教育，从个人道德品质层面渗透社会主义核心价值观教育。

本书第二篇"现代公关礼仪"，针对自动控制、装备制造、动力技术、建筑技术、人工智能等专业学生作为美育选修课学习，以及针对社会组织的礼仪培训学习，以礼仪的基本内涵及基本规范为出发点，以社会组织为主体，围绕所展开的各项公共社交活动应遵循的礼仪规范展开阐述，力求将礼仪文化内涵融入教学中，突出理论与实践相结合。

本书第三篇“轨道交通服务礼仪”，针对轨道交通运营管理、铁道运营管理、铁路物流管理（物流管理）等专业学生学习，从服务礼仪的理论到实践，分章进行阐述，力求贴近轨道交通专业群服务工作岗位与职业要求，着重提高轨道交通服务行业员工的职业礼仪素养和综合素质，增强服务能力，争创优质服务。

总之，本书有以下特点：一是实用性。本书的基本理论简明扼要、通俗易懂、突出重点；在编排上，注重理论联系实际，设置情景导入与案例分析；注重学生职业素养培养，符合企业岗位礼仪服务要求；注重职场沟通能力培养，设置实践应用。二是生动性。本书内容主线清晰，图文并茂，传统礼仪精髓与现代礼仪规范有机融合，知识学习与实践应用有机融合，素质教育与职业教育有机融合。三是推广性。本书适合作为高等职业院校的通用教材，也可作为轨道交通行业运输服务岗位职业礼仪培训教材，还可作为社会各界读者的自学读物。

参与本书编写的编者都是来自高等职业院校长期从事礼仪教育教学一线或铁道运营管理及城市交通运营管理一线的、具有丰富教学经验的优秀教师和具有实战经验的企业专家，他们对礼仪课程标准、教学理论和礼仪教育现状都有着透彻的理解，并将其注入本书的编写之中。本书由徐美玲、王琳任主编，郭珊珊、雷莲桂、阳涛任副主编，季玉婷、江好、王蓉、俸毅、赖华生参与编写。

在编写本书过程中，编者参考并引用了许多礼仪方面的专家、学者的理论观点、著作和研究成果，也从中获得许多启迪，在此深表谢意！同时非常感谢中国铁路南宁局集团有限公司南宁车务段及南宁地铁有限公司给予的大力支持和指导！

由于时间紧迫，书中许多内容及措辞尚未仔细推敲，难免有不足和疏漏之处，敬请各位专家与广大读者斧正。

编　者

2022 年 10 月

目　录

第一篇　中华优秀传统礼文化与社会主义核心价值观的密切联系

第二篇　现代公关礼仪

第三篇 轨道交通服务礼仪

第一篇

中华优秀传统礼文化与社会主义核心价值观的密切联系

第一章

礼仪的起源与发展

学习目标

通过本章学习，应该达到以下目标：

知识目标：了解礼仪的起源、发展；掌握礼仪的含义与功能，了解职业礼仪的相关理论知识。

能力目标：运用礼仪的相关知识对身边的礼仪现象和规范做出审视。

素质目标：树立礼仪思想，培养职业情感，自觉将礼仪的观念、规范融入职业之中。

核心概念

礼仪的起源与发展　　礼仪的含义与特点　　功能　　职业礼仪

自古以来，礼仪都是一个国家、一个民族文明程度的重要标志，作为在人类历史发展中逐渐形成并积淀下来的一种文化，礼仪是衡量社会公众教养和道德水准的尺度。

中华民族的礼仪文化历史悠久，在世界上享有“礼仪之邦”的美称，古人有言：“中国有礼仪之大，故称夏，有服章之美，谓之华。”古代华夏族正是以丰富的礼仪文化而受到周边其他民族的赞誉。

如今，在社会系统中，每一个社会组织和个人都需要在广泛、频繁的社会交往中谋求自身的发展，人们已经把讲究礼仪看作自己走向社会的名片、广交朋友的法宝，甚至是生活和事业成功的基础。

随着物质生活水平的提高，人们对于精神文明的诉求也越来越高。对内，要求我们懂得自己民族文化道德礼仪，立于敬，尊于德；对外，迫切地要求我们在对外交往中能够了解到国际惯例，掌握好职业礼仪，从而更加有效地与他人沟通，取胜于职场。

第一节　礼仪的起源

礼仪是伴随着原始宗教的产生而产生的。礼的宗教起源于自然界，是古人敬天畏神的观念和认识的反映。原始宗教中的祭祀活动，成为人类社会最初的礼仪。原始先民在其生活实践中，认识到许多自然现象对人类生活有害也有益，如由雷电引发的森林大火，可能导致人被火烧死，而另一方面，烧死的动物又能为人类提供熟食，当时的原始先民，并不知道影响人类命运的这些自然现象发生的原因和规律，他们认为自然现象充满了神秘感，并对其满怀敬畏感和恐惧感，进而产生了“万物有灵”“图腾崇拜”“祖先崇拜”等观念，并希望通过采用原始宗教仪式，如祭祀、崇拜、祈祷等来感化和影响自然神灵，使其多赐福少降灾。

《礼记》曾对礼的起源和发展作出概括：在远古时代，人们把黍米和猪肉放在滚烫的石板上烤炙而食，在地上凿坑作为酒樽，用手捧而饮，再用茅草捆扎成鼓槌来敲击土鼓，表示对鬼神的祭祀。这是远古时代崇拜神灵的礼仪，也是礼的开始。到后来，礼逐渐演变成为一整套祭祀天地鬼神及祖先的政治制度和文物典章制度，尤指为表示敬意或隆重举行的祈福求福活动。

不仅如此，人类在社会群体生活中，相互依赖、相互制约，逐渐形成一种天然的人伦秩序，它是被所有成员共同认可、保证和维护的社会秩序，这是礼形成的另一来源。据说打猎时，不同部落的人相遇，如果双方心怀善意，便伸出各自的手掌，掌心向前，向对方表示自己手中没有石头或者武器；走近后，互相摸摸右手，以示友好。这一出于安全需要的动作一直延续至今，成为人们常用以表示友好的握手礼。

人类进入文明社会后，礼仪的内容得到不断完善和充实，大到国家政治、小到家庭生活，无一不按照一定的程序、仪式进行。在治理国家的过程中，礼仪起到了非常重要的作用，被视为“国之基”，如我们非常熟悉的“跪”“拜”“座次”“举案齐眉”等。

近代，西方的礼仪也被引入中国，注目礼、握手礼等礼节，被人们熟悉与接受，中华优秀传统礼仪又增加了许多符合国际惯例的元素。

与中国的礼仪文化相似，西方的礼仪文化也来自宗教。古代希腊神话中奥林匹斯山上的具有人性色彩的神，如主神宙斯、太阳神阿波罗、智慧女神雅典娜等，他们是可以与人平等交谈、有着人的生理需要的神，今天希腊的许多地方仍然保留着地方神祇和一些流传至今的宗教仪式。

随着文艺复兴这个欧洲文化鼎盛时期的到来，西方人的宗教礼仪转而演变为崇尚一种新的、肯定世俗生活合理性的、强调社会交往和发展社会交际的礼仪，使礼仪的发展进入崭新的一页。

17 世纪，英国资产阶级启蒙思想家洛克在《教育漫话》一书中指出，要想成为一名绅士，就需要美德和礼仪。这里所指的礼仪，是指待人接物、处世为人的礼貌、礼节和风度。

从此之后，欧洲的礼仪教育逐渐成为学校教育和社会教育的重要内容，形成了现代意义上的人文礼仪和社交礼仪。

可以说，人类的礼仪文化，博大精深、源远流长，各国家、各地区、各民族随着交往的日益密切，礼仪不断地相互影响、渗透，取长补短，不断地被赋予新的内容。

第二节 礼仪的含义与功能

一、礼仪的概念

礼仪是指人们在社会交往中由于受历史传统、风俗习惯、宗教信仰、时代潮流等因素的影响而形成，既为人们所认同，又为人们所遵守，以建立和谐关系为目的的各种符合礼的精神及要求的行为准则或规范的总和。

由于礼仪是社会、道德、习俗、宗教等方面人们行为的规范，所以它是人们文明程度和道德修养的一种外在表现形式，道德是礼仪的基础，礼仪是道德的表现形式。

礼仪对个人而言，是一个人思想水平、文化修养、交际能力的外在表现。

现代社会中，得体的礼仪使人们充满友爱、信任和欢乐，它关系到整个社会的精神文明、社会风气和民族风貌。

二、礼仪的特点

礼仪作为人们在社会交往中必须遵守的行为规范，具有鲜明的时代特征和社会特征。

（一）传承性

礼仪将人们在长期生活及交往中的习惯、准则固定并传承下来，有着广泛的社会文化基础。任何国家的礼仪都有自己鲜明的特色，当代礼仪都是在本国古代礼仪的基础上继承和发展起来的。作为文明的积淀，礼仪在人们相互交往中传播、继承、相沿成习并固定下来，流传下去，从而逐渐形成自己的特色，它不会因为社会制度的更替而消失。中华民族“礼仪之邦”五千年文明史，深深地融入现代礼仪之中，约束并规范着现代人的行为，对于既往的礼仪遗产，正确的态度不应当是食古不化，全盘照搬，而应当是有继承，有扬弃，有发展。

（二）规范性

礼仪指的是人们在交往场合中必须遵守的行为规范，它规范着人们在一切交际场合的言谈话语，行为举止，这是一种“通用语言”，能衡量他人、判断自己是否律己、敬人的一种尺度。因此，如果要在交际场合表现出合乎礼仪、彬彬有礼，就要对礼仪规范无条件地加以遵守。那些另起炉灶，自搞一套，或者只遵守个人适应的部分，不遵守自己不适应的部分，都难以为交往对象所理解、所接受。

（三）差异性

不同的文化背景，产生不同的礼仪文化，不同的地域文化决定着礼仪的内容和形式，不同的民族，其风俗习惯、礼仪文化各有千秋。首先，在不同国家、不同民族间的交往方式、习惯不同所形成的礼仪是不同的，中国古代崇拜龙，把龙当成崇拜的图腾，现在成了吉祥喜庆的代名词，而在英国以至整个西方世界，龙是凶残阴险的标志。其次，不同的交往地点和交往时间，同一礼仪形式也会有不同的含义。与朋友在家里聚会，适当提高声音是一种热情的表示，但如果在公共场合，声音太大则会被人理解为不文明、粗鲁、不拘小节。再次，同一礼仪形式对于不同对象也有不同的含义，如面对长辈，倾听时需要主动侧身靠近以示尊重，但如果面对同龄异性就易被误会。

（四）可操作性

切实有效，实用可行，是礼仪一大特征。礼仪既在总体上有礼仪原则、礼仪规范，又在具体的细节上有一系列的方式、方法，仔细地对礼仪原则和规范加以贯彻，使之言之有物行之有礼，不尚空谈。礼仪的易记易行，使其被人广泛运用于交际实践，受到公众的认可。

三、礼仪的功能

西方哲人赫尔岑说：“生活里最重要的是有礼貌，它比最高的智慧，比一切学识都重要。”我国古代更是把是否有礼看成是能不能具备做人资格的标准。《礼记》：“今人而无礼，虽能言，不亦禽兽之心乎？”“是故圣人作，为礼以教人。使人以有礼，知自别于禽兽。”所以有人将中国传统的礼制文化称为“耻感文化”。

现代社会，礼仪已渗透人们工作、生活的各个方面，其所发挥的作用也越来越大。

（一）教育功能

礼仪是人类社会进步的产物，是传统文化的重要组成部分。礼仪蕴涵着丰富的文化内涵，体现着社会的要求与时代精神。礼仪通过评价、劝阻、示范等教育形式纠正人们不正确的行为习惯，指导人们按礼仪规范的要求去协调人际关系，维护社会正常生活。让国民都来接受礼仪教育，可以从整体上提高国民的综合素质。

（二）沟通功能

礼仪行为是一种信息性很强的行为，每一种礼仪行为都表达一种甚至多种信息。各种传播媒体在人们不同的交往形式中发挥着作用，这些交往包括人与人的直接交往，如聚会、访问、谈判等，以及人们通过报纸、刊物、广播等展开的间接交往，这些交往促进了彼此间信息的流动，实现了人与人之间的信息沟通，不仅能唤起人们的沟通欲望，彼此建立起好感和信任，而且可以促成交流的成功和范围的扩大，进而有助于事业的发展。

（三）协调功能

在人际交往中，不论体现的是何种关系，维系人们之间沟通与交往的礼仪，都承担着十分重要的“润滑剂”作用。礼仪的原则和规范，约束着人们的动机，指导着人们立身处世的行为方式。礼仪借助一定的形式，如问候、握手、邀请、迎送、慰问等，促进人际关系的协调。一个组织与公众的关系是丰富多样的，有内部公众关系，如职工关系、干群关系等；也有外部公众关系，如顾客关系、新闻媒介关系等。如果人们遵从社会的行为规范，就可以保持一种平等、相互尊重、相互帮助的关系，避免出现人际障碍和摩擦，使人际关系更加和谐，社会秩序更加有序。

（四）塑造功能

礼仪讲究和谐，重视内在美和外在美的统一。礼仪在行为美学方面指导着人们不断地充实和完善自我并潜移默化地熏陶着人们的心灵。使人们的谈吐变得越来越文明，装饰打扮变得越来越富有个性，举止仪态越来越优雅，并符合大众的审美原则，体现出时代的特色和精神风貌。

（五）维护功能

礼仪作为社会行为规范，对人们的行为有很强的约束力。在维护社会秩序方面，礼仪起着一定的作用。社会的发展与稳定、家庭的和谐与安宁、邻里的和谐、同事之间的信任与合作，都要求人们共同遵守礼仪的规范。社会上讲礼仪的人越多，社会便会更加和谐。

第三节 礼仪与职业发展

现代社会的发展，使得劳动分工日趋细化，职业的种类也就更为繁杂。任何一种职业，都要直接或间接地面对公众，都有对外交往的任务和需要，这就必然会涉及礼仪问题。其中有些服务性行业，如旅游餐馆、交通通信、医疗卫生、金融商贸等，更是“礼仪职业”。对于上述行业来讲，礼仪不仅是工作对象的要求，也是树立行业形象，推动事业走向兴旺发达的重要条件。

职业礼仪是在职场交往中，以一定的、约定俗成的程序、方式来表现的律己、敬人的过程，涉及穿着、交往、沟通、情商等内容，是职场中个人修养的集中表现。从个人修养的角度来看，礼仪可以说是一个人内在修养和素质的外在表现；从交际的角度来看，礼仪可以说是人际交往中适用的一种艺术，一种交际方式或交际方法，是人际交往中约定俗成的示人以尊重、友好的习惯做法；从传播的角度来看，礼仪可以说是在人际交往中进行相互沟通的技巧。

一、注重职业礼仪可以提高企业的形象

轨道交通企业的服务人员每天都要接触成千上万的乘客，乘客对轨道交通服务第一印象的产生首先来自服务人员的真诚服务与仪容仪表形象。

良好的仪容仪表，会使人产生美好的第一印象，从而对轨道交通企业起到宣传作用，同时还能弥补某些服务方面的不足；反之，不好的仪容仪表往往会令人生厌，即使有热情服务和一流设施也不一定给乘客留下好印象。

轨道交通企业的服务人员的仪表一定要做到整洁和朴素。整洁朴素的仪表可以拉近和乘客的距离，带给乘客清新、健康的印象。

二、注重职业礼仪是迅速改善企业精神面貌，增强凝聚力最好的利器

在轨道交通企业中倡导文明风气、歌颂高尚行为，才能使每个职工都能自觉遵守社会公德。讲文明，有礼貌，懂礼仪，对于轨道交通企业的发展，有着重要的现实意义和进步意义，它代表着一种深刻的道德力量，这种道德力量潜移默化地体现在全体职工身上，它将会成为一种伟大的企业精神，它能够弘扬正气，陶冶情操，增强凝聚力，净化心灵。良好的职业礼仪对于巩固和发展生产和生活秩序，推动社会进步，增强同事感情无疑有着非常重要的意义。

三、注重职业礼仪有助于提升企业的核心竞争力

当前，安全、快捷、经济、环保的高速铁路系统正大大推动我国的经济社会发展，在服务和支撑中国式现代化建设中发挥着越来越重要的作用。作为轨道交通企业的服务人员，接触的乘客来自四面八方，这就要求其具备主动热情、控制情绪、处变不惊等职业素质。

在 2005 年 7 月的一次突发事故中，哈尔滨客运段有 18 趟列车受阻，晚点在 10 小时以上的就有 7 趟。天津车队担当的大连临客，在开原站受阻 4 个多小时，4 号车厢的乘客情绪激动。车长受到围攻和谩骂，他在这节车厢向乘客鞠躬 30 多次，最终感动了乘客。为了保证餐饮的正常供应，每位乘务人员在早晨只喝了一碗粥，并继续为乘客提供细致的服务，这种精神感化了大家，乘客主动帮助乘务人员清理车厢卫生，还组织了义务宣传队，到各车厢宣传要文明乘车，最终列车安全到达目的地。

从上述事件中可以看到，在面对乘客的不满情绪和过激语言时，服务人员除了代表铁路进行道歉外，还应用良好的服务去稳定乘客情绪、化解矛盾。

作为一名优秀的轨道交通企业服务人员，应善于控制自己的情绪，约束自己的情感、克制自己的举动，不论与哪一类型的乘客接触，无论发生什么问题，都能够做到镇定自若，不失礼于人。

当乘客有不满情绪时，往往会对服务人员提出批评，这种批评可能会在不同场合以不同方式提出来。当乘客在公开场合向服务人员疾言厉声时，往往会使人难以接受，遇到这种情况客运服务人员首先需要冷静，不要急于与之争辩，切不可针锋相对，使矛盾激化难以收拾。如

果乘客无理取闹，可以交相关部门或人员解决。

职业礼仪修养是一个人思想觉悟、文化教养、精神风貌的重要标志，是一个国家、一个民族的文明程度和社会风尚及道德水准的重要标志。轨道交通运输企业作为窗口行业，每一名员工的服务形象不仅是个人行为，也体现了整个轨道交通运输企业的形象和员工的整体职业素养，不仅代表着轨道交通运输企业，而且还代表了整个城市的形象。

思考应用

1．简述礼仪的起源。

2．什么是礼仪？什么是职业礼仪？

3．职业礼仪的功能有哪些？

4．实践应用：收集一则礼仪小故事，与同学交流，下节课请同学上台演讲，时间 3 min。

5．案例分析：韶关站曾将200多职工分三批去体验当旅客，感受旅客乘车的难处。他们在暑运客流相对集中期间，分3批用汽车将职工送到韶关市区不同地方下车，让他们背负10 kg以上行李，徒步到火车站，然后再按先后顺序排队买票、检票、候车、进站、上车，分别坐到英德、广州、坪石、郴州、衡阳等地再返回，然后分班组集中讨论，并将个人发言综合讲评，许多职工事后深有体会，如此炎热，坐车很辛苦，出门坐车难处多，情绪很难平静，如果服务质量不到家，旅客有意见合情合理，今后一定要提高服务质量，认真实践“没有旅客的不对，只有我们的不足”的服务宗旨和诺言，以良好的服务态度和优雅的候车环境为铁路运输争光。

请分析韶关火车站这么做的原因。

礼仪热点

☆ 一团和气

明宪宗朱见深曾经画过一幅画，题目是《一团和气图》。画面上人物由于开怀大笑，浑身缩成一个滚圆滚圆的大球，但仔细分辨则会看出，这幅人物像只有一副面孔，实际上却有三个人的身体合在一起。原来，它取材于一则著名的典故：陶渊明、陆修静和慧远法师分别是儒、道、佛三家的门徒，三人私交甚好，经常在一起切磋学问。慧远法师有个不成文的规矩，送客绝不超过山下的虎溪。但有一天，三人边走边谈，不知不觉越过了这个界限，于是相顾开怀大笑，这就是著名的“虎溪三笑”。如今，朱见深借这个典故作了《一团和气图》，则是要求大家“忘彼此之是非，蔼一团之和气”。

中国人用一团和气强调应以和为贵，在日常生活中，中国人不欣赏损人利己的行为。

☆ 汉族传统婚礼和婚俗

中国是“礼仪之邦”，讲究含蓄有礼。这也体现在汉族传统婚礼和婚俗礼仪中。在古代，看亲是婚姻能否成功的一个关键环节，特别是男方，尤其要慎重对待。礼物无非烟酒点心之类，不在乎数量多、价值高，而一定要让对方喜欢，切忌触犯对方父母的禁忌；衣着打扮要大方入时；言行举止要谦虚有礼。这样看来，现代的相亲跟古代有一定的渊源。古代迎娶的礼仪如戴戒指、改称呼、回礼、订婚宴、送客、礼车、拜天地、进洞房等，这些都是精华。婚礼仪式可以看出一个社会的发展状况、一个民族的文化特点。同时也是历史发展的一面小小镜子。现在，对于传统的婚礼礼仪复兴，应弘扬继承优秀传统文化的婚俗礼仪精华，使优秀传统文化得到传承。

第二章 中华优秀传统礼文化

学习目标

通过本章学习，应该达到以下目标：

知识目标：了解并掌握“尊老敬贤”“仪尚适宜”“礼貌待人”“容仪有整”等优秀传统文化内涵及其作用。

能力目标：继承中华民族优秀礼文化，践行中华优秀传统美德。

素质目标：具有自觉应用优秀传统礼文化的强烈意识，以优秀传统礼文化精髓修炼素质涵养。

核心概念

传统礼文化　尊老敬贤　仪尚适宜　礼貌待人　容仪有整　经典名言

第一节 尊老敬贤

孟子说：“养老尊贤，俊杰在位，则有庆。”（注：《孟子·告子下》）“庆”就是赏赐。古代这种传统礼仪，对于形成温情脉脉的人际关系，以及有序和谐的伦理关系，起着重要作用。

尊老是中华优秀传统文化中的一大特色。古代的敬老，并不是只停留在思想观念和说教上，也并不仅止于普通百姓的生活之中。从君主、士族到整个官绅阶层，都在身体力行，并且形成一套敬老的规矩和养老的礼制。

《礼记》记载：“古之道，五十不为甸徒，颁禽隆诸长者。”（注：《礼记·祭义》）就是说，五十岁以上的老人不必亲往打猎，但在分配猎物时要得到优厚的一份。一些古籍，对于同长者说话时的声量，也作了明确的要求。如《养蒙便读》说：“侍于亲长，声容易肃，勿因琐事，大声呼叱。”（注：《养蒙便读·言语》）《弟子规》又说：“低不闻，却非宜。”总之，上至君王贵族，下达庶人百姓，都要遵循一定的规矩，用各种方式表达对老者、长者的孝敬之意，以作为衡量一个人是否有修养的重要标志。

任何形态的社会，都需要尊敬老人。不仅因为老人阅历深，见闻广，经验多，劳动时间长，对社会贡献大，理应受到尊敬，而且他们在体力和精神上较弱，需要青年人的体贴、照顾和帮助。作为一个有礼貌的现代青年，对长者和老人，应该做到：路遇主动谦让，乘车主动让座，在商店、戏院等公共场所，应尽量为老人创造方便条件。

关于敬贤，三国时候有个典故，叫“三顾茅庐”。说的是刘备仰慕诸葛亮的才能，要请他帮助自己打天下，便不厌其烦地亲自到诸葛亮居住的草房请他出山。一而再，再而三，诸葛亮才答应。从此，诸葛亮的雄才大略得以充分发挥，为刘备的事业“鞠躬尽瘁，死而后已”。

纵观中国古代历史，历来有作为的君主，大多非常重视尊贤用贤，视之为国家安危的决定因素。若平时不敬贤，到了紧急关头，贤才就很难为国分忧。不是他们不为国家着想，而是国家缓贤忘士，如此“而能经其国存者，未曾有也。”（注：《墨子·亲士》）

今天提倡发扬古代“敬贤之礼”，并赋予时代精神，就是要尊重知识，尊重人才。

当今社会，各种竞争越来越激烈。种种竞争，归根到底是人才的竞争。大至国家民族，小到公司企业，要在激烈的竞争中保持优势地位，都必须拥有强大的人才队伍。只有从思想观念到具体行动上尊重、爱护人才，使全社会形成一个尊重知识、尊重人才的良好环境，形成足够强大的人才队伍，才能立于不败之地。

第二节 仪尚适宜

中华民族素来注重通过适合的形式，表达人们内心丰富的情感。遇到重大节日和发生重要事件，多有约定俗成的仪式。如获得丰收，要欢歌庆贺；遭到灾祸，要祈求神灵保佑。久而久之，就形成许多节庆及礼仪形式，如春节、元宵节、中秋节、重阳节等，几乎每个节日，都有特定的礼俗。

在古代，婚、丧和节庆等活动是作为社会生活中的大事来对待的，其礼仪规定得格外详尽而周密，从服饰、器皿到规格、程序和举止的方位，都有具体的规定。

今天，我们要保持和发扬中华民族优秀的礼仪文明，最重要的一点，就是适宜。即如程颢、程颐所主张：“奢自文生，文过则为奢，不足则为俭。”（注：《二程集》程氏外书卷六）可见，仪式的规模在于得当，适当的文饰是必要的，但文饰过当就会造成奢侈浪费，偏离礼规的要求；而过于吝啬，妨碍到仪式的实行也是不得体的。古人这种见解非常精辟，对我们今天举行各种仪式具有指导作用。

在当今的社会活动中，举行各种仪式仍然是不可缺少的。公司开张、儿女婚嫁，各种节庆活动，都有不同的仪式。我们要把握好各种仪式的规模，就必须掌握好适度的原则，要使必要的仪式同现代文明相结合，相关的活动既郑重其事，又不至于华而不实。尤其要反对那种借婚丧庆典之机，大操大办，铺张浪费的现象；反对那种认为仪式越隆重越好，越豪华越合乎礼规的做法。如：当今不少新婚夫妻为使婚礼够排场，互相攀比，甚至债台高筑，造成巨大浪费。这既不符合我们的优良传统，又不符合我们的国情、民情。

第三节 礼貌待人

任何一个文明社会，任何一个文明民族，人们总是十分注重文明礼貌。因为礼貌是人类社会据以促进人际交往友好和谐的道德规范之一，是构建与他人和睦相处的桥梁。它标志着一个社会的文明程度，反映一个民族的精神面貌。中华民族历来就非常重视遵循礼规，礼貌待人。其中许多耐人寻味的经验，无论过去和现在，都给人以启迪。具体说来，主要有以下两点：

一、与人为善

与人相处，为善当先。而这个“善”，应是出自内心的诚意，是诚于中而形于外，而不是巧言令色和徒具形式的繁文缛节。《礼记》说：“夫礼者，自卑而尊人。”（注：《礼记·曲礼上》）如果表面上恭敬热情，而内心虚伪，或是仅仅内心尊敬，而毫无表情，都是不够的。应该表里一致，才能从根本上消除人与人之间的隔阂、摩擦，进而互敬互爱，友好相处。尊重他人，就要平等待人，不分贵贱等级，一视同仁。如果只对上层人士献其礼敬，以财势取人，以利益交人，其实是小人所为。《论语·子罕》载：孔子遇到穿丧服、戴礼帽穿礼服的人和盲人时，即使这些人年轻，孔子必定站起来。行过别人面前时，一定快步走过，以示敬意。

古人敬人的方法，有很多值得借鉴的地方。首先要尊重他人的意愿，体谅别人的需要和禁忌，不能强人所难 。不苛求别人做不能做的事，不强求别人接受不喜欢的东西。古人说：“不责人所不及，不强人所不能，不苦人所不好。”（注：《文中子·魏相》）“己所不欲，勿施于人”（注：《论语·颜渊》），就是这个意思。在与人交往中，幽默与善意的玩笑往往给人带来轻松愉快的感觉，但决不可戏弄取乐。如果拿别人姓名为笑料，或给人起不雅的绰号，都是十分不敬的。南北朝时颜之推就曾对此种不敬气愤而言：“今世愚人，遂以相戏。或相指名为豚犊者，有识旁观，犹欲掩耳，况当之者乎。”

二、礼尚往来

礼尚往来，是礼貌待人的一条重要准则。就是说，接受别人的好意，必须报以同样的礼敬。这样，人际交往才能平等友好地在一种良性循环中持续下去。因此，《礼记》说：“礼尚往来，往而不来，非礼也；来而不往，亦非礼也。”（注：《礼记·曲礼上》）

对于受恩者来说，应该滴水之恩，涌泉相报。在古人眼中，没有比忘恩负义更伤仁德的事情。孔子说：“以德报德，则民有所劝。”“以怨报德，则刑戮之民也。”（注：《礼记·表记》）。可见，以德报德，有恩必报，是待人接物的基本道德修养。当然，往来之礼，也该适度。送礼的本意，在于表达敬意、答谢之意，所谓礼轻情意重，并非越多越好。正如《庄子·山木》篇所说：“君子之交淡若水，小人之交甘若醴；君子淡以亲，小人甘以绝。彼无故以合者，则无故以离。”

第四节 容仪有整

一个人的仪表、仪态，是其修养、文明程度的表现。古人认为，举止庄重，进退有礼，执事谨敬，文质彬彬，不仅能够保持个人的尊严，还有助于进德修业。古代思想家曾经拿禽兽的皮毛与人的仪表仪态相比较，禽兽没有了皮毛，就不能为禽兽；人失去仪礼，也就不能称为人了。

传统礼文化对仪表的要求，不免过于烦琐。其中最重要的，有如下三个方面。

一、衣着容貌

《弟子规》要求：“冠必正，纽必结，袜与履，俱紧切。”这些规范，对现代人来说，仍是必要的。

帽正纽结，鞋袜紧切，是仪表仪态的基本要求。如果一个人衣冠不整，鞋袜不正，往往会使人产生反感。当然，衣着打扮，必须适合自己的职业、年龄、生理特征、相处的环境和交往对象的生活习俗，进行得体大方的选择。浓妆艳抹，矫揉造作，只会适得其反。

二、行为举止

孔子说："君子不重则不威，学则不固。"（注：《论语•学而》）这是因为，只有庄重才有威严。否则，即使学习了，也不能巩固。具体说来，要求做到"站如松，坐如钟，行如风，卧如弓"，就是站要正，坐要稳，行动利索，侧身而睡。在公众场合举止不可轻浮，应该庄重、谨慎而又从容，做到"非礼勿视，非礼勿听，非礼勿言，非礼勿动"（注：《论语・颜渊》），处处合乎礼仪规范。

三、言语辞令

语言是人们思想、情操和文化修养的一面镜子。古人所谓"修辞立其诚，所以居业也"（注：《易•乾文》）。将诚恳地修饰言辞看成是立业的根基，有一定的道理。并且要"言必信，行必果"（注：《论语・子路》）。巧言令色的人，是不可能取信于人的。其次是慎言。古人说，上天生人，于舌头上下两排牙齿紧密围裹，又在外面包一层厚厚的嘴唇，就是要人们说话一定要谨慎。当然古人并不是要求人们少言语，而是说话要视具体情况，当说则说，当默则默。孔子说："可与言而不与之言，失人；不可与言而与之言，失言。知者不失人，亦不失言。"（注：《论语・卫灵公》）说的就是这个道理。

以上几方面，是我国优秀传统礼仪的精华。古人对仪容仪表的重视及整洁仪容要求，很值得今人借鉴。外在形象是一种无声的语言，它反映出一个人的道德修养，也向人们传递着一个人对整个生活的内心态度。具有优雅的仪表，无论他走到哪里，都给那里带来文明的春风，得到人们的尊敬。

毫无疑问，传统礼仪文明对我国社会历史发展产生积极影响。一般说来，社会上讲文明礼貌的人越多，这个社会便越和谐、安定。如果我们每个人都教养有素，礼貌待人，处事有节，我们的生活就会更多一些愉悦，而国家、社会便更有序与文明。从这一点讲，礼仪对社会起着政治、法律所起不到的作用。

长期以来，由于大量礼仪文化的精华和糟粕处于渗融并存的状态，又由于礼仪文化的糟粕所产生不可低估的消极作用，使我们忽视了优秀传统礼仪文化这一宝贵的精神财富。在今天社会主义精神文明建设中，我们应立足于吸收民族文化中的精华，使优秀传统文明礼仪古为今用，重建一套现代文明礼仪。

礼文化所包含的丰富思想不论对于过去还是现在，对西方还是东方都具有指导意义，它对于维护社会秩序和世界和平是有价值的。传统文化虽然不能给我们提供构建社会主义和谐社会的现成答案，但它却可以为我们解决当代人与人、人与社会、人与自然以及物质文明与精神文明的矛盾提供历史的智慧、现实的参照。

第五节 中华优秀传统文化“经典名言”

1．子曰：“巧言令色，鲜矣仁！”——《论语》

孔子说：花言巧语，装出和颜悦色的样子，这种人的仁心就很少了。

2．躬自厚而薄责于人，则远怨矣。——《论语》

孔子说：做一个人，尤其是做一个君子，重要的是要严格地要求和责备自己，而对人则采取宽容的态度，在责备和批评别人的时候应该尽量做到和缓宽厚，这样，就自然不会招致怨恨了。

3．见贤思齐焉，见不贤而内自省也。——《论语》

孔子说：见到贤能的人就要（努力向他）看齐，见到不贤能的人就要（以他为反面教材）做自省。

4．天行健，君子以自强不息。——《周易》

作为君子，应该有坚强的意志，永不止息的奋斗精神，努力加强自我修养，完成并发展自己的学业或事业。

5．当仁，不让于师。——《论语》

遇到应该做的好事，不能犹豫不决，即使老师在一旁，也应该抢着去做。后发展为成语“当仁不让”。

6．二人同心，其利断金；同心之言，其臭如兰。——《周易》

同心协力的人，他们的力量足以把坚硬的金属弄断；同心同德的人发表一致的意见，说服力强，人们就像嗅到芬芳的兰花香味，容易接受。

7．君子藏器于身，待时而动。——《周易》

君子就算有卓越的才能超群的技艺，也不会到处炫耀、卖弄，而是在必要的时刻把才能或技艺施展出来。

8．满招损，谦受益。——《尚书》

自己自满于已取得的成绩，将会招来损失和灾害，谦虚而时时改掉自己的不足，就能因此而得益。

9．言必信，行必果。——《论语》

说出的事一定可信，说了就一定守信用，一定办到。

10．毋意，毋必，毋固，毋我。——《论语》

讲事实，不凭空猜测；遇事不专断，不任性，可行则行；行事要灵活，不死板；凡事不以“我”为中心，不自以为是，与周围的人群策群力，共同完成任务。

11．不怨天，不尤人。——《论语》

遇到挫折与失败，绝不从客观上去找借口，绝不把责任推向别人，后来发展为成语“怨天尤人”。

12．不迁怒，不贰过。——《论语》

犯了错误，不要迁怒别人，并且不要再犯第二次。

13．小不忍，则乱大谋。——《论语》

对小事不忍，没忍性，就会影响大局，坏了大事。

14. 过而不改，是谓过矣。——《论语》

有了过错而不改正，这就是真的过错了。

15. 三思而后行。——《论语》

每做一件事情必须要经过反复的考虑后才去做。

16. 多行不义必自毙。——《左传》

不义的事情干多了，必然会自取灭亡。

17. 人谁无过，过而能改，善莫大焉。——《左传》

谁能不犯错误呢？犯了错误而能改正，没有比这更好的事情了。

18. 不以一眚掩大德。——《左传》

评价一个人时，不能因为一点过失就抹杀他的功劳。

19. 人一能之，己百之；人十能之，己千之。——《中庸》

人家一次就学通的，我如果花上百次的功夫，一定能学通。人家十次能掌握的，我要是学一千次，也肯定会掌握的。

20. 君子莫大乎与人为善。——《孟子》

君子最大的长处就是用高尚、仁义的心去对待别人。

21. 人皆可以为尧舜。——《孟子》

这是植根于“性善论”而鼓励人人向善，个个都可以有所作为。

22. 千丈之堤，以蝼蚁之穴溃；百尺之室，以突隙之烟焚。——《韩非子》

千丈长的大堤，因蝼蚁的洞而溃决；百尺高的房屋，因烟囱裂缝中迸出的火苗而焚毁。

不拘小节，不重微害，不在小处注意消除隐患，最终必酿成大祸。

23. 言之者无罪，闻之者足以戒。——《诗序》

提意见的人只要是善意的，即使提得不正确也是无罪的。听取意见的人即使没有对方所提的缺点错误，也值得引以为戒。

24. 良药苦于口而利于病，忠言逆于耳而利于行。——《孔子家语》

良药虽然苦但是对疾病的康复是有利的，忠言虽然很刺耳，但是对于以后的德行操守是有好处的。

25. 良言一句三冬暖，恶语伤人六月寒。——明代谚语

一句同情理解的话，就能给人很大安慰，并增添勇气，即使处于寒冷的冬季也感到温暖。而一句不合时宜的话，就如一把利剑，刺伤人们脆弱的心灵，即使在夏季六月，也感到阵阵的严寒。

26. 千经万典，孝悌为先。——《增广贤文》

千万种经典所讲的道理中，孝顺父母，友爱兄弟是最应该先做到的。

27. 善恶随人作，祸福自己招。——《增广贤文》

好事坏事都是自己做的，灾祸幸福也全是由自己的言行招来的。

28. 学而不思则罔，思而不学则殆。——《论语》

只知道学习，却不知道思考，到头来等于白学；只知道思考却不去学习，则就变得有害了。

29. 知之为知之，不知为不知，是知也。——《论语》

知道就是知道，不知道就是不知道，这样才是真正的智慧。提醒人们用老实的态度对待知识问题，来不得半点虚伪和骄傲。

30．业精于勤，荒于嬉；行成于思，毁于随。——韩愈

学业由于勤奋而精通，但它却能荒废在嬉笑声中；事情由于反复思考而成功，但它却能毁灭于随随便便。

31．读书有三到：谓心到，眼到，口到。——明·朱熹

读书的时候要用眼看，用口读，然后就是用心去理解、揣摩，这样可使学习更有效果、更有用。

32．学而不厌，诲人不倦。——《论语》

努力学习却不感到满足，教导别人不感到厌倦。

33．不积跬步，无以至千里；不积小流，无以成江海。——《荀子·劝学》

行程千里，都是从一步一步开始；无边江河，都是一个个小溪小河汇聚而成。引导人们做事要脚踏实地，一步一个脚印，不畏艰难，不怕曲折，坚忍不拔地干下去，才能最终达到目的。

34．强中自有强中手，莫向人前满自夸。——《警世通言》

尽管你是一个强者，可是一定还有比你更强的人，所以不要在别人面前骄傲自满，自己夸耀自己。

35．玉不琢，不成器；人不学，不知道。——《礼记·学记》

一块玉不加雕琢的话，不会成为一件好器物；人如果不学习，不会通晓一些道理。

36．黑发不知勤学早，白首方悔读书迟。——《劝学》

劝勉青少年要珍惜少壮年华，勤奋学习，有所作为，否则，到老一事无成，后悔已晚。

37．知不足者好学，耻下问者自满。——林逋《省心录》

知道自己的不足并努力学习就是聪明的人，不好问又骄傲自满的人是可耻的。

38．学不可以已。——《荀子》

学习是不可以停止的。

39．学而时习之，不亦说乎？——《论语》

学过的知识，在适当的时候去复习它，使自己对知识又有了新的认识，这不是令人感到快乐的事吗？

40．温故而知新，可以为师矣。——《论语》

学了新的知识又常常温习已学过的知识，不断地学习，温习，学问和修养一定会很快得到提高，这样的人就可以成为老师了。

41．少壮不努力，老大徒伤悲。——《汉乐府·长歌行》

年轻力壮的时候不奋发图强，到了一头白发的时候学习，悲伤难过也是徒劳。

42．读书百遍，其义自见。——《三国志》

读书应反复多次地读，这样就能明白书中所讲的意思。

43．学而不化，非学也。——宋·杨万里

学习知识但不能灵活运用，不能称为学习。

44．好学而不贰。——《左传》

爱好学习但不三心二意。

45．学如不及，犹恐失之。——《论语·秦伯》

学习知识时生怕追不上，追上了又害怕再失去。

46．人而不学，其犹正墙面而立。——《尚书》

人如果不学习，就像面对墙壁站着，什么东西也看不见。

47．知而好问，然后能才。——《荀子》

聪明的人还一定得勤学好问才能成才。

48．学之广在于不倦，不倦在于固志。——晋·葛洪

学问的渊博在于学习时不知道厌倦，而学习不知厌倦在于有坚定的目标。

49．学而不知道，与不学同；知而不能行，与不知同。——宋·黄晞

学习知识不能从中明白一些道理，这和不学习没什么区别；学到了道理却不能运用，这仍等于没有学到道理。

50．博观而约取，厚积而薄发。——宋·苏轼

广泛阅读，多了解古今中外的人和事，把其中好的部分牢牢记住；积累了大量的知识材料，到需要用时便可以很自如恰当地选择运用。

51．差之毫厘，谬以千里。——宋·陆九

一点微小的误差，结果就会造成很大的错误。

52．言之无文，行而不远。——《左传》

文章讲的内容或题材都很好，可表达不适当，那么欣赏的人就不会很多，难以传播千古。

53．人之为学，不可自小，又不可自大。——明·顾炎武

学习时不要在渊博浩瀚的知识面前感到自卑，也不能因为学到一点点知识而骄傲自满。

54．好学近乎知，力行近乎仁，知耻近乎勇。——《中庸》

勤奋好学就接近智，做任何事情只要努力就接近仁，懂得了是非善恶就是勇的一种表现。

55．书到用时方恨少，事非经过不知难。——清·陈延焯

书本上的知识等到真正用到的时候才知道自己读的书太少了；许多事情如果不亲身经历过就不知道它有多难。

56．笨鸟先飞早入林，笨人勤学早成材。——《省世格言》

飞得慢的鸟儿提早起飞就会比别的鸟儿早飞入树林，不够聪明的人只要勤奋努力，就可以比别人早成材。

57．吾生也有涯，而知也无涯。——《庄子》

我的生命是有限的，而人类的知识是无限的。

58．天下兴亡，匹夫有责。——明·顾炎武

国家天下的兴盛与衰败，是每一个老百姓的责任。

59．生于忧患，死于安乐。——《孟子》

因有忧患而使人得以生存，因安逸享乐而足以使人败亡。

60．小来思报国，不是爱封侯。——唐·岑参《关人赴安西》

从小就想着报效祖国，而不是想着要封侯当官。

61．有益国家之事虽死弗避。——明·吕坤《呻吟语·卷上》

有益于国家的事即使是死也不要回避。

62．一寸山河一寸金。——金·左企弓

一寸的国土跟寸金的价值一样昂贵。

63．欲安其家，必先安于国。——武则天

国家安定了，百姓才有好生活。

64．风声、雨声、读书声，声声入耳；家事、国事、天下事，事事关心。——明·顾宪成

表现的是读书人既认真读书，又关心国家大事的胸怀。

65．利于国者爱之，害于国者恶之。——《晏子春秋》

对于国家有利的事就要热心地去做，对国家有害的事就要憎恶它，远离它。

66．时穷节乃现，一一垂丹青。——宋·文天祥

历史上许多忠臣义士，在国家有难时，他们的节操就显现出来，一个个名垂史册。

67．哀哀父母，生我劬劳。——《诗经》

想起父母，做子女的是多么为他们感到心痛啊！他们生我育我，花费了多少辛勤的劳动啊！

68．报国之心，死而后已。——宋·苏轼

报效祖国的志向到死都不会变。

69．忧国忘家，捐躯济难，忠臣之志也。——三国·曹植《求自试表》

忧虑国家大事忘记小家庭，为拯救国家危难而捐躯献身，这都是忠臣的志向。

70．大丈夫处世，当扫除天下，安事一室乎？——汉·陈蕃语

有志气的人活在世上，应当敢于跟各种不利于国家的行为作斗争，哪能只满足于处理好自己小家的小事呢？

71．君子之交淡如水，小人之交甘若醴。——《庄子》

君子之间的交往，像水一样的平淡、纯净，这样的友谊才会持久；往往小人之间的交往像甜酒一样又浓又稠，但不会长久。

72．老吾老，以及人之老；幼吾幼，以及人之幼。——《孟子》

尊敬、爱戴别人的长辈，要像尊敬、爱戴自己的长辈一样；爱护别人的儿女，也要像爱护自己的儿女一样。

73．见侮而不斗，辱也。——《公孙龙子》

当正义遭到侮辱、欺凌却不挺身而出，是一种耻辱的表现。

74．天下皆知取之为取，而莫知与之为取。——《后汉书》

人们都认为只有获取别人的东西才是收获，却不知道给予别人也是一种收获。

75．人固有一死，或重于泰山，或轻于鸿毛。——汉·司马迁《史记》

人本来就有一死，但有的人死得比泰山还重，有的人却比鸿毛还轻。

76．民惟邦本，本固邦宁。——《尚书·五子之歌》

百姓是国家的根本基础，百姓安居乐业，国家就能太平。

77．君子喻于义，小人喻于利。——《论语》

君子看重的是道义，小人看重的是利益。

78．子曰："君子义以为质，礼以行之，孙以出之，信以成之。君子哉！"——《论语·卫灵公》

孔子说："君子做事以道义为基础，依礼仪来实行，用谦逊的语言来表达，用诚实的态度来完成。这样真是个君子啊！"

79．人而无信，不知其可也。——《论语》

人如果不诚信，不知道他还有什么事可以做好。

80．德不孤，必有邻。——《论语》

有道德的人是不会孤单的，一定有志同道合的人来和他相伴。

81．出入相友，守望相助，疾病相扶持。——《孟子》

出去回来，互相碰面的时候，像朋友一样，彼此友好。为了对付来犯的敌人或意外的灾祸，邻近各村落，互相援助。生病的人互相扶助。

82．子曰 ：“君子和而不同，小人同而不和。”——《论语》

孔子说 ：君子在人际交往中能够与他人保持一种和谐友善的关系，但在对具体问题的看法上却不必苟同于对方。小人习惯于在对问题的看法上迎合别人的心理、附和别人的言论，但在内心深处却并不抱有一种和谐友善的态度。

思考应用

1．中国古人为什么特别提倡敬老尊老？

2．“中华民族优秀的礼仪文明，贵在适宜。”对这句话，你怎么理解？举例说明。

3．“礼尚往来”指的是什么？请联系实际说明其内涵。

4．实践应用 ：查阅资料，说说中华优秀传统礼仪文化中，人们是如何称呼自己家的亲人的？

5．案例分析 ：元世祖忽必烈一次召见应聘官员，应聘者中有一位学士叫胡石塘。此人生性粗心，不拘小节，歪戴着帽子也没有发现就进去面见元世祖。元世祖忽必烈看见他，问道：“你有什么本事啊？说来我听听。”胡学士回答说 ：“我有治国平天下的学识。”忽必烈听了哈哈大笑道“你连自己头上的帽子都戴不平，还能平天下吗？”

分析胡石塘为什么最终丢掉了前程？

礼仪热点

☆ 敬茶习俗传统

茶叶的原产地在中国。中国的茶叶产量，堪称世界之最。饮茶在我国，不仅是一种生活习惯，也是一种源远流长的文化传统。中国人习惯以茶待客，并形成了相应的饮茶礼仪。比如，请客人喝茶，要将茶杯放在托盘上端出，并用双手奉上。茶杯应放在客人右手的前方。在边谈边饮时，要及时给客人添水。客人则需善“品”，小口啜饮，满口生香，而不是作牛饮。日本有茶道，其实它起源于中国。茶艺已经成为中国文化的一个组成部分。比如中国的“工夫茶”，便是茶道的一种，有严格的操作程序。

☆ 叩指礼的由来

此礼是从古时中国的叩头礼演化而来的，叩指即代表叩头。据说是乾隆微服南巡时，到一家茶楼喝茶，当地知府不小心知道了这一情况，拼了老命也得去护驾，否则万一出事，小心吃饭家伙。知府也微服一番，以防天威不测。到了茶楼，也就在皇帝对面末座的位上坐下，皇帝心知肚明，也不去揭穿，久闻大名、相见恨晚的装模作样一番。皇帝是主，免不得提起茶壶给这位知府倒茶，知府惶诚惶恐的，但也不好当即跪在地上来个谢主隆恩，于是灵机一动，弯起食指、中指和无名指，在桌面上轻叩三下，权代行了三跪九叩的大礼。敬茶喝茶是人之常情，又怎知你是微服皇帝，反正你敬我茶，我叩这么几下，也不花多少工夫，省得后患无穷。于是这一习俗就这么流传下来。

第三章

社会主义核心价值观

学习目标

通过本章学习，应该达到以下目标：

知识目标：了解社会主义核心价值观及其与中华优秀传统文化的联系等理论知识。

能力目标：继承中华优秀传统文化，践行社会主义核心价值观。

素质目标：学习了解中华优秀传统文化，培育和弘扬社会主义核心价值观，提高青年学生道德素质，培育知荣辱、讲正气、作奉献、促和谐的良好风尚。

核心概念

社会主义核心价值观　意义　指导思想　坚持原则　中华优秀传统文化　联系　传承

习近平总书记在党的二十大报告中指出，中华优秀传统文化“蕴含的天下为公、民为邦本、为政以德、革故鼎新、任人唯贤、天人合一、自强不息、厚德载物、讲信修睦、亲仁善邻等，是中国人民在长期生产生活中积累的宇宙观、天下观、社会观、道德观的重要体现，同科学社会主义价值观主张具有高度契合性”。立足新时代新征程，推动中华优秀传统文化创造性转化、创新性发展，是一个重大理论与实践课题，特别是推动中华优秀传统文化融入社会主义核心价值观建设，营造易于落地践行的生活情景和社会氛围，促进价值观念从“理论形态”向“生活形态”的转换，真正做到日常化、具体化、形象化、生活化，亟须找到相互间的结合点与着力点。

习近平总书记指出：“中华优秀传统文化已经成为中华民族的基因，植根在中国人内心，潜移默化影响着中国人的思想方式和行为方式。今天，我们提倡和弘扬社会主义核心价值观，必须从中汲取丰富营养，否则就不会有生命力和影响力。”

第一节　社会主义核心价值观与中华优秀传统文化的密切联系

习近平总书记在《把培育和弘扬社会主义核心价值观作为凝魂聚气强基固本的基础工程》一文中指出：培育和弘扬社会主义核心价值观必须立足中华优秀传统文化。牢固的核心价值观，都有其固有的根本。抛弃传统、丢掉根本，就等于割断了自己的精神命脉。博大精深的中华优秀传统文化是我们在世界文化激荡中站稳脚跟的根基。中华文化源远流长，积淀着中华民族最深层的精神追求，代表着中华民族独特的精神标识，为中华民族生生不息、发展壮大提供了丰厚滋养。中华传统美德是中华文化精髓，蕴含着丰富的思想道德资源。不忘本来才能开辟未来，善于继承才能更好创新。对历史文化特别是先人传承下来的价值理念和道德规范，要坚持古为今用、推陈出新，有鉴别地加以对待，有扬弃地予以继承，努力用中华民族创造的一切精神财富来以文化人、以文育人。

2014 年 5 月 4 日，习近平总书记在北京大学师生座谈会上的讲话——《青年要自觉践行社会主义核心价值观》中说到："中华优秀传统文化已经成为中华民族的基因，植根在中国人内心，潜移默化影响着中国人的思想方式和行为方式。今天，我们提倡和弘扬社会主义核心价值观，必须从中汲取丰富营养，否则就不会有生命力和影响力。比如，中华文化强调'民惟邦本'、'天人合一'、'和而不同'，强调'天行健，君子以自强不息'、'大道之行也，天下为公'；强调'天下兴亡，匹夫有责'，主张以德治国、以文化人；强调'君子喻于义'、'君子坦荡荡'、'君子义以为质'；强调'言必信，行必果'、'人而无信，不知其可也'；强调'德不孤，必有邻'、'仁者爱人'、'与人为善'、'己所不欲，勿施于人'、'出入相友，守望相助'、'老吾老以及人之老，幼吾幼以及人之幼'、'扶贫济困'、'不患寡而患不均'，等等。像这样的思想和理念，不论过去还是现在，都有其鲜明的民族特色，都有其永不褪色的时代价值。这些思想和理念，既随着时间推移和时代变迁而不断与时俱进，又有其自身的连续性和稳定性。我们生而为中国人，最根本的是我们有中国人的独特精神世界，有百姓日用而不觉的价值观。我们提倡的社会主义核心价值观，就充分体现了对中华优秀传统文化的传承和升华。"①

2016 年 8 月 1 日，人民网刊登了《从三个维度认识中国共产党的开放襟怀》一文，文中提出，习近平总书记在庆祝中国共产党成立 95 周年大会上的讲话，可以从三个维度加以认识，第一个维度重点提到中华传统文化。

习近平总书记的讲话对中华传统文化的认识达到了新的高度。党的十八大以来，以习近平同志为核心的党中央高度重视弘扬中华优秀传统文化。对此，总书记有一系列重要论述，其内容包括以下几个要点。

一、中华传统文化是我们民族的"根"和"魂"

中华传统文化积淀着中华民族最深沉的精神追求，包含着中华民族最根本的精神基因，代表着中华民族独特的精神标识，是中华民族生生不息、发展壮大的丰厚滋养。这是我国独特的优势，是延续我们国家和民族的精神血脉，如果抛弃了中华传统文化，就等于割断了自己精神命脉。

二、要以马克思主义的态度对待中华传统文化

简言之，对中华传统文化要坚持古为今用、推陈出新，有鉴别地加以对待，有扬弃地予以继承。要取其精华、去其糟粕，而不能采取全盘接受或全盘抛弃的绝对主义态度。对中华传统文化既需要薪火相传、代代守护，也需要与时俱进、推陈出新。只有不忘本来才能开辟未来，只有善

① 以上内容选自《习近平谈治国理政》外文出版社 2014 年版，170-171 页。

于继承才能更好创新。要加强对中华优秀传统文化的挖掘和阐发，使中华民族最基本的文化基因与当代文化相适应、与现代社会相协调。要坚持对传统文化进行创造性转化和创新性发展。

三、中华优秀传统文化是中国特色社会主义道路产生和发展的文化沃土

每个国家和民族的历史传统、文化积淀、基本国情不同，其发展道路必然有着自己的特色。数千年来，中华民族走着一条不同于其他国家和民族的文明发展道路。我们开辟了中国特色社会主义道路不是偶然的，是我国历史传承和文化传统决定的。独特的文化传统，独特的历史命运，独特的基本国情，注定了我们必然要走适合自己特点的发展道路。

四、要正确把握培育和践行社会主义核心价值观与弘扬中华传统文化的关系

社会主义核心价值观只有汲取我国优秀传统文化的营养，植根中华传统文化沃土，才能根深叶茂、开花结果。中华优秀传统文化是培育和践行社会主义核心价值观的不竭动力。要把长期以来我们民族形成的积极向上向善的思想文化充分继承和弘扬起来，使之为培育和践行社会主义核心价值观服务，为建设社会主义先进文化服务，为党和国家事业发展服务。要大力宣传中华传统文化中以爱国主义为核心的团结统一、爱好和平、勤劳勇敢、自强不息的思想和精神，深入挖掘和阐发讲仁爱、重民本、守诚信、崇正义、尚和合、求大同的时代价值。

第二节 以社会主义核心价值观，践行中华优秀传统礼文化

习近平总书记在北京大学师生座谈会上的讲话——《青年要自觉践行社会主义核心价值观》中提出：广大青年树立和培育社会主义核心价值观，要在以下几点上下功夫。

一是要勤学，下得苦功夫，求得真学问。知识是树立核心价值观的重要基础。古希腊哲学家说，知识即美德。我国古人说："非学无以广才，非志无以成学。"大学的青春时光，人生只有一次，应该好好珍惜。为学之要贵在勤奋、贵在钻研、贵在有恒。鲁迅先生说过："哪里有天才，我是把别人喝咖啡的工夫都用在工作上的。"大学阶段，"恰同学少年，风华正茂"，有老师指点，有同学切磋，有浩瀚的书籍引路，可以心无旁骛求知问学。此时不努力，更待何时？要勤于学习、敏于求知，注重把所学知识内化于心，形成自己的见解，既要专攻博览，又要关心国家、关心人民、关心世界，学会担当社会责任。

二是要修德，加强道德修养，注重道德实践。"德者，本也。"蔡元培先生说过："若无德，则虽体魄智力发达，适足助其为恶。"道德之于个人、之于社会，都具有基础性意义，做人做事第一位的是崇德修身。这就是我们的用人标准为什么是德才兼备、以德为先，因为德是首要、是方向，一个人只有明大德、守公德、严私德，其才方能用得其所。修德，既要立意高远，又要立足平实。要立志报效祖国、服务人民，这是大德，养大德者方可成大业。同时，还得从做好小事、管好小节开始起步，"见善则迁，有过则改"，踏踏实实修好公德、私德，学会劳动、学会勤俭，学会感恩、学会助人，学会谦让、学会宽容，学会自省、学会自律。

三是要明辨，善于明辨是非，善于决断选择。"学而不思则罔，思而不学则殆。"是非明，方向清，路子正，人们付出的辛劳才能结出果实。面对世界的深刻复杂变化，面对信息时代各

种思潮的相互激荡，面对纷繁多变、鱼龙混杂、泥沙俱下的社会现象，面对学业、情感、职业选择等多方面的考量，一时有些疑惑、彷徨、失落，是正常的人生经历。关键是要学会思考、善于分析、正确抉择，做到稳重自持、从容自信、坚定自励。要树立正确的世界观、人生观、价值观，掌握了这把总钥匙，再来看看社会万象、人生历程，一切是非、正误、主次，一切真假、善恶、美丑，自然就洞若观火、清澈明了，自然就能作出正确判断、作出正确选择。正所谓“千淘万漉虽辛苦，吹尽狂沙始到金”。

四是要笃实，扎扎实实干事，踏踏实实做人。道不可坐论，德不能空谈。于实处用力，从知行合一上下功夫，核心价值观才能内化为人们的精神追求，外化为人们的自觉行动。《礼记》中说：“博学之，审问之，慎思之，明辨之，笃行之。”有人说：“圣人是肯做工夫的庸人，庸人是不肯做工夫的圣人。”青年有着大好机遇，关键是要迈稳步子、夯实根基、久久为功。心浮气躁，朝三暮四，学一门丢一门，干一行弃一行，无论为学还是创业，都是最忌讳的。“天下难事，必作于易；天下大事，必作于细。”成功的背后，永远是艰辛努力。青年要把艰苦环境作为磨炼自己的机遇，把小事当作大事干，一步一个脚印往前走。滴水可以穿石。只要坚韧不拔、百折不挠，成功就一定在前方等你。

核心价值观的养成绝非一日之功，要坚持由易到难、由近及远，努力把核心价值观的要求变成日常的行为准则，进而形成自觉奉行的信念理念。不要顺利的时候，看山是山、看水是水，一遇挫折，就怀疑动摇，看山不是山、看水不是水了。无论什么时候，我们都要坚守在中国大地上形成和发展起来的社会主义核心价值观，在时代大潮中建功立业，成就自己的宝贵人生。[①]

思考应用

1．社会主义核心价值观与中华优秀传统文化有怎样的联系？

2．如何传承中华优秀传统文化，践行社会主义核心价值观？

3．实践应用：

《新闻联播》报道了一位特殊的温州商人——谢岩斌。春节期间，谢岩斌来到广东省汕头市澄华派出所，请求警方帮助他找人。原来，谢岩斌要寻找自己的债主，偿还一笔时隔 17 年的欠款。20 多年前，20 岁出头的谢岩斌由于经营出现了问题，资金周转不过来，欠下了两位开羊毛衫厂的汕头澄海人辛先生和林先生 70 多万元钱。后来就离开那里，去北京另寻出路。最近几年，谢岩斌生意有了起色，谢岩斌和妻子商量后，决定从永嘉南下到汕头亲自寻找债主。

请从传统礼文化和社会主义核心价值观的层面说说谢岩斌的行为有哪些值得我们学习的地方。

4．案例分析题：联系实际，谈谈树立社会主义核心价值观对当下青年学生的现实意义，300 字左右。

某校学生宋某，在宿舍熄灯前后，一时兴起，在宿舍高声播放流行歌曲，严重影响他人休息和宿舍正常秩序，在同学中造成恶劣影响，学校给予该同学警告处分。

① 以上内容选自《习近平谈治国理政》外文出版社 2014 年版，172-174 页。

礼仪热点

☆ 缺钱不缺德

2011 年 1 月 6 日，重庆晚报《风雪里，你知道我在等你吗？》报道了这样一件事情：在忠县，棒棒郑定祥，新年第一天帮人挑两包羽绒服，结果与雇主走丢，在寒风中苦寻雇主五天，现在仍未找到。面对记者的采访，他喊出了一句话："缺钱不一定就缺德。"

☆ 从清明节看中华优秀传统文化

清明是一个很美好的词语。"清"，清澈；"明"，澄明。表达的是事物纯净的状态，最高洁的一面。也许正因为此，人们才把初春出郭寻芳、折柳踏青、洒扫祭祖的节日命名为清明节。它似乎寄托了人们对春天最美好的期望，对亲人最深切的怀念。历史变幻莫测，沧海桑田，人们通过清明节表达的心愿却亘古未变，并且沉淀为中华优秀传统文化的一部分，随着人们的代代传承而承继到今天。

第二篇

现代公关礼仪

第四章

现代公关礼仪概述

学习目标

通过本章学习，应该达到以下目标：

知识目标：掌握公关礼仪内涵、功能与运用原则，了解公关礼仪内容及学习方法。

能力目标：初步具备正确的礼仪处事原则方法，具有运用礼仪外化于行的能力。

素质目标：树立礼仪文化意识，能够反思与修正自身行为。

核心概念

礼仪　　礼貌　　礼节　　公共关系　　公关礼仪　　运用原则

几千年来，人类对文雅的礼仪道德规范一直孜孜以求。从 20 世纪初开始，随着现代公共关系的诞生，随着中国加入 WTO，随着人们在全球的政治、经济、文化交流以及日常社会交往的日益频繁，礼仪作为一个人综合素质文明程度的最直观的体现，作为促进经济发展、社会进步与友好合作的推进器的润滑剂，成为公关人员直接塑造良好形象、社会组织获得理解与支持的重要手段，其重要性不言而喻。可以说，现代社会已走向“人无礼则不生，事无礼则不成，国无礼则不宁”的时代。

第一节　礼仪与公共关系

一、礼仪内涵及其实质

礼仪一词，在西方，最早见于法语的“Etiquette”，原意是法庭上的通行证。

法庭，无论是在古代，还是在现代，为了展现司法活动的威严，为了保证审判活动能够合法有序地进行，总是既庄严肃穆，又戒备森严；所有进入法庭的人员必须严格遵守法庭纪律。例如，在我国，开庭之前应由书记员当庭宣读法庭纪律，这些纪律包括：不准大声喧哗，未经审判长许可不准提问，未经法庭许可，不准摄影、录像等。

古代的法国法庭也有类似的规定，不过不是当庭宣读，而是将其印在或写在一张长方形的“Etiquette（通行证）”上，发给进入法庭的每一个人，作为其入庭后必须遵守的规矩和行为准则。

在社会交往中，由于人们也必须遵守一定的规矩和准则，才能显示人类的特有风范，才能保证文明社会得以正常维系与发展，于是，当“Etiquette”一词进入英文后，就有了“礼仪”的含义，即“人际交往的通行证”。

后来，礼仪一词的含义逐渐独立出来并明确起来。简单地说，“礼”，即礼貌，礼节；“仪”，即仪表，仪态，仪容，仪式。礼仪，就是人们在社会的各种具体活动交往中，为了互相尊重，在仪表、仪态、仪式、仪容、言谈举止等方面约定俗成的、共同认可的规范和程序。

理解和运用礼仪的含义，应特别重视以下六个方面：

第一，礼仪是行为规范或准则。

礼仪是一定社会、处于一定关系中的人们共同认可的行为规范，它与胡作非为、为所欲为是不相容的。

第二，礼仪随着社会关系发展而发展。

礼仪是为维系和发展人际关系而产生的，它必须随着人际关系和其他各种社会关系的发展而发展。

第三，礼仪在实践中是一种情感互动过程。

在礼仪的实施过程中，既有施礼者的控制行为，也有受礼者的反馈行为；换句话说，礼仪是施礼者与受礼者的尊重互换、情感互动的过程。

第四，礼仪是一种程序，有一定的“套路”，不是毫无联系的某些行为的堆积组合。

第五，礼仪规范、礼仪程序是一定社会的人们通过约定俗成而共同认可的。

在实践中礼仪往往首先表现为一些不成文的规矩、习惯，然后才逐渐上升为大家认可的，可以用语言、文字作为准确描绘和规定的行为准则；成为人们有章可循的、可以自觉学习和遵守的行为规范。

第六，讲究礼仪、遵守礼仪的目的是实现社会交往各方的互相尊重。

在现代社会，礼仪可以有效地展现施礼者和还礼者的教养、风度与魅力，它体现着一个人对他人和社会的认知水平、尊重程度，是一个人的学识、修养和价值的外在表现。

礼仪的实质核心是尊重自己与尊重他人。

尊重自己体现在一是为人处事应有底线准则，二是爱护自己形象。

尊重他人体现在一是接受交往对象，二是重视交往对象，三是赞扬交往对象。

二、公共关系内涵及其实质

世界上最早使用“公共关系”这个概念的是美国律师多尔曼·伊顿，他于1882年在耶鲁大学演讲时第一次运用这一概念，含义是“大众利益”。后来，经过美国人爱维·李、爱德华·伯内斯等人的探索整理，才逐渐使公共关系一词趋于合理和科学。

汉语中的“公共关系”一词，是我国香港特别行政区学者在20世纪50年代从英文的“Public Relations”翻译过来的。严格地说，这种译法是不准确的。准确的译法应当是将“Public Relations”译成“公众关系”。但由于“公共关系”这一提法似乎已“约定俗成”，所以，我们仍然称为公共关系。

给公共关系下定义，并不是一件容易的事。到目前为止，还没有一个令世界公认的、统一的定义。据美国哈罗博士1976年称，它当时就已收集到472条关于公共关系的定义。公共关系在广泛传入世界，特别是在进入中国以后，学者们对它的定义之多，更是不胜枚举。

目前比较权威对公共关系理解如下：所谓公共关系，就是一个社会组织为了增进相关的内外公众对它的理解、信任、合作与支持，为了塑造组织形象，创造自身发展的最佳社会环境而努力采取的各种行动。

以上这一定义的内涵应当说是十分丰富的，其中，我们应该特别注意以下两点含义：

第一，公共关系是指社会组织的一系列行动。这些行动具体表现为调查与分析、计划与对策、实施与传播、评价与调整等环节。

第二，目的是为了增进相关公众对它的理解、信任、合作与支持，塑造自身的良好形象，为自身的发展创造最佳的内外环境。

正因如此，可高度概括公共关系，即一个社会组织内求团结，外求发展的行为，这是公共关系的实质。

公关礼仪，即公共关系礼仪，是社会组织的公共关系工作人员或其他人员在公共关系活动中，为了塑造个人和组织的良好形象而应当遵循的尊重他人，讲究礼节，注重仪表、仪态、仪容、仪式等的规范程序。公关礼仪是组织风貌、员工精神状态、公共关系工作人员素质水准的集中表现。

三、公关与礼仪密不可分

现代公共关系活动，着眼于社会组织内求团结，外求发展，是庞大的系统工程，公关礼仪涉及的是社会组织在求发展、求团结时应当遵循的尊重对象公众，讲究礼节礼貌的规范，是公共关系活动的一个不可分割的组成部分。两者的关系既是一般与个别的关系，又可以说是内容和形式、本质与现象的关系。它们既是对立的，又是统一的，公关礼仪在公共关系中有着自己独特的地位和作用。

（一）施礼于公众

公关人员应当懂得，你的表情、言语、体态、衣饰等所构成的形象在影响着别人对你的信任；你的形象制约着别人是否愿意与你打交道，怎样与你打交道。你实际上也在有意无意的根据对手的形象来决定自己是否与他打交道，怎样与他打交道。

公关人员的礼仪行为到底是如何影响公众的呢？

先来分析一下他人的静态表现对我们认知的影响。在日常生活中，我们总是把见到的那些皮肤白净、身材纤细的人当作文静、秀气的人；把那些皮肤黝黑、身材魁梧的人当作粗犷、豪爽的人；见到那些嘴唇厚的人总以为他们不爱说话，见到嘴皮薄的人就会预感他们会口才较好；我们总认为面带笑容的人比较亲善、和蔼，对表情严肃的人较畏惧；表情较轻松的人充满活力、比较自信，表情紧张的人比较自卑胆小；服饰的色彩样式协调、新潮的人比较高雅、开放，服饰的色彩样式较不协调、落伍的人比较保守。一个穷人，当他穿一身西装革履时，很多人就不会去怀疑他的经济实力。相反，一个颇具实力的事业大亨，如果蓬头垢面，破衣烂衫，也很容易让人看不出他的实力。

在公关人员的活动过程中，其外在形象始终是一种信息，在尚未发出动作、谈吐等实体信息前，他的容貌、面部表情、着装样式等已经作为一种潜在的或预示的信息传递给公众了。这些先期信息无疑会或好或坏的影响公众活动的全过程，成为增强或减弱公关活动效果的一个内在因素。

再看看我们是如何知觉动态中的他人的。体态学专家通过大量的观察和分析发现，人的手掌以不同的姿势、不同的方向出现在他人面前，既会反映出伸手者的心态、性格，也可以给他人以不同的心理感受。例如：某甲想叫某乙把一件东西从身旁移开，即使他用完全相同的语气，但只是手势不同，某乙一定会有不同的感受。如果某甲手掌向上示意移动方位，某乙会觉得甲在请求他这样做，某乙会产生受到尊重的感觉；而乐于为甲帮忙，如果某甲手掌向下指示方位，某乙就会感到一种压力，一种权威感，似乎这事办也得办，不办也得办；如果某甲将手掌握成拳头，只用一根食指指示方位，某乙则会体会到一种被人指使命令的反感，因而很有可能拒绝照办。这个例子说明，人的不同体姿动态的确能给公众以不同的影响。根据心理学家的人际吸引原则，一个人的形体魅力和优雅的举止行为是增强人际吸引的重要因素，人们一般总喜欢与外貌美丽动人、英俊潇洒的人一起工作或交朋友，因为人们会自然觉得这种人更可亲可近，更富有吸引力。这说明人的仪容、体态、服饰打扮和举止行为中的谈吐，表情一样，都具有在他人面前演礼的功能。

在人际知觉过程中，特别值得重视的是“第一印象”，人们常从第一次知觉到的对方的某个特征泛化到其他一系列的有关特征，由个别去推及一般，由局部去猜测整体。

心理学的试验结果证明：人们常常以对他人的第一印象，来对此人的学识、涵养进行评估，对此人以后的行为进行推测。这个人以后的具体表现，往往只能对第一印象作或强化或弱化的影响，很难从根本上改变印象的好坏。行为心理学实验证明，人际接触的前四分钟是形成人际知觉的至关重要的时间区域，这四分钟的知觉如何，会一直影响到以后交往的一个相当长的时期，甚至影响交往的全过程。我们可以做一个实验，由同一个人分别表演两次善恶交替的道德行为，每次十分钟。第一次的开头四分钟表演助人为乐，乐善好施一类的善的行为，后六分钟表演自私自利、损人利己的恶的行为；第二次则相反，头四分钟表演恶的行为，后六分钟表演善的行为。两次表演均制成录像，然后分别放给两组观众看，看完后请他们分别谈观感。结果一定是观看第一组表演的观众会普遍认为行为人的行为中善的一面是主要的，善是必然的，本质的；观看第二次表演的人会普遍认为行为人的行为中恶的一面是主要的，恶是必然的，本质的。这种知觉效应心理学上叫“晕轮效应”。也有的学者对此现象做过更深的概括，认为，既然人际印象的前四分钟在“第一印象”中最为重要，于是，干脆称此类知觉效应为“四分钟光环效应”。良好的第一印象所形成的“晕轮效应”会使我们产生行为人的一切均极富有魅力的感觉，导致我们乐于与之交往。公关人员从“晕轮效应”中获得的重要启示应当是，注重人际交往，公关交往中以礼仪为前导和后盾，增强与公众之间的人际吸引。

在人际交往上，中国人历来信奉“路遥知马力，日久见人心”。在自给自足的自然科学经济条件下，这是颇有“科学性”的。可是，在高度开放的信息时代，在瞬息万变的市场经济条件下，任何社会组织所面对的公众都不会是长期固定不变的。这次是路人，下次极有可能成为合作者；今天交往不成功，也许就再无机会打交道。在这样的社会背景下，“公关活动的成败就取决于第一次接触”这句话就具有更强的真理性。在市场经济条件下，今天他对你的组织若是印象好，觉得人格受到了尊重，明天他才可能来与你打交道，做生意。否则，他会另找门路。公关人员应当记住，市场经济的重要的基本法则是自愿交换，自愿合作，自由选择和分散化决策。

总之，公关人员必须从个人的人格，组织的形象这样的高度出发，全面重视自己的静态和动态的礼仪修养，有意塑造自己在公众心中的良好形象，从而引导公众对个人的尊重，对自己代表的组织的尊重与信任，并心甘情愿与自己建立起一种信任关系和依赖关系，心甘情愿的接受你传递出的所在组织的实体信息，为公众关系目的的完全实现打下良好基础。

（二）礼仪促公关

公关活动在某种意义上讲，都是在社交活动中完成的。社交经验、能力技巧的重要性对于公关人员来说是无须赘言的。社会交往是公关活动中无所不在的背景氛围，渗透在公关活动中的每一个阶段或环节中。因此，公关人员的一言一行、一颦一笑中的礼节礼貌、仪容风姿无不对公共活动产生影响。

公关礼仪主要是通过塑造公关人员的个体形象，从而表现所在组织的整体风貌，在公共关系活动中发挥基础性作用。公关礼仪有助于提高企业或其他社会组织的知名度和美誉度。

公关礼仪是公共关系展开与获得成功的基础。公关人员与公众见面时的衣着打扮、言谈举止、体姿动态等形成照耀公关活动的“晕轮”或“光环”。这种“晕轮”或“光环”能否形成，取决于公关人员是否遵从礼仪规范；这种“晕轮”和“光环”的“亮度”或“强度”取决于各种礼仪的具体表现是否准确、地道。适度、恰当的礼仪不仅能给公众以可亲、可敬、可合作、可交往的信任和欲望，而且会使与公众的合作过程和谐并达到成功。心理学的研究成果证明，人们都有这样一种心理倾向：喜欢那些同样喜欢自己的人，尊重那些同样尊重自己的人，不喜欢不尊重那些轻视、疏远自己的人。公关人员懂礼节，讲礼貌，就一定能收到“敬人者，人恒敬之”“爱人者，人恒爱之”的客观效果，为公共关系的展开和成功打下情感基础。

公关礼仪是公共关系发展的方法。事实上，一切公共关系的发展绝不可能是一帆风顺的，总会遇到困难和曲折。在解决各种复杂的困难问题时，公关礼仪是公关人员调节冲突、化解矛盾、增加理解和友谊的重要手段。例如，在组织面临危机的时候后，公关人员可以用微笑唤起内部公众同甘共苦，用微笑让外部公众对本组织战胜危机充满信心。

某旅馆创始人于1919年开办第一家旅馆，经过十年努力，到1929年已初具规模。谁知1930年也卷入世界性经济大萧条，整个旅馆业倒闭了80%，该创始人的旅馆也负债50万美元。这时，他没有灰心丧气。他教导他的员工，无论旅店本身的命运如何，在接待旅客时千万不可把愁云摆到脸上，该旅馆服务员脸上的微笑永远属于旅客的。这一时期的旅馆创始人到各店视察时形成了一句对员工的习惯性用语：“你今天对你店的客人微笑了没有？”该旅馆员工的微笑不仅使旅客对希尔顿旅馆充满了信心，而且在社会经济普遍不景气的社会大背景下，来该旅馆住宿的人越来越多，经济萧条刚过，该旅馆就进入了经营发展的黄金时代。

现代管理学认为，评价社会组织形象最基本的指标有两个：一个是知名度，一个是美誉度。所谓知名度，即是一个组织被公众知晓了解的程度，是评价组织名气大小的客观尺度。所谓美誉度指一个组织获得公众信任、赞美的程度，是评价组织社会影响好坏程度的依据。公关人员遵行礼仪既有助于提高组织的知名度，又有助于提高组织的美誉度。首先，当外部公众受到公关人员，真诚恰当的礼遇后，一定会在一定的场合运用口头或其他传播方式向社会宣传，这势必有助于扩大组织被公众知晓的范围并加深被了解的程度。同时，受到公关人员礼遇的外部或内部公众会对公关人员所在的组织肃然起敬，产生亲切感、贴心感、信任感、依赖感等，这对于组织内求团结、外求发展的目标的达成，增加公众的赞许程度，扩大组织良好的社会影响必会大有好处。

第二节 公关礼仪研究的主要内容及运用原则

一、公关礼仪，内容丰富

公关礼仪是与人际交往的社交礼仪相同或相似的，是由社交礼仪发展而来的。公关礼仪本身有一个从无到有，从凌乱到系统，从自发到自为的发展过程。在现代公关礼仪中，各种具体规范之间既相互区别，又互相联系、互相影响、互相制约。各种礼仪规范都有它们存在的必然性及其基本要求，有很强的理论性；同时，这些规范又只有在实践中才能表现出它的真实意义，具有一定的灵活性、可变性，并随公关实践的发展而不断更新内涵，完善形式。

现代公关礼仪学应在逻辑与历史相统一、理论与实践相结合的原则指导下探讨、研究以下诸方面的内容。

见面礼仪。任何礼仪都离不开见面，见面礼仪主要探讨见面的心理素质，如何培养心理素质？见面的礼仪规范包括：进行自我介绍与相互介绍的规范；递接名片的规范；怎样根据不同对象公众、准确运用握手、鞠躬、致意等礼仪规范和技巧等。

访送礼仪。拜访、接待、迎送、赠礼是公关工作必不可少的活动。访送礼仪主要讨论拜访、送客、待客、赠礼等有关的活动时应遵守的礼仪规范，其中包括常见个性社交类型特点解读；拜访时机的选择；拜访的主要事项；送礼的技巧；待客的规矩；送客的要求等。

交谈礼仪。交谈是一切公关活动展开和发展的必经程序，交谈礼仪主要涉及如何与交往对象问候寒暄；怎样展开交谈；交谈中言语、表情及体姿的运用与呼应；交谈话题的选择与修饰；言语的运用技巧；聆听的功能、方式与技巧等。

仪态礼仪。仪态即人的身体姿态、姿势。仪态礼仪主要研究仪态肢体语言的功能作用，特别是站姿、坐姿、走姿、引导手势、面部表情等肢体语言的演礼功能及礼仪规范等。

电话礼仪。电话是现代社会组织与外界交往的窗口。电话礼仪主要分析人的电话形象的重要性；介绍如何打电话，怎样接电话，怎样使用移动电话，才符合基本的礼仪规范等。

空间礼仪。每个人都有自己在特定条件下神圣不可侵犯的“领土范围”。公关人员在与公众接触中必须讲究“疏密有别”。空间礼仪主要说明公关活动中应当重视人际接触在不同条件下的空间距离及其对公关活动结果的影响等。

服饰礼仪。服饰是多种符号的集合体，是个人形象与组织形象的一种强有力的无声语言。服饰礼仪主要讨论着装原则；服饰的色彩与款式造型的各种效应；正式场合男士与女士着装礼仪要求；饰品的佩戴礼仪；仪容修饰规范等。

宴请礼仪。宴请是古今中外的人际交往，公关交往活动的一种重要方式。宴请礼仪主要介绍宴请活动应怎样组织；公关宴请中，中、西餐桌席的排次与摆台技巧；公关人员出席宴请的注意事项；应遵守的席间礼仪；常见的中西餐具的使用等。

次序礼仪。公关人员在饮食起居，社会交往中一定要讲究长幼之别、上下之序，给长者、尊者以必要的尊重。次序礼仪主要讨论礼宾次序在公关活动中的重要性；常见的礼宾次序；公关活动中会见、会谈、签字仪式及生活中交通工具等的排次常规。

二、公关礼仪，讲究原则

尽管世界各国各地礼仪习俗不同，但基本原则是一致的。所谓礼仪原则就是人们在社交中处理人际关系的基本准则。注重礼仪的基本原则，有助于在具体社交活动中做到自觉、主动，从而更加自然得体。

（一）遵守原则

任何人，不论身份高低，职位大小，财富多寡，都必须自觉遵守礼仪，这样人际交往才能成功。

1992 年冬天，重庆市一位私营企业经理乘公共汽车去和一个“大买主”进行销售谈判，车上人多拥挤，这位经理踩了一位女士的脚，当这位女士抬头注视他的时候，这位经理不仅没有道歉，反而说了两句很难听的话。到站下车后，当这位经理到达对方办公室时，发现经理办公桌后坐着的不是别人，正是被他在车上踩了脚的那位女士。这场谈判以还未开始就结束了。

（二）自律原则

礼仪规范由对待自身的要求和对待他人的做法两大部分组成，自律原则就是要求自身树立良好的道德信念和行为准则。不仅要求他人讲礼仪，每个人都要自我要求、自我约束、自我控制、自我检点，正所谓“己所不欲，勿施于人”，绝不能只求诸人，不求诸己。

一位禅师曾经对唐代诗人白居易说：“诸恶莫作，众善奉行。”白居易说：“如此简单的道理，三岁小孩也知道。”禅师说：“三岁孩童虽会说，但是八十岁老翁却未必了解其意。”

礼仪也同理，实际上礼仪就在我们每个人心中，只不过有时会忘却，所以更应该使自己养成自律的习惯。

（三）敬人原则

“礼者，敬人也。”人际交往互相尊重最为重要，也只有尊重别人才能得到别人的尊重，“爱人者，人恒爱之；敬人者，人恒敬之”。在与人交往过程中，要将对交往对象的重视、恭敬、友好放在第一位，处处不可失敬于人。

例如，在安徽省桐城市有一条“六尺巷”。其由来是，清朝康熙年间，官至文化殿大学士兼礼部尚书的张英在桐城的祖居与吴姓人家为邻居。对方想越界盖房，家人遂寄信给张英，张英给家人回复了一首诗：“一纸修书只为墙，让他三尺又何妨？长城万里今犹在，不见当年秦始皇。”家人见到诗后就让地三尺，吴姓人家深感其义，也退让三尺，这样就诞生了“六尺巷”。俗话说“你敬我一尺，我敬你一丈”，正如此案例道理。

（四）真诚原则

要求在人际交往中待人以诚，诚心诚意，言行一致，表里如一。绝不能口是心非，言行不一，弄虚作假。俗话说“精诚所至，金石为开”，一个人的思想、观点、愿望和要求能否为对方所接受，往往与他对对方的真诚程度成正比，即越真诚，对方接受他的思想、观点、愿望和要求的可能性就越大，也就越容易建立良好的人际关系。

（五）宽容原则

古人云：“有容德乃大。”宽容也是一个人良好品德的外显。昔日刘备三请诸葛亮，如果没有那种雅量，就不会有三分天下之格局。宽容就是心胸坦荡，豁达大度，在交际活动中，既要严于律己，更要多容忍他人、体谅他人、理解他人，千万不要求全责备，斤斤计较，过分苛求。

（六）平等原则

对任何交往对象，都要以礼相待，一视同仁，给予同等程度礼遇。不能厚此薄彼，区别对待。

（七）从俗原则

从俗就是所谓的入乡随俗，由于国情、民族、文化背景不同，客观上就存在着完全不同的具体礼仪表达方式与方法，以及同一种礼仪行为的不同的评价标准，正如“十里不同风，百里不同俗”。要求我们入国问禁、入乡随俗、入门问讳，与绝大多数人的习惯做法保持一致，切勿目中无人，自以为是，更不要出现指手画脚，随意批评，否定他人习惯的做法。

有一次，一位到泰国旅游的外国人，见到当地一个可爱的小孩，他伸出手来在他的头顶上摸了两下，结果弄得小孩一脸怒气，周围的人也大惊失色。原来泰国人认为头是神圣不可侵犯的，被人触摸头部是一种极大的侮辱。外国客人违背了从俗原则，这是极为深刻的教训。

（八）适度原则

适度要求应用礼仪时，必须注意技巧，合乎规范。凡事当止即止，过犹不及，假如做过了头，或者做得不到位，都不能正确表达自己的敬人之意，所以要注意技巧，合乎规范，把握分寸，认真得体。

（九）沟通原则

沟通是把有关的信息和意思传递给对方，以争取对方感知与认同的一种行为。在人际交往中，有接触才有了解，有了解才有沟通，有沟通才有互动。既要了解交往对象，又要为交往对象所了解，相互之间取得思想、情感、信息相互认同的有效沟通。

（十）互动原则

一是，要求人们在交往中必须主动进行换位思考。二是，要求人们在交往中要时时、处处努力做到“交往以对方为中心”。

孔子曰：“凡人之所以为人者，礼仪也。”公关礼仪十大原则作为人类社会交往的基本“游戏规则”，既是整个社会秩序与规范的“守护神”，也是人们寻求自身发展、追求人生目标的捷径。

三、学习公关礼仪方法

（一）实践应用，重复渐进

礼仪本身是一门实践性、应用性极强的学科，因此，学习礼仪务必要理论联系实践，注重在实践中操作应用，做到“学礼、懂礼、用礼、彬彬有礼”。

学习礼仪是一个渐进的过程，对礼仪规范、要求，只有反复实践、反复运用、重复体验，才能真正领会掌握内涵。

（二）自我监督，培养习惯

古人强调提高个人修养要注意自躬反省，学习礼仪也应进行自我监督，自我检查，这样有助于自己发现缺点，找出不足，将学习、运用礼仪真正变为个人的自觉行动和习惯做法。习惯是通过日积月累、逐渐形成的，开始的时候我们并没有察觉到，可是当它成为一种习惯，就会时时刻刻影响着我们的行动，习惯也可以有意识地培养和加以控制。所以，在日常生活中要有意识地注意个人行为习惯的培养，注重多使用文明用语、敬语，使举止行为端庄。良好的谈吐及文明举止等习惯有助于保持良好的人际关系，同时也表现出个人良好的文化道德修养与礼仪素养。

（三）学习礼仪必须从小事做起，必须从细节做起

有位名人说过："1% 细节失误 =100% 失败；100% 的细节措施 = 100% 成功。"俗话说"细节见素质，细节见品德，细节知兴衰，细节定商机！"

思考应用

1．为什么学习礼仪？礼仪和组织及个人前途命运有什么关系？

2．礼仪的核心是什么？如何体现？

3．如何理解运用公关礼仪的十大原则？

4．案例分析：在一次人才洽谈会上，记者与一位用人单位老总聊起人才招聘的事，该老总抱怨说："不是我眼界高，确实在众多的应聘者里很少有让我头一眼就觉得满意的。来应聘的大学生们好像没有礼貌的概念，一边说话，一边发短信打电话。有的甚至还与女友紧紧相偎，把头发染成红色。还有的竟然口里含着口香糖和我说话。你看刚才那位，一坐下就跷起二郎腿前后摇摆，派头比我还大。"最后，他苦笑着说："现在的大学生怎么啦？"

请结合本案例，针对自己身上存在的不足，谈谈如何运用礼仪完善个人素养。

礼仪热点

☆ 他能够胜任这份工作

一家公司招聘一名办公人员，有 50 多人前来应聘。公司经理在众多的应聘者中选中了一名普通的年轻人。其助手说："怎么选了他呀，他没有任何工作经验啊？"公司经理回答："他一定能适应这个工作，首先，他在进门之前妥善地收放好了自己的雨具，进门后随手关上了门，说明他做事很仔细。在等候的时候，他不像其他应聘者那样在外喋喋不休地谈论，当一名老年人向他咨询时，他礼貌耐心地为老人解答。进了办公室其他应聘者都没有注意到我故意倒放在门边的拖布，只有他俯身捡起并把它放在了墙角。最后，他衣着整洁，回答问题简明干脆。这些都足以证明他能够胜任这份工作。"

☆ 重视礼仪

某著名企业家从前不修边幅，企业也不注重形象，因此企业发展缓慢。一天，理发时，理发师不客气地批评他不注重仪表，说："你是公司的代表，却这样不注重衣冠，别人会怎么想，连人都这样邋遢，他的公司会好吗？"从此该企业家一改过去的习惯，开始注意自己在公众面前的仪表仪态，率先垂范，并要求员工懂礼貌、讲礼节，生意也随之兴旺起来。

第五章

见面礼仪

学习目标

通过本章学习，应该达到以下目标：

知识目标：领会自信与微笑心理素质的内涵与培养，正确操作运用见面礼规礼节。

能力目标：运用礼仪规范培养较强的公关社交能力。

素质目标：与人见面交往时，具有良好的心理素质与礼仪修养。

核心概念

自信　微笑　自我介绍　为他人介绍　称呼　握手　递接名片　鞠躬　致意

在公关活动及社交活动中，与人交往的第一程序就是与人见面。如果说全部公关礼仪是为了给整个公关关系的展开形成光环效应，那么见面礼仪则就是这个光环的光源了。因此，见面礼仪在公关礼仪学中具有特殊的重要地位。

第一节　见面心理素质

心理学家告诉我们，在首次与他人交往过程中，第一印象十分重要，人们往往根据你给他人留下的第一印象，对你的学识、涵养、能力进行评估分析，并且人们对他人的初次知觉印象最为深刻、稳定，一个人以后的具体表现很难从根本上削弱第一印象的好坏程度，因此，我们必须高度重视与他人见面交往所产生的第一印象。那么，我们应该具备什么样的心理素质，懂得哪些礼规礼节，才能留给他人良好的第一印象，使其交往富有成效呢？

一、自信内涵与培养

自信是人的意志和力量的充分体现，是社交能力最重要的素质之一，是走向成功的保证。这里的“意志”指的是敢于超越自我、磨砺自我、挑战自我；这里的“力量”指的是执行力、表现力、应变力。

一个人的外表美，特别是风度美、气质美、韵致美，在很大程度上取决这个人心理素质的优劣。一个人如果缺乏自信，自惭形秽，就不可能有良好的风度、气质和韵致。

一个人的事业成功，取决于这个人的强大心理素质。一个人如果缺乏意志和力量，就不可能树立自信，更谈不上战胜挫折，取得成功。

自信的最大敌人是自卑，自卑是对自我人格的轻视与不珍重。在公关社交活动中，自卑的人易被人看轻。

没有什么可以成为我们自卑的理由和借口。比如说，即使你觉得你年龄太大了点但还没取得成就，也不应当自卑，世界上大有成就的人很多是大器晚成者。例如，爱因斯坦三岁还不会说话，报考瑞士联邦工学院时，除语文外，各科成绩均不及格而名落孙山；著名的德国古典哲学家黑格尔 30 岁大学毕业做讲师，因不受大学生欢迎而被轰下讲台，不得不到一所中学教书。即使你出身卑微也不应自卑。古人说得好："自古英雄多磨难，从来纨绔少伟男。"貌不惊人也不应当是自卑的理由，社交场上，单纯以貌取人的场合并不多见。论长相，世上从古到今的有成就的名人、伟人大都不是俊男靓女；只要活跃热情、真诚坦白，就会使相貌平平的公关人员获得很大的魅力。生活中、事业里曾出现过波折、遭遇过打击、冤屈也不该自卑。

总之，一个人要想拥有良好的公关形象、优雅的气质和风度，就应当放下一切压迫自己心灵的包袱和枷锁。无论这些包袱和枷锁存在的理由多么冠冕堂皇，都应将它们放在一边，勇敢真实地展现自我。无论你所面对的是多么伟大的人物或多么气派的组织，都应这样想，我之所以能站在他们面前与之打交道，说明我已具备了与之平等交际的充分必要理由。不要过多地考虑"别人会怎么看我"，而应当努力来表现活生生的、有血有肉的、充满自信心的自我。

如何培养自信，加强提高自我心理素质？

第一，要有自强自立的个性，多鞭策鼓励自己。人的一生会遇到许许多多的困难甚至挫折，以坚强自立个性去面对，就能迸发强大的力量战胜困难。

第二，要多学知识、多锻炼。多学知识目的是修炼自身涵养，多锻炼目的是加强培养表现力和应变力，使一个人更自信、更有力量。

第三，全力以赴做好工作。这是强化提高自我心理素质最有效的手段方法之一，全力做好一件事的过程，本身就是培养了意志和力量，就是有自信心的充分体现。

此外，还应当有其他方面的一些必要的准备，例如：出席正式或半正式活动之前应当梳洗头发；女士应配以得体发型；男士应刮胡子，剪掉出了鼻孔的鼻毛；修剪指甲，漱口刷牙；不吃洋葱、大蒜、泡菜等可能残留气味的食物；如口腔有异味，应嚼一块口香糖或一点茶叶；应洗澡、更衣、把皮鞋擦亮等，做好这些方面的准备不仅能使我们言行衣饰更得体大方，而且同样有助于激发和保持自己的自信心。

二、微笑内涵与培养

人们常说，人生好比一台戏。如果剔除其中的消极成分，我们就会发现，这句话包含着一定的积极意义。在公共关系舞台上，不同的人员都在根据组织形象和目标的需要扮演不同的角色。要真正进入角色，把角色演活，就得根据"剧情"需要不断变换自己的心态。

有人曾这样说过："这年头，面对形形色色的人，要不断调整心态。"此话对于需要在工作中应付各种错综复杂的人际关系的公关人员来说颇有道理。对于公关人员来说，更应当时常调整心态，固然情况各种各样，但是使用最多、最具活力、对于公关活动最有效的心态，其外在表现莫过于微笑。

有的美学家认为：在世界万事万物中，人是最美的。在人的千姿百态的言行举止中，微笑是最美的。

微笑能温暖人心，化解冷漠，能赢得他人的理解和支持，能给人一种力量，有助于事业兴旺、生意兴隆、长命百岁。

微笑也是人的一种积极情绪的展现，表现出对他人的关心和爱，是礼貌修养的外在体现。在服务工作中，微笑彰显的是一种责任与魅力。

据报道，美国爱达荷州的波卡特罗市在 1993 年重申，要求市民遵守该市在 40 年前通过的一项法令。即市内所有的人不得愁眉苦脸、拉长面孔，违者处以罚款。该市市长解释说，恢复这项法令的目的，在于鼓励市民以乐观的态度对待逆境，同时让所有市民生活在令人愉快的环境之中。

培养微笑的习惯，关键在于内心乐观向上，发自内心的微笑，做到“诚于内而形于外”，由衷地让人感到温馨。

真正的微笑应发自内心，渗透着自己的情感，表里如一，毫无包装或矫饰的微笑才有感染力，做到“嘴笑 + 眼笑 + 心笑”。微笑表情需要训练。各航空公司如今的空姐上班之前要接受的主要礼仪训练就是微笑。学员要在教官的指导下进行长达六个月左右的微笑训练，训练在各种乘客面前、各种飞行条件下应当保持的微笑。

微笑是最能打动人心的语言，俗话说：“出门看天色，进门看脸色。”微笑更是公关人员的必修课程，在公关人员与公关对象的交往之中会产生思想上和情感上的强烈共鸣。利用笑容，可以消除彼此间陌生感，建立信赖，打破僵局，为更好沟通与交往创造有利的氛围。特别是各行各业的业务人员、办公室接待人员、服务员更需要学会微笑。

希尔顿旅馆业务遍布世界五大洲各大城市，其资产不断扩大的杠杆和诀窍之一，就是开创微笑服务。希尔顿每到一地都召集员工会议：“现在我们的旅馆已新添了第一流的设备，你们觉得还必须配备一些什么样的东西才会使客人更喜欢它呢？”在员工们各抒己见、献计献策之后，希尔顿总是摇摇头说：“请你们想一想，如果旅馆里只有第一流的设备，而没有服务员第一流的微笑，那些旅客会认为我们供应了他们全部喜欢的东西吗？如果缺少服务员的美好微笑，正好比花园里失去了阳光和春风。假如我是顾客，我宁愿住进虽然只有残旧地毯，却处处可见微笑的旅馆，我不会也不愿走进只有一流设备而不见微笑的地方。”微笑服务成为希尔顿旅馆业务遍布世界各大城市、资产不断扩大的杠杆和诀窍，成为跻身美国十大财团的重要法宝。

举世瞩目的泰国东方饭店，曾数次摘取了“世界十佳饭店”的桂冠，其成功秘诀之一，在于把“笑容可掬”列入迎宾待客的规范。

第二节 见面礼规礼节

公关交往中，应讲究见面时的礼规礼节。熟练运用见面礼仪规范，会给对方留下深刻美好的印象，直接体现出施礼者良好的修养。

一、注重称呼，有利交往

称呼是人们在日常交往应酬之中，所采用的彼此之间的称谓语，称呼是人际关系的晴雨表。每个人在社会交往中，都希望在社会地位、人格、才能等方面受到他人的尊重。这种渴求尊重的心理，又常集中表现在对称呼的重视上。选择正确、适当的称呼，反映着自身的教养、对对方尊敬的程度，甚至还体现着双方关系发展所达到的程度和社会的风尚，因此必须重视称呼。

（一）称呼的基本要求

在日常生活与工作中，称呼别人时有以下基本要求：

第一，要采用常规称呼。常规称呼，即人们平时约定俗成的较为规范的称呼。

第二，要区分具体场合。在不同的场合，应该采用不同的称呼。

第三，要坚持入乡随俗。要了解并尊重当地风俗。

第四，要尊重被称呼者的个人习惯。

对于职业人士来说，面对不同身份地位的人应当学会用不同的尊称，而对自己应当尽可能地谦虚谨慎，以显示对对方的尊重。因此，在日常生活、工作和交际场合，称呼应当亲切、自然、准确、合理，不可肆意为之。

（二）称呼的方式方法

合理的称呼对方，既是对他人的尊重，又反映了公众人员的礼仪修养。称呼得当，很有利于交往，称呼不当，则适得其反，弄巧成拙。

目前在国际上主要有以下几种称呼方式：

（1）一般性称呼

这是最简单的、最普遍的，特别是面对陌生公众时最常用的称呼方式，如“小姐”“先生”“夫人”“同志”等。其中，目前世界上使用的称呼方式中，频率最高的是头两个，即“小姐”和“先生”，未婚女子统称为“小姐”，已婚女子统称为“夫人”或“太太”，如果搞不清被称呼女子的婚姻状况，可统称“女士”。对职业女性也可统称为“女士”。特别值得注意的是，当你面对一位虽然年龄较大，但却并未结婚的女士时，你绝对不能仅凭直觉或猜测将她称呼为“太太”，那是极端错误的。如果你这样做，即使不挨骂，也会大煞风景。

（2）职务性称呼

在工作中，以交往对象的职务相称，以示身份有别、敬意有加，这是一种最常见的称呼方法。

第一，仅称职务。如“部长”“董事长”“主任”等。

第二，职务之前加上姓氏。如“王市长”“刘处长”“张局长”等。

第三，职务之前加上姓名，仅适用于极其正式的场合。如“刘伟强董事长”等。

（3）学衔称

工作中，以学衔作为称呼，可增加其权威性，有助于增强现场的学术气氛。称呼学衔，以下四种情况使用最多：

第一，仅称学位或职称。如“博士、教授、工程师、硕士”。

第二，在学位或职称前加上姓氏，如“杨博士”。

第三，在学位或职称前加上姓名，如“劳静教授”。

第四，将学位或职称具体化，说明其所属学科，并在其后加上姓名。如“史学博士周燕”“工学硕士郑伟”“法学学士李丽”等。此种称呼最为正式。

（4）职业性称呼

职业性称呼，如“老师”“医生”“会计”“教练”“服务员”“空姐”“解放军同志”等。

对军人一般称军衔，或军衔加先生，知道姓名的可冠以姓与名，如“上校先生”“维尔斯中尉先生”等。有的国家对将军、元帅等高级军官称阁下。

对教会中的神职人员，一般可称教会的职称，或姓名加职称，或职称加先生，如“福特神父”“传教士先生”“牧师先生”等。有时主教以上的神职人员也可称“阁下”。

(5) 姓名性称呼

在工作岗位上称呼姓名，一般限于同事、熟人之间。其具体方法有三种：

第一，直呼姓名，如“李跃华”“张佳”等。

使用单纯的姓名称一般来说是在年龄、职务等相仿的时候，或者是好朋友之间，否则，就要将姓名、职务或职业等并称才合适，如“肯尼迪先生”“索尼小姐”“王刚老师”“李强处长”等。

第二，只呼其姓，不称其名，但要在它前面加上“老”“大”“小”，如“老王”“大李”“小徐”。

遇到复姓，直接称呼复姓，如“欧阳、司马、西门、上官”等复姓，不能拆开称呼如“小欧、小司、小西”等。

第三，只称其名，不呼其姓，通常限于同性之间，尤其是上司称呼下级、长辈称呼晚辈之时。在亲友、同学、邻里之间，也可使用这种称呼。

(6) 亲属称

亲属称，如“乔叔叔”“饶阿姨”“何爷爷”等。

使用亲属性称呼应在熟人之间或服务工作场合，表达对长辈的敬重时使用。但在公关场合及正式重要场所，应用前四种称呼。

（三）称呼禁忌

第一，禁止使用错误的称呼。

出现错误称呼主要由于粗心大意，用心不专导致。常见的错误称呼有两种：

其一，误读：主要指念错姓名。如“仇（qiú）”“能（nài）”“查（zhā）”“盖（gě）”等。为了避免这种情况的发生，对于不认识的字，事先要有所准备，如果是临时遇到，就要谦虚请教。

其二，误会：主要指对被称呼者的年纪、辈分、婚否以及与其他人的关系作出错误判断。比如，将未婚妇女称为“夫人”，就属于误会。相对年轻的女性，都可以称为“小姐”，这样对方也乐意听。

第二，禁止使用过时的称呼。

有些称呼，具有一定的时效性，一旦过时，若再采用，难免贻笑大方。在我国古代，对官员称为“老爷”“大人”。若将它们全盘照搬进现代生活里来，就会显得滑稽可笑，不伦不类。

第三，禁止使用庸俗的称呼。

在公关活动中，有些称呼在正式场合切勿使用。公关人士在正式宴会上如果采用“哥们儿”“姐们儿”“磁器”“死党”“铁哥们儿”等一类的称呼，就显得庸俗低级，档次不高，失礼失身份。逢人便称“老板”，也显得不伦不类。

第四，禁止使用绰号。

对于关系一般者，切勿自作主张给对方起绰号，更不能随意以道听途说来的对方的绰号去称呼对方，还要注意，不要随便拿别人的姓名乱开玩笑。要尊重一个人，必须首先学会去尊重他的姓名。每一个正常人，都极为看重本人的姓名，对此，在公关活动中，一定要牢记。

第五，禁止使用地域性称呼。

有些称呼，具有一定的地域性，比如，北京人爱称人为“师傅”，山东人爱称人为“伙计”。但是，在南方人听来，“师傅”常代表“出家人”，“伙计”常代表“打工仔”。

二、悉心介绍，彬彬有礼

介绍是公关交往中与他人进行沟通、增进了解、建立联系的一种最基本、最常规的方式。介绍是开启社交大门的钥匙，能打破陌生界限，拉近人与人之间距离。

由于人际接触的日益广泛，在公共关系活动中就会经常结识一些新的公众、新的朋友。这就离不开自我介绍、为他人介绍等。无论哪种介绍，都必须遵守一定的礼仪规范。

（一）自我介绍

根据社交礼仪规范，进行自我介绍时，应注意自我介绍的时机、自我介绍的顺序、自我介绍的形式等问题。进行自我介绍时，应先向对方点头致意，得到回应后再向对方介绍自己。

第一，自我介绍的时机。

自我介绍首先需要把握和选择合适的时机，常见的需要自我介绍的场景有两种：一是想认识他人，二是想让别人了解你。

想了解某人的时候：这种情况下，做自我介绍，实际上是想了解对方的情况。作为了解对方的情况时的一种交换，就首先要让对方了解你的情况。

想让别人了解你的时候:这种情况不仅仅是为了了解别人，更多的还要做好自我宣传公关，例如企业中的营销、市场和公关经理，就需要通过自我介绍来宣传自己和企业。

注意，如果有介绍人在场时，不适宜再作自我介绍。

第二，自我介绍的顺序。

自我介绍标准化的顺序，是所谓的位低者先行，即地位低的人先做介绍。主人和客人在一块，主人先作介绍；长辈和晚辈，晚辈先介绍；男士和女士，男士先介绍；等等。若是你地位高对方地位低的话，你也可先做自我介绍，没必要非等人家介绍自己再介绍，以避免尴尬。

第三，自我介绍的形式。

自我介绍可以分为下述五种具体形式：

其一，应酬式。适用于某些公共场合和一般性的社交场合，这种自我介绍最为简洁，往往只包括姓名一项即可。“你好，我叫××。”“你好，我是××。”

其二，工作式。适用于工作场合，它包括本人姓名、供职单位及其部门、职务或从事的具体工作等。例如“你好，我叫××，是××公司的销售经理。”“我叫××，在××学校读书。”

其三，交流式。适用于社交活动中，希望与交往对象进一步交流与沟通的情况。它大体应包括介绍者的姓名、工作、籍贯、学历、兴趣及与交往对象的某些熟人的关系。如“你好，我叫××，在××工作。我是××的同学，都是××人。”

其四，礼仪式。适用于讲座、报告、演出、庆典、仪式等一些正规而隆重的场合。包括姓名、单位、职务等，同时还应加入一些适当的谦辞、敬辞。如“各位来宾，大家好！我叫××，

是 ×× 学校的学生。我代表学校全体学生欢迎大家光临我校，希望大家……”

其五，问答式。问答式的自我介绍，一般适用于应试、应聘和公务交往。问答式的自我介绍的内容，讲究问什么答什么，有问必答。

第四，自我介绍注意事项。

其一，注意时间。以半分钟左右为佳，如无特殊情况最好不要长于 1 分钟。进行自我介绍的适当时间，是指：一对方有兴趣时；二对方有空闲时；三对方情绪好时；四对方干扰少时；五对方有要求时。进行自我介绍的不适当时间，是指对方无兴趣、无要求、工作忙、干扰大、心情坏、休息用餐或正忙于私人交往之时。

其二，讲究态度。在作自我介绍时，态度一定要亲切、自然、友好、自信。介绍者应当表情自然，眼睛看着对方或大家，要善于用眼神、微笑和自然亲切的面部表情来表达友谊之情。不要显得不知所措，面红耳赤，更不能一副随随便便、满不在乎的样子。介绍时可将右手放在自己的左胸上，不要慌慌张张，毛手毛脚，不要用手指指着自己。

其三，注意方法。进行自我介绍，应先向对方点头致意，得到回应后再向对方介绍自己。如果有介绍人在场，自我介绍则被视为不礼貌的。应善于用眼神表达自己的友善，表达关心以及沟通的渴望。如果你想认识某人，最好预先获得一些有关他的资料或情况，诸如性格、特长及兴趣爱好。这样在自我介绍后，便很容易融洽交谈。在获得对方的姓名之后，不妨口头加重语气重复一次。

其四，注意内容。公务式交往中，自我介绍主要包括以下四个基本要素：一是单位；二是部门；三是职务；四是姓名。自我介绍时应将这四个要素一气呵成，还要注意一点，做自我介绍时，对单位、部门等第一次要用全称，第二次才可改用简称。

（二）为他人介绍

介绍他人，通常又称第三者介绍，在此指的是经第三者为彼此不相识的双方引见、介绍的一种具体的介绍方式。

介绍他人，通常都是双向性的，即将被介绍者双方各自均做一番介绍。有时，也可进行单向性的他人介绍，即只将被介绍者中的某一方介绍给另一方。其前提是前者了解后者，而后者不了解前者。

第一，介绍人。在公关活动中，由以下几种人员作介绍人：

其一，专业人士。比如机关、企业的办公室主任、领导秘书、公关人员等。

其二，对口人员。比如张三到某单位找李四，李四就是对口人员，就有义务向张三介绍其他相关人员。

其三，本单位地位、身份最高者。这是一种特殊情况。来了贵宾的话，一般应该由东道主一方职务最高者出面介绍，礼仪上叫规格对等。

第二，介绍他人的顺序。

介绍他人的一般规则：尊者有先知权，尊者居后。

就是把双方之中地位较低的一方首先介绍给地位较高的一方。具体来说：先将男士介绍给女士；先将晚辈介绍给长辈；先将下级介绍给上级；先将主人介绍给客人；先将迟到者介绍给先到者；先将熟悉的人介绍给不熟悉的人；先将未婚者介绍给已婚者；先将学生介绍给老师；先将家人介绍给同事、朋友。

第三，介绍他人的形式内容。

由于实际需要的不同，为他人作介绍时的方式也不尽相同。

其一，一般式，也称标准式。以介绍双方的姓名、单位、职务等为主，适用于正式场合。

其二，简单式。只介绍双方姓名一项，甚至只提到双方姓氏而已，适用一般的社交场合。

其三，附加式，也可以叫强调式。用于强调其中一位被介绍者与介绍者之间的关系，以引起另一位被介绍者的重视。

其四，引见式。介绍者所要做的，是将被介绍的双方引到一起即可，适用于普通场合。

其五，推荐式。介绍者经过精心准备再将某人举荐给另一人，介绍时通常会对前者的优点加以重点介绍。通常，适用于比较正规的场合。

其六，礼仪式。是一种最为正规的他人介绍，适用于正式场合。其语气、表达、称呼上都更为规范和谦恭。经介绍与他人相识时，不要有意拿腔拿调，或是心不在焉；也不要低三下四、阿谀奉承地去讨好对方。

第四，介绍他人时，中间介绍者的手势、眼神到位，应出掌心向上的手势介绍他人，眼睛应顾及被介绍者双方，如图 5-1 所示。

图 5-1

三、相互握手，传情递意

人类文明发展到今天，无论是哪个民族，哪种信仰的人，见面时都要使用各种各样的见面礼。其中，最常见、使用最为广泛的见面礼就是握手礼。握手是最为普遍的一种表达见面、告别、祝贺、安慰、鼓励等感情的礼节。

美国著名女作家海伦·凯勒曾以自己独特的感受描写自己与人握手的经验。她说："我接触过的手，虽然无言，却极有表现性。有的人握手能拒人千里……我握着冷冰冰的手指，就像和凛冽的北风握手一样。而有些人的手却充满阳光，他们握住你的手，使你感到由衷的温暖。"

（一）握手方式解读

握手的具体样式是千差万别的。了解一些握手的典型样式，既有助于我们通过握手了解交际对方的性格、情感状况、待人接物的基本态度等，也有助于我们在人际交往中根据具体情况，应人施礼。

第一，支配式握手。也称“控制”式握手，用掌心向下或向左下的姿势握住对方的手。以这种样式握手的人一般来说说话干净利落、办事果断、高度自信，凡事一经自己决定，就很难改变观点。

第二，谦恭式握手。也叫顺从型握手。与支配方式握手相对，用掌心向上或向左上的姿势与对方握手。用这种样式握手的人处事比较民主、谦和、平易近人，对对方比较尊重、敬仰。

第三，对等式握手。是一种单纯的、礼节性、表达友好的方式，也是标准的握手样式。

第四，双握式握手。也称政客式握手。使用这种握手样式的人是在表达一种热情真挚、诚实可靠，显示自己对对方的信赖和友谊。从手背开始，对对方的加握部位越高，其热情友好的程度显得也就越高。

第五，冷漠式握手。握手时伸出一只无任何力度、质感，不显示任何信息的手，给人的感觉就好像是冷漠无情，待人接物消极。

第六，捏手式握手。不是两只手的虎口相触对握，而是有意或无意地只捏住对方的几个手指或手指尖部。有些女性与男性握手时，为了表示自己的矜持与稳重，常采取这种样式。

第七，拉臂式握手。将对方的手拉到自己的身边相握，且相握时间比较长。这种方式握手常见年岁很高、行动不方便的长者，或者是表现谦恭的人。

第八，扣手心式握手。两手相握之后，不是很快松开，而是双手掌相互缓缓滑离，让手指在对方手心适当停留。一般只见于恋人、情人之间，或心有灵犀的好朋友之间。

（二）握手场合

第一，应当握手的场合：作为东道主，迎接或送别客人时；久别重逢时；当被介绍与人认识时；宴会场合突遇熟人时；向他人表示恭喜、祝贺之时；拜托别人时及别人帮助自己时；别人向自己祝贺、赠礼时；向他人赠送礼品或颁发奖品时；宴会结束告辞时等。

第二，不宜握手的场合。

处在下面情况中，不宜同交往对象握手，可采用对方理解的方式向其致意：对方手部负伤；对方手部负重；对方与自己距离较远；对方所处环境不适合握手。

（三）握手顺序

在正式场合，握手时伸手的先后次序主要取决于职位、身份。在社交、休闲场合，则主要取决于年纪、性别、婚否。握手的顺序原则：尊者先伸手。

具体而言，握手时双方伸手的先后次序大体包括如下几种情况：年长者与年幼者握手，应由年长者首先伸出手来；长辈与晚辈握手，应由长辈首先伸出手来；老师与学生握手，应由老师首先伸出手来；女士与男士握手，应由女士首先伸出手来；已婚者与未婚者握手，应由已婚者首先伸出手来；社交场合的先至者与后来者握手，应由先至者首先伸出手来；上级与下级握手，应由上级首先伸出手来；职位、身份高者与职位、身份低者握手，应由职位、身份高者首先伸出手来。

（四）握手要领

第一，握手应自然大方地在距受礼者约一步（75 cm 左右）时，上身微微前倾，同时伸出右手，除年老体弱或残疾人以外，坐着握手是很失礼的。

第二，尊者先伸手。应注意的是，在社交场合无论谁先向我们伸手，即使他忽视了握手礼的先后顺序而已经伸出了手，都应看作友好、问候的表示，应马上伸手相握；拒绝他人的握手是很不礼貌的。

第三，与人握手时，应面含笑意，目视对方双眼，并且口道问候。

第四，握手时要用一定的力度，显示热情，如图 5-2 所示。握手力度也不要过重，如果因握手力度过重，而造成对方的手背有印记，是很失礼的。例如，曾有两位国外领导会面，其中一位领导很用力地握手，在对方手上印下了清晰的印记，遭媒体曝光批评。

图 5-2

男性与女性握手时，用力一定要适当，否则用力过猛很失礼。

第五，握手时间的长短因人因地因情而异。初次见面时握手时间不宜太长，一般不要超过 3 s。在多人相聚的社交场合，不宜只与某一个人长时间握手，以免引起他人的误会。

（五）握手禁忌

① 忌握手时心不在焉。
② 忌用左手和别人握手。
③ 忌戴手套和他人握手。
④ 忌戴墨镜和他人握手。
⑤ 忌嘴里嚼着东西与别人握手。
⑥ 忌用双手和女士握手。
⑦ 忌两手交叉和别人握手，多人同时握手时应按顺序进行。
⑧ 忌握手时左手拿东西或插兜里。
⑨ 忌手上又脏又湿，当场搓揩后握手。
⑩ 忌握手后立即揩拭自己的手掌。
⑪ 忌握手时长篇大论。
⑫ 忌握手时争先恐后。
⑬ 忌握手时面无表情，不置一词。

四、拱手作揖，恭喜恭贺

在中国古代，中国人曾创造了自己独特的“握手”方式。只不过不是两人两手相握，而是自己握自己的手，即拱手作揖。

拱手礼也叫作揖礼，这个礼表达了对人的感谢和尊敬，有着浓浓的中国特色和人情味儿，如图 5-3 所示。

图 5-3

拱手礼已经有几千年的历史了，从西周起就开始在同辈人见面、交往时采用了。古人通过程式化的礼仪，以自谦的方式表达对他人的敬意。国人是讲究以人和人之间的距离来表现出“敬”的，而不像西方人那样喜欢身体亲近。这种距离不仅散发着典雅气息，而且也比较符合现代卫生要求。所以很多礼学专家都认为，拱手礼不仅是最体现中国人文精神的见面礼节，而且也是最恰当的一种交往礼仪。

拱手作揖的基本动作要领是右手握拳，然后用左手在胸前扶住右手，在双目注视对方的同时，相拱的手向着对方方向轻轻摇动。为向对方表示尊敬，可将双手向上抬，达到与额同高。值得注意的是，行拱手礼时，一定是用左手扶抱右手，否则，会招来完全相反的效果。原因很简单，自古以来，人类普遍习惯于用右手持握包括凶器在内的器具，用右手打击他人等。用左手抱住右手，这就意味着施礼者愿在受礼者面前扑息自己的锋芒，向受礼者表示友好。

当代中国人虽已普遍接受了握手礼，但是拱手礼仍比较流行。在20世纪30年代，林语堂先生曾在《生活的艺术》一书中嘲笑过西俗中的握手礼，推崇中华的拱手礼。在他看来，拱手礼优越于握手礼的地方有两点，一是从医学卫生的角度讲，拱手礼不致发生接触传染，有益于身体健康；二是从心理感受的角度讲，拱手的力度，时间的久暂等，完全取决于自己，不会感受对方的压力。林先生的这番话既尖锐幽默，又客观深刻。

五、递接名片，严肃认真

名片的使用已成为公关交往的一种重要手段。名片，是一个人身份、地位的象征；是一个人尊严、价值的一种外显方式；也是使用者要求社会认同、获得社会理解与尊重的一种方式。名片上一般印有公司名称、头衔、联络电话、地址等，有的还印有个人的照片。通过递送名片可以使对方认识你、与你联系。所以，有人把它称作另一种形式的身份证。当然，公关人员使用的名片，除了具有个人意义外，还是他们所在组织的形象的一个缩影。现在越来越多的社会组织对其成员使用的名片的要求十分讲究，使它尽量具有特色和魅力。

应重视名片自身的重要价值，公关人员在递送、接收、保管名片的时候就应格外重视其礼仪效应，不可随随便便。

（一）名片的保存

随身携带的名片应使用有较精致的名片夹，在着西装时，名片夹只能放在左胸内侧的口袋里。左胸是心脏的所在地，将名片放在靠近心脏的地方，无疑是对对方是一种礼貌和尊重。不穿西装时，名片夹可放于自己随身携带的小手提包里。将名片放置于口袋，甚至后侧袋里是一种很失礼的行为。由于公关人员在一次公关活动中需要接收的名片很多，因此，最好将他人的名片夹在一起，将自己的名片夹在一起，以避免慌乱中误将他人的名片当作自己的名片送给对方。

（二）名片递送

在交往中，熟悉和掌握名片的有关礼仪是十分重要的。名片的持有者在递交名片时动作要洒脱、大方，态度从容、自然，表情要亲切、谦恭。应当事先将名片放在身上易于掏出的位置，取出名片先郑重地握在手里，然后再在适当的时机得体地交给对方。

第一，名片递送的时机。

交换名片需要我们掌握一定的时机，只有在确有必要时发送名片，才会令名片发挥功效。

发送名片一般应选择初识之际或分别之时，不宜过早或过迟。如果时机不当，非但不能结交新的人际关系，还会给人以不好的印象。

如果双方或一方并没有这种愿望，则无须发送名片，否则会有故意炫耀、强加于人之嫌。遇到以下几种情况，不需要把自己的名片递给对方，或与对方交换名片。

① 对于陌生人或巧遇的人，不要在谈话中过早发送名片。因为这种热情一方面会打扰别人，另一方面有推销自己之嫌。

② 不要在一群陌生人中到处传发自己的名片，这会让人误以为你想推销什么物品，反而不受重视。在商业社交活动中尤其要有选择地递送名片，才不致使人以为你在替公司搞宣传、拉业务。

③ 对于对自己并无兴趣或者不想认识、深交的人。

④ 双方之间地位、身份、年龄悬殊。除非对方要求，否则不要在地位、身份、年龄悬殊者面前主动出示名片。

第二，名片递送的顺序。

① 客人先递送名片，主人后递送名片。

② 年轻人先递送名片，年长者后递送名片。

③ 男士先递送名片，女士后递送名片。

④ 职位低者先递送名片，职位高者后递送名片。

⑤ 与多人交换名片时，按照职位高低顺序递送，也可按照由近及远的顺序递送。

⑥ 如分不清职务高低和年龄大小时，则可先和自己对面左侧方的人交换名片。

⑦ 在圆桌旁与多人交换名片时，按照顺时针方向递送名片。

⑧ 如果在场人很多，递送名片时要遵守“同性优先”的原则，即先赠送给在场的同性，然后再递送给异性。

总之，递送名片的顺序需要遵循“卑者先，尊者后”的原则。不能不按次序，随便递送名片，不能跳跃式地进行递送，以免对方误认为有厚此薄彼之感。

第三，名片递送的方法。

对于递交名片这一过程，应当表现得谦逊有礼，郑重大方。

应起身站立，距对方约 1 m 左右。

身体微微前倾、面带微笑、眼睛注视对方。

应用双手的食指和大拇指分别夹住名片左右两端，名片上名字反向对己，正向对着对方递上，如图 5-4 所示。

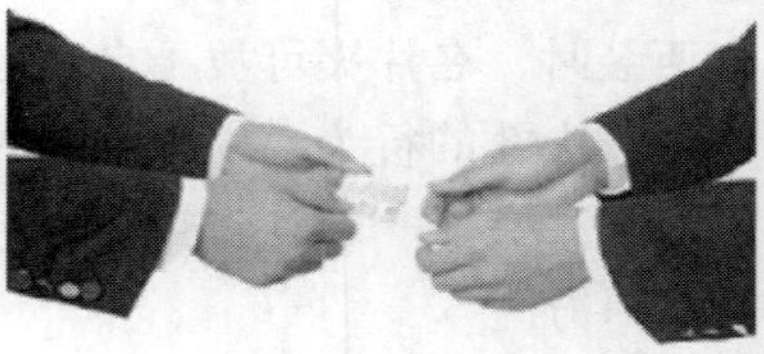

图 5-4

在递送名片的同时，应说：“这是我的名片，请多多指教”“多多关照”“常联系”等话语，如果名字中有不是常用的字，最好能将自己的名字读一遍，以便对方称呼。

递给对方名片的同时，对方也正递给自己名片时，应当先暂时放下自己的名片，接过对方的名片后，再递上自己的名片。

交换名片时如果名片用完，可用干净的纸代替，在上面写下个人资料。

若对方是外宾，最好将名片印有外文的那一面对着对方。在有的地区，绝对不能用左手递名片。

（三）名片接收

接收他人名片时，主要应当作好以下几点：

第一，态度谦和。接受他人名片时，不论有多忙，都要暂停手中一切事情，并起身站立相迎，面含微笑，双手接过名片。至少也要用右手，而不得使用左手。

第二，认真阅读。接过名片后，先向对方致谢，然后微笑阅读名片；当阅读名片时，遇有显示对方荣耀的职务、头衔不妨重点读出声，以示尊重和敬佩，使对方获得一种受重视的满足感，看不清的地方还应及时请教，决不可一眼都不看就收藏起来，这会让对方感到你缺少诚意。

第三，精心存放。接过名片后，切勿将其随意乱丢乱放、乱揉乱折，而应将其谨慎地置于名片夹、公文包、办公桌或上衣口袋之内，且应与本人名片区别放置。不得随意乱置，以免使对方感到不快。

第四，有来有往。接受了他人的名片后，一般应当即刻回给对方一枚自己的名片。如果自己没有名片或没带名片，应当首先对对方表示歉意，再如实说明理由。如，“很抱歉，我没有名片”“对不起，今天我带的名片用完了，过几天我会亲自寄一张给您的”，切莫毫无反应。

接受名片时应注意以下禁忌：

第一，别人递过来名片时，一定不能因自己手上的工作的重要而让对方等待。

第二，一定不能用左手去接对方递送过来的名片。

第三，不要在接受对方的名片后看也不看就放在一边。

第四，在和对方谈话时，不要将名片收起来，应该放在桌子上，并保证不被其他东西压起来。

第五，不得随意涂改对方名片。

第六，不要把对方名片和自己的名片或其他杂物混在一起，以免用时手忙脚乱或拿错名片。

（四）名片索要

索要名片时，有如下方法：

第一，激将法。所谓激将法是指有的时候遇到的交往对方地位身份比自己高，或对方为异性，存在有提防之心时，把名片递给对方，对方很有可能不会回赠名片。遇到这一情况，不妨在把名片递给对方的时候，略加诠释，如“王主任，认识您非常高兴，不知道能不能有幸跟您交换一下名片。”在这种情况下，对方就不至于不回赠名片给你。即便他真的不想给你他也会找到适当地借口不至于使你很尴尬。

第二，谦恭法。谦恭法主要是适用于向长辈、地位高的人打交道时索要名片的一种方法。是指在索取对方名片之前，稍做铺垫，以便索取名片。采取这种方法时，可以说：“王教授，以后我怎么向您请教比较方便？”

第三，联络法。面对平辈和晚辈时，不妨采用联络法。联络法的标准说法是：“认识您太高兴了，希望以后有机会能跟您保持联络，不知道怎么跟您联络比较方便？”如果被索取者不想给对方名片的话，一般会说：“以后还是我跟您联系吧。”

六、轻鞠一躬，礼雅意重

鞠躬礼源于中国先秦时代。两人相见，欠身向前或弯腰曲身待之，是为鞠躬礼。中国人创造的鞠躬，在中华文明的传播过程中，也为其他国家所认同、喜欢和接受。

现在，鞠躬已成为一种比较常见的礼仪。在初见的朋友之间、主人与客人之间、下级上级之间、晚辈长辈之间，前者为了表达对对方的尊重，以及会议场合，发言人为向观众表示敬意与谢意，都可以行鞠躬礼。

（一）鞠躬礼的基本要求

第一，行礼者应立正站好，保持身体端正，距受礼者约二三步。

第二，行礼者和受礼者互相瞩目，不得斜视和环顾。

第三，行礼时不可戴帽，如需脱帽，脱帽所用之手应与行礼之边相反，即向左边的人行礼时应用右手脱帽，向右边的人行礼时应用左手脱帽。

第四，行礼时，双手放在身体两侧或在体前搭好，以臀部为轴心，将上身挺直地向前倾斜 15°～90°，具体的前倾幅度视行礼者对受礼者的尊重程度而定，如图 5-5 所示。

图　5-5

第五，行礼时，目光随身体向下，同时问候对方“您好，欢迎光临！”等。

第六，行礼完毕，恢复站姿，目光再回到对方脸上。

通常，受礼者应与行礼者的上体前倾幅度大致相同的鞠躬还礼，但是，上级或长者还礼时，可以欠身点头或在欠身点头的同时伸出右手答之，不必鞠躬还礼。

（二）鞠躬礼的应用场合

1. 15° 欠身礼

应用于一般的应酬，如介绍、握手、递物、问候、让座、让路等。

2. 30° 鞠躬

应用于下级向上级、晚辈向长辈、学生向老师的致意。

3. 45° 鞠躬

应用于服务场合服务人员对宾客的迎送礼节。

4. 90° 鞠躬

应用于正式场合三鞠躬或悔过及谢罪的特殊情况。

七、招呼致意，传递和气

过去，人际关系比较亲密，生活节奏比较缓慢，因而人们见面总有一番问候、寒暄与客套。诸如：“你吃饭了没有？”“你吃饱了没有？”等。有时明知你去干什么了，还是要问一问：“你上班啦！”“你打牛奶啦？”等。这种近乎没话找话说的寒暄方式，固然有点浪费时间，不讲效率的嫌疑，但是，这种方式对于沟通人际情感、和谐人际关系确实大有好处。

现在，随着生活节奏的加快，效率观念在人们心目中日益强烈，寒暄也逐渐减少，但是，人们见面仍然应当传递一下情感，显示一下互相尊重。于是，人们创造出一种既保留传统，又有时代气息的方式——致意。

致意，又可以称作打“袖珍招呼”，指施礼者向受礼者用点头微笑、招手、挥手等方式向受礼者致意，以表达友好与尊重。

致意礼节要求：

第一，在社交场合，男性应当首先向女性致意；年轻女性应当首先向年长男性致意；下级应当首先向上级致意。当然，实际交往中绝不应拘泥于以上的顺序原则。长者、上级为了倡导礼仪规范，为了展示自己谦虚、随和，主动向晚辈、下级致意，无疑会更具影响力和风度，更能引起受礼者的敬仰与尊重。

第二，在施礼者用非语言符号致意的同时，最好伴之以“你好！”“早上好！”等简洁的问候语，这样会使致意显得生动、更具活力。受礼者应当用相同的非语言符号和语言以示答礼和谢意。

第三，向对方招呼致意的距离一般在 2～5 m 比较合适；如果相距较远，应挥手致意。切忌大嚷大叫，特别是在公共场合，男性如果戴帽子，应脱帽或将帽檐向上轻掀一下，以示致意。

招呼致意时把手插在衣裤袋里是不礼貌的。如果需要致意时正在抽烟，应将烟拿在手上，而不应该叼在口中向人致意。

“十里不同风，百里不同俗。”世界各国都有自己独特的见面礼，如“拥抱”礼、“吻手”礼、“贴面”礼、“碰鼻”礼等。

在东南亚许多国家，特别推崇双手合十礼。既体现了对受礼者的礼貌、尊重，又是见面和分手时的问候与告别，还是一种美好的祝愿。在非洲有些地区，人们很讲究彼此间有礼貌地打招呼。熟人见面，必须互致问候，而且两个人彼此的问答声会越来越大，嗓门越说越高，直至双方都听不到对方的声音时才算问候结束。生人见面，也会很有礼貌地打招呼。

演礼训练

（一）训练内容

见面礼规礼节：自我介绍、为他人介绍、握手、递接名片、鞠躬、致意。

（二）训练目的

1．正确操作见面礼仪规范。

2．强化礼规礼节应用能力。

3．着重自信、微笑的培养。

（三）训练模式

1．情景表演方式训练。

2．项目任务方式训练。

（四）训练评价

1．学生之间互相评议不足之处，提出改进措施。

2．老师点评，记载成绩。

思考应用

1．与人见面应具备怎样的心理素质？怎样理解其内涵及培养心理素质？

2．实践应用：天成公司董事长、经理和经理助理一行三人应邀到金石公司参加一个活动，在金石公司大门等待的是公司董事长、经理和礼宾工作人员。双方见面时，应分别由谁来介绍？介绍的顺序是怎样的？请做好准备在课堂上演礼。

3．案例分析：两位商界的老总，经人介绍，相聚谈一笔合作的生意，这是一笔双赢的生意，而且做得好还会大赢，看到合作的美好前景，双方的积极性都很高，A老总首先拿出友好的姿态，恭恭敬敬地递上了自己的名片；B老总单手把名片接过来，一眼没看就放在了茶几上。接着他拿起了茶杯喝了几口水，随手又把茶杯压在名片上，A老总看在了眼里，明在心里，随口谈了几句话，起身告辞。事后，他郑重地告诉中间人，这笔生意他不做了。当中间人将这个消息告诉B老总时，他简直不敢相信自己的耳朵，一拍桌子说："不可能！哪儿有见钱不赚的人？"立即打通A老总的电话，一定要他讲出个所以然来，A老总道出了实情："从你接我的名片的动作中，我看到了我们之间的差距，并且预见到了未来的合作还会有许多的不愉快，因此，还是早放弃的好。"闻听此言，B老总放下电话痛惜失掉了生意，更为自己的失礼感到羞愧。

请分析，B老总失掉生意的根本原因是什么？此案例对你有什么启发？

4．案例分析：在一次颁奖会上，一位电视台的年轻漂亮女主持颁奖给大学生，男生接了奖杯后脱口而出："谢谢阿姨！"这位女主持当时很不愉快，回复道"我有这么老吗？"

请结合本例，重点谈谈人际交往中的称呼有何重要性？如果是你该如何称呼使其愉悦？

礼仪热点

☆ 曲啸的感人称呼

有一次，演讲家曲啸同志应邀到一所监狱向犯人讲话，遇到了一个难题，那就是怎么称呼的问题，如果叫"同志们"吧，好像不大合适，叫"罪犯们"吧，好像会伤害到对方的自尊。经过考虑，曲啸同志在称呼他们时，说的是"触犯了国家法律的年轻的朋友们"，谁知这句称呼一出来，全体热烈鼓掌，有人还当场落下了热泪。

第六章

访送礼仪

学习目标

通过本章学习，应该达到以下目标：

知识目标：了解并领会常见个性的社交类型与特点，掌握拜访、迎访、待客、送客、馈赠等礼仪规范。

能力目标：具有运用访送礼仪知识、原理和方法进行人际交往的能力，具有为人处世、待人接物的能力。

素质目标：具有拜访、接待、迎送、馈赠等公关礼仪的理论知识，并能把知识活学活用在公关、服务活动中，沟通好人际交往关系。

核心概念

社交类型　拜访　迎访　待客　送客　赠礼

迎送酬酢是公共关系“四步工作法”中组织社会交往的重要内容。访送，主要是指拜访、迎访、送礼、送客等交往活动。健康、正常的访送活动，在社交、公关活动中都是必不可少的。访送活动对于建立联系、交流信息、沟通情感、发展友情，有着其他活动不可替代的作用。

第一节　常见个性的交际类型

由于每个人的成长条件、发展环境不同，客观上塑造了千差万别的人生观、价值观和人际交往观。由于人们总是在一定的人生观支配下进行活动，与人交往，于是就有了千差万别、各具特点的人际交往和公关交往活动。如果我们能在交际活动之前或交际过程中，了解掌握我们的交往对象大致属于哪种交往类型，就能做到礼尚往来，正如《礼记》所说：“礼尚往来，往而不来，非礼也；来而不往，亦非礼也。”同时还能做到心中明白、因人施礼，对于礼仪活动以及全部公关活动的开展无疑是有着重要价值的。

一、广结人缘型

这种人的人际生存能力很强，有打开局面，和谐人际气氛的本领。对泛交与深交的掌握很有分寸感，与这种人结成知交实在不易。

与这类人相处时应多向他们学习，尤其是学习他善于主动和谐人际关系这一特点。

二、谦恭服务型

这类人待人谦虚、热忱、彬彬有礼，急他人之所急，想他人之所需；能宽容别人，视帮人一把为人生一大乐事。别人有事相求，要是他能办到的，一定有求必应。

与这类人相处打交道，大家就应彼此之间敞开心扉、真诚相处，且贵在一个“诚”字。

三、夸口许诺型

与这种人简单地交谈后，你就会产生一种感觉，仿佛对方无所不知、无所不能；对你提出的要求都“有求必应”，但实际上，他们或许根本就不会把谈话内容放在心上。

与这类人打交道，在彬彬有礼的同时，宜尽早察觉，多一份提防辨伪的心。

四、物质笼络型

这种人善于通过物质笼络他人，他们当中几乎所有人“投桃”都是为了“索李”，一旦对他们再无功用，往日“温情”也许便不复存在。

与这类人打交道坚持原则，把握好手中权力，为百姓办实事，但绝不能贪想利益，记住“吃了人家的嘴软，拿了人家的手软”警言。

五、精神迎合型

这种人最善于发现你的优点、长处，能及时总结你的“丰功伟绩”，与擅长物质笼络者一样，具有媚上欺下的双重人格。

与这类人打交道时，应用一颗平常心对待他们的“赞扬”，及时说声谢谢，同时也礼貌回敬对方。

六、软缠硬磨型

这种人求人办事有不达目的、誓不收兵的决心和韧劲，办事有“死缠硬磨”个性。

与这类人打交道应有心理准备，经得起对方的“软缠硬磨”，尽量回避不引起冲突。

实际上，任何人在社交场合中都不是只属于某一种类型，而是几种类型的复合体。不可能只有优点，而无缺点。男性往往有某些女性的心理特征和行为特征，女性也往往具有一些男性的心理或行为特征。有些人的特征，类型可能和我们要求相一致，较接近；有些则可能离我们的愿望不一致或相差较远。我们在公关活动中，在人际访送活动的礼仪方面，既要一视同仁，又要因人施礼；既要掌握一定的个性类型的原则性，搞清交际访送中施礼对象的基本社交个性类型，又要有一定的灵活性；既要避免一叶障目，不见泰山，又要根据交往对象的实际性别、类型和特征，调整我们的礼仪行为，防止先入为主的偏见影响我们的公关活动全过程，防止我们个人对交往对象的需求偏好干扰我们所在组织生存发展、建立友谊、发展关系的机会。

中华民族历来就非常重视遵循礼规，与人为善，这是人际交往中为人处事的一条重要准则。

第二节 拜访礼仪

无论是公事还是私事，无论是大事还是小事，无论是有事还是无事，个人与个人之间、社会组织之间、组织与个人之间总是少不了相互拜访。没有拜访的公共关系是残缺不全的。登门拜访他人在时间选择、衣帽修饰、言谈举止方面都应注意一定的礼仪规范。

一、选好时机，注意预约

拜访，是人际交往中最基本、最常规的形式。通过拜访，人们可以交流信息，沟通思想，统一意见，发展友情。因此，任何一个社会组织和个人都不应当忽视拜访这种社交活动形式，而应适时地考虑安排必要的拜访活动。

（一）拜访时机

不能只在“有求于人”的时候才想到拜访，而应当多站在交际双方的角度考虑一些问题，使拜访经常化。如果当你知道对方迫切需要物质帮助或精神扶助的时候，能急对方之所急，想对方之所需，及时地登门帮助分析原因，解决问题，从长远来看，无疑是最佳的拜访时机。与此相反，那种“有事常登门，无事不见影”的拜访原则是不受欢迎的，结果也是不太好的。

拜访应避免如下时间进行 ：

第一，法定节假日时间。因为法定节假日是难得的休息时间与自由自在的活动时间，应避免打扰他人。

第二，休息时间。中午 12 点 30 分至下午 2 点，晚上 9 点半以后均为休息时间，无论如何不能打扰对方。

第三，用餐时间。无论如何应尽量避免对方的用餐时间，除非对方请你赴宴。

第四，各企业、公司的周一上午时间。因为新的一周开始的时候，往往也是大家最忙的时候。

此外，夏天因天气炎热，穿戴举止都不太方便，如果可能，应尽量避免在夏天安排太多的拜访活动。

从我国目前的实际情况看，晚上 7 点 30 分至 8 点也许是到私宅拜访的较好时机。因为这时不仅各家一般都吃过晚饭，而且电视的新闻联播节目刚结束，“黄金时间电视剧”又还没开始，所以较适宜拜访。

（二）拜访预约

拜访之前应打电话或捎口信预约，并把访问的重要目的告诉对方。主要既可避免吃闭门羹，又可以让对方有所安排和思想准备，如图 6-1 所示。

图 6-1

“不速之客”在绝大多数普通关系的社交场合都是不受欢迎的。预约的语言、口气应该是友好、请求、商量式的，而不能是强求命令式的。如果对方答复说，在你选择的时间内他已另有安排或应酬，应主动表示歉意，然后再与对方商讨下次接待你的机会。这样既有礼貌，又有风度，对方在感动之余会尽早考虑你的访问的。如果你一旦发现对方并无其他安排，只是托词拒绝，那对方一定有什么难言之隐，你也应当理解，而不应直接迁怒对方。

如果因事紧急，或无法预约而做了“不速之客”，则应在相见时及时详细地道出事情的原委，表示自己的歉意，求得对方的谅解。否则，对方可能反感你的突然来访，因为你有可能打乱他的原定的工作或生活的安排。

按约定进行的访问必须准时，尽量提前到达访问地点，如让别人无故等待无论如何都是严重失礼的事情。如因故不能及时到达，应尽早通知对方，并讲明原因，无故失约非常不礼貌，并且严重有损自己形象。

二、注重准备，讲究细节

（一）拜访前准备

出门拜访之前，应根据访问的对象、目的等，对着镜子将自己的衣饰、容颜适当修饰一下。衣帽应整洁，该扣的衣裤扣子应扣好，鞋带应系好；蓬头垢面、衣冠不整的形象不但给别人不愉快的感觉，而且是不尊重主人的表现。

整洁的衣帽反映的是你对访问者的尊重程度。与恋人幽会，探访远方至亲，一般人都会在意自己的衣饰打扮，但在其他社交访问中，尤其是在访问老客户、老熟人、老同事时，这一点却往往容易被许多人忽视。即使到再好的朋友、再近的邻居家访问，也不应穿背心、拖鞋或者睡衣、裤衩，因为倘若你访问时只有你的朋友一个人在场，你穿得随便点，他不会在意，但假如他的家人都在，或正好其他的亲朋好友来访时，就会引起主人和其他来宾的难堪，同时，也是对主人的不礼貌。

拜访前还应要做好以下的自我检查工作：首先，重新确认是否遗漏了任何在谈话中可能涉及的资料；接着确认资料摆放的顺序在出示时是否方便；见面之后第一个环节就是彼此交换名片，所以，需要再次确认名片是否准备妥当，手机是否设置振动或静音。如果拜访看望亲朋好友，应考虑带上适当的礼品，以显示诚意。

（二）拜访时细节

第一，进门访问时，应当先轻声敲门（弯曲手指用指关节敲门，力度适中，间隔有序敲三下）或按门铃。不能不停地转动门把手，或使劲敲门。如果主人询问“谁呀？”除了天天见面的熟人，主人能辨别你的声音外，应通报自己的姓名，或姓名加单位，而不能只是答“我”。

第二，主人开门请你进屋时，应礼貌询问主人是否要换鞋。夏天进屋后再热，也不应脱掉衣衫、长裤；冬天进屋再冷也应脱下帽子，有时还应脱下大衣和围巾，并切忌说冷，以免引起主人误会。雨天携有雨具拜访时，进屋前就应向主人征询雨具该放在什么地方。

第三，进屋以后，应主动向所有相识的人打招呼、问好，或适当寒暄；对陌生人也应点头致意，如果主人不主动介绍，不应询问他们与主人的关系以及来访的原因等。

第四，主人请你入座时，应道声“谢谢”；并随主人指点的座位入座，不可以见座位就坐。

第五，当主人上茶时，应欠身双手相接，并致谢。如果茶水太烫，应等其自然凉了再喝，必要时也可将杯盖揭开，放置杯盖时，盖口一定要朝上。切忌将茶水用嘴边吹边喝，喝茶时应慢慢品饮，不要一饮而尽，也不要发出声响。

第六，主人递烟时，如你不会抽，也应致谢，要说“谢谢，我不会抽”。如果主人没有递烟，而自己又特别想抽时，应征得主人同意，说“对不起，我可以抽烟吗？”待主人说“请”或“可以”，你道完谢之后再抽，抽烟时，应将烟灰弹入烟灰缸内；如没有烟缸，应自己主动用一张小纸卷成一个小筒，将烟灰弹入，待出门时再扔进垃圾箱里，千万不可将烟灰随处乱弹。吸烟时不可四处走动，即使在公众场合也是如此。当吸烟过程中，主人招呼你进餐厅、会议室、娱乐室等场所时，应立即将烟灭掉。烟头一定要掐灭后再放进烟灰缸里，不可让它在烟灰缸里自行熄灭。吸剩的烟蒂要适度，以留 1 cm 左右为宜；一直吸到滤嘴才罢休的方式在社交场合是不得体的。

三、举止稳重，用语合礼

无论是到办公室还是到家中拜访，一定要“客听主安排”，一定要自律，应充分体谅主人，尽量不要给主人增添麻烦。

例如：主人没有邀请你参观他们的其他房间或设施时，不应主动提出参观；更不能未经主人许可就到处乱窜，特别是到他人家里拜访时更应注意这一点。因为一般来说再爱整洁的家庭都有自己的“死角”，这样的地方会比较零乱一点。几乎所有的主人都不愿把属于“死角”的地方暴露在众人面前。

有的人到别人家就像在自己家一样乱翻乱动，这也是对主人不尊重的表现。翻阅朋友家的书刊之前，也最好征求一下主人的意见，否则一旦因翻取书刊而无意中“揭露”了主人夹在书刊中的隐私，也会使双方都觉得难堪。当然更不能随意拉开主人的抽屉、衣柜，不要轻易打听主人的东西值多少钱，在哪里买的等。

如果是第一次登门拜访或主人的会客厅、门面等刚经过装修就应对主人的办公室或客厅等有一个概括性的夸赞。如“您的办公室真整洁”“您家的客厅布置很典雅，很别致”等，当然，如果能对主人家的陈设中独具特色的安排、饰物等有比较准确的发现和评价，那一定会引起主人的特殊好感和兴奋。即使是“常客”，也不要对主人家的布置不予关注；要善于发现在上次拜访之后所发生的一些细小变化，再予以真诚恰当的“捧场”，主人一定会因为你对他的生活和情趣的细致的关心与尊重，对你产生进一步的好感。如果接待你的是女主人，一定不要忘了对女主人的勤劳、贤惠、持家、审美力、雅兴等方面给以适当的崇高的评价。

需要特别注意的是，无论是对人或物的赞美，应当尽可能具体一些；特别是对熟人的访问，更应该注意不要每次赞赏同一样东西、同一件事，也不要每次都是“你们的房间布置得真漂亮”这样过于抽象的话，因为这样主人很可能以为你是在说客套话，或者以为你是没话找话。这不仅不会引起主人的好感，有时，只会引起他们的反感。假如你觉得确无什么特别之处，甚至房间显得比较零乱，不太整洁，也应当体谅主人，切忌“快人快语”、有话“直说”。遇到这种情况，主人往往也比较尴尬，你不妨说一点“一看你们房间，就知道你们平时一定很忙”之类的话。

有人到别处拜访时，专门挑三拣四地说人家的不足。这里不整洁，那里很俗气。也许这种人的评价并不是一点道理都没有，但是，对主人的一切布置、摆设一定都有主人家特殊的原因和理由，妄加指责是很不礼貌的，会直接伤害主人的自尊心，产生很不好的访问效果，甚至导致大家不欢而散。对方在潜意识中就会对这样的人形成一个定论：不受欢迎的人！

四、拜访内容，事先酝酿

拜访前应思考为何拜访，尽量了解拜访对象的基本情况，做到“知己知彼”，酝酿交谈内容，变交谈为沟通，做足应变准备。

拜访中应随时调整交谈心态、随机应变，如果和主人观点不一致，应本着坚持尊重对方的原则，可以保留各自意见，但不能和主人发生争吵甚至翻脸等情况，否则会被视为极没有礼貌涵养的行为。

五、时间有限，告辞有方

无论什么拜访，拜访者应持的心态是尽量不打扰对方过多的时间，拜访的时间不宜过长。

除特殊情况，一般性拜访时间控制在 5 ～ 20 min 之内；若没有达到预期目标，也应尽量结束交谈。此外，当遇到以下这几种情况时，也应及时告辞：

一是双方话不投机，或当你谈话时，主人反应冷淡，甚至不愿理睬时。

二是主人虽显“认真”，但反复看他的手表或看墙上的挂钟时。

三是主人将双肘抬起，双手支于椅子的扶手时。

遇到后两种情况，即使当你提出告辞时，主人要说上几句“再坐坐”之类的话，那他往往也只是纯粹的礼貌性客套，你如果没有非说不可的话，就应毫不犹豫地起身告辞。

如何告辞？告辞是一种艺术：

第一，当你起身告辞时，最好不要在主人或其他人说完一段话之后，因为这会使人误以为你对他的那一段话听得不耐烦了。所以，最适合的告辞时间，是在你自己说完一段话之后，顺着提出告辞。同时，告辞前千万别打呵欠，伸懒腰，东张西望。

第二，告辞前，应向主人的友好、热情等给以适当的肯定，并说一些“打扰了”“添麻烦了”“谢谢了”之类的客套话，如果必要，还应根据对象和实情说：“这两个小时过得真快”“与您说话真是一种享受”“听君一席话，胜读十年书”“请您以后多指教”“愿我们以后多合作”等。如果是家访，还不应忘了向主人家里的其他成员说再见。

第三，起身告退时，如主人处还有其他客人，这些客人即使你不熟悉，也应遵守“前客让后客”的原则，礼貌地向他们打招呼，或者说“您谈吧，对不起，失陪啦”。当他们有起身相送之意时，说“别客气，您请坐”。

第四，主人送你出门时，应劝主人留步，并主动伸手握别；然后看好门外第一拐弯处，当走到该处时，一定要再回头看看主人是不是还在目送。如果主人还未返回，应挥手向主人示意，以示最后的谢意，并请主人快回家去。如果主人站在门口，发现你“一去不回头”，那你就失礼了，主人也会很失望。

第三节 迎访礼仪

迎访，即迎接客人来访，包括迎客、待客、送客三个方面或环节。迎访与拜访是公关交往与人际交往中，两个不可缺一的部分，高朋满座，朋友如云是事业蓬勃、人情练达的标志。然而，只有主雅才能客勤。如何礼貌地迎宾待客，是遵行公关礼仪、发展公关关系必须认真研究和谨慎对待的问题。

送客也是公关接待来访工作的重要环节，俗话说：编筐编篓，全在收口。送客环节的礼仪表现，既是对一次交往活动的总结，又是为以后的交往活动打下基础。

一、主雅客勤，注重礼遇

为了让客人有一个良好的“第一印象”，平时，就应该将办公室、会客室或家里的客厅，收拾干净、整洁一些。以免“不速之客”突然光临时手忙脚乱。

当接到客人来访预约时，更应该根据来访者的个性、年龄、性别特征以及来访目的等做一些适当的物质、精神及心理方面准备。

第一，从物质方面说，一是要打扫一下房间、庭院，将各类物品摆设整齐，打开门窗换换新鲜空气；二是收拾一下个人卫生，适当调整一下服饰打扮；三是根据来客的特点适当准备一点待客的糖果、香烟、茶叶之类的物品；四是按约定准备好自己能提供的客人所需要的书籍、报表、账目等其他咨询资料；五是必要时还要适当准备饭菜，预定旅馆客房，以及车、船、机票等。

第二，从精神方面说，首先，要调控好自己的心境，做好情绪准备，用满腔的热情来接待来访客人；其次，要考虑好与来客将要讨论的问题，对于与客人谈什么，怎么谈，承诺什么，怎样承诺，询问什么，怎样询问等问题，要做到“胸中有数”。即使是接待事先无约的来访者，也应迅即对此类问题做出反应，进行必要的推测，以免被动，影响与客人的交谈。

第三，也是最主要的，对于来访者，无论是事先有约还是无约，无论是熟人还是生人，无论是业务关系还是友人关系，都要一视同仁。

二、迎声谦谦，上茶敬烟

任何人到任何地方拜访，恐怕最不愿意看到的就是冷遇，有道是“出门看天色，进屋看脸色。”因此，任何客人来访时都应热情欢迎。

（一）迎声谦谦

根据国人的传统、习惯，接待客人的礼仪规范是：

第一，如果是上级、贵宾、外单位团队来访，应当组织适当规模的欢迎仪式。

第二，如果是事先有约的远方来客，应主动到车站、码头或机场迎接；并准备好写有“欢迎某某先生（或小姐）”字样的牌子。这样既便于在拥挤的人群中接到客人，又能给客人良好的最初印象。

第三，如果是长者、贵宾家访，应让全家人都到门口微笑迎接。在家里接待客人时，不得赤脚或只穿内衣、裤衩或睡衣。如事先来不及更换，则应向客人致歉，并请客人稍候，以便及时更衣再开门接应。接应客人时应说一些“欢迎，欢迎！”“一路辛苦啦”“请进”“这么热的天，真难为您了！”等的欢迎语和问候语，使客人受到礼遇、获得尊重。如果客人有随身携带物品，应帮助其接下，放到适当的地方。

如果客人对前来欢迎的人不认识，应向客人一一进行介绍。被介绍的人应该满面微笑地向客人伸手相握，并说“您好！”“欢迎您！”“见到您真高兴！”等。客人进屋入座后，其他欢迎者若要离开，应礼貌地对客人说：“你们谈吧，我有点事，先失陪了！”“您歇着吧，我待会再来看望您”等一类的客气话，然后再离开。

（二）上茶敬烟

客来敬茶，热情待客是中华传统习俗。

上茶的时候，应在客人入座后，从客人的左边为客人上茶。取出杯子，当着客人的面将杯盖揭开，注意一定要盖口朝上放在茶几上；倒入适量的开水，烫片刻后将水倒掉；再放入适量的茶叶，倒上约三分之一的开水，将杯子盖好；估计茶叶差不多已泡开的时候，再为客人倒上开水，水不应倒得太满，一般为杯子的七分左右即可，如图 6-2 所示。

图 6-2

俗话说“茶满欺人，酒满敬人。”这句话有它的道理，因为在给客人斟茶、倒水时，如果满的话，容易弄湿客人的手，有时会烫伤、弄脏衣服，即使不会，客人也要小心翼翼地端取。所以“欺人”是指你对客人的不尊重。“八分满”能显示出你的个人修养和对客人的关心、尊重。

敬烟时，应轻轻地将盒盖打开，将烟盒的上部朝着客人，用手指轻轻地弹出几支让客人自己取或抖出一两支让客人自取。不要自己用手指取出烟递给客人。如果为客人点火，则最好是打着一次火只为一个客人点烟；如果连续点烟，打一次火最多也只能为两人点烟，绝对不要打一次火后为客人“点转转火”；即使你的打火机再好也不能这样做，因为这是一种失礼的行为。如果用火柴点火，每划燃一根火柴，也不能为两个以上的人点烟。点过以后，应先吹灭火柴再丢进烟灰缸中。如果为多位客人点烟，点烟的顺序应是身份高的，年长的，女士在先。

注意：请客人吃水果前，应请客人先洗手。将洗净消毒的水果和水果刀交给客人削皮。如果代为客人削皮，一般只应削到你的手指即将碰到已削过的果肉为止，剩下部位最好向客人致歉后请客人自己削掉，以保持水果的清洁卫生。

三、送有礼貌，回头是客

迎访工作最重要的环节之一就是送客赠礼，重在送出一份友情，做到善始善终，赢得客人满意。

送客时，应注重礼仪规范有：

（1）当客人准备告辞时，一般应婉言相留，这虽是客套辞令，但也必不可少。“如没什么事，请多坐一会儿”等。

（2）客人告辞时应提醒他们检查一下，该带的东西是否都已带走；还有没有其他需要商谈、讨论的问题等，并应起身相送。分手时应说一些诸如“慢走！”“走好！”“再见！”“欢迎您下次再来”“以后常来玩！”“感谢您给我们带来的新消息”“感谢您为我们全家带来了欢乐”“祝您一路顺风，万事如意”等话语。

（3）如果是将客人送至门口，应在客人的身影完全消失后再返回。否则，当客人走完一段再回头致意时，发现主人已经不在，心里会很不是滋味。同时，送客返身进屋后，应将房门轻轻关上，不要使其发出声响；那种在客人刚出门就返身“砰”地关上大门的做法是极不礼貌的，并且很有可能因此而葬送在客人来访时你精心培植起来的情感。

（4）如果是送客至车站、码头，则最好是等车船开动并消失在视线以外后再返回，送客至机场，应待客人通过安检处之后再返回。如果你有很特殊的原因不得不提前返回，也应详细向客人说明理由，请客人谅解，否则，都是失礼的。到车站、码头或机场送客时，尤其不要表现得心神不宁或频频看表，以便客人误解成你催他快快离开。

特别忌讳之处：

在客人来访时看表，总会给人以下“逐客令”的感觉，因此，要特别谨慎，如果特别需要了解时间，也应回避客人。

在与客人交谈过程中，不应将两肘抬起，双手支于椅子扶手上。从体态学角度讲，这是一种急于结束交谈的体语。如果客人以这种体姿出现，就应主动询问客人是否还有别的安排，是否愿意再多坐一会儿。

第四节　礼品赠送

古今中外的交际往来，几乎都离不开送礼这个内容。因此，我们应当将公关赠送、正常的人际交往送礼与收买贿赂、腐蚀拉拢等歪门邪道、腐败习气区别开来。

公共关系或人际关系虽然不是完全用物质手段维系的，但是，也绝对不能离开一定的物品——礼品。作为情感的象征或媒介，礼品既可以是一件实用的物件，也可以是一束鲜花、一件饰品等纪念品。如何根据对象的不同，精心选择时间和礼品，以及送达的场合等，是必须认真考虑的。这是赠送礼品的基本礼仪要求。

一、搞清对象，注重效果

礼品是表情达意的形式，可帮助社会组织表达对内外公众的敬意、谢意，与公众建立良好的沟通渠道。公关人员为了表达对亲朋好友的亲情友谊，以实现情感的互相扶助，常常需要赠送必要的礼品。送礼要讲究恰到好处，恰如其分。如果不因人、因事、因时、因地而施以适当的礼物，不讲究送礼过程的礼仪规范，效果可能就会很差。例如，有时你送给别人一件过分昂贵的礼物，可能会使收礼者感到不安，甚至会产生贿赂的感觉；相反，如果礼物太俗气，或太不值钱，效果也是不好的。

首先，置办礼物之前，要搞清楚赠礼对象的有关情况。赠单位与赠个人，无疑应有所区别；赠群体与赠个人也应有分寸。如果是赠单位，就应考虑单位的性质、经营项目、经济规模、设施状况等；如果是赠个人，就应该摸清被赠者的性格特点、身份地位、民族习惯、身体状况等。同样一份礼品，对于不同的受礼者会有不同的反应。拿送给个人的礼品来说，一根拐杖送给老年人或残疾人也许是最恰当、最准确的选择，但如果送给一位健康的妙龄少女无疑就有几分滑稽。

其次，要对送礼物的性质有清醒的认识。如果是送给单位，应在赠礼前搞清楚你的公众是开业典礼还是周年志庆，是技改成功还是产品转向以便选择适当的礼物。如果是送个人，应搞清楚对方是生日庆典还是结婚仪式，是高就荣升还是乔迁新居，再去挑选礼品。搞清送礼的性质，对于赠送目的的达成至关重要。例如，提一个大蛋糕庆贺对方生日是最正确的礼品，但用蛋糕去庆贺对方的高升就不是太合适了。

第三，要掌握一些与赠礼有关的禁忌。如有些中国人祝寿、贺婚忌送“钟”。

二、抓准时机，注意场合

从时间上讲，赠礼贵在及时、准确。毫无正当理由的过早赠送或“雨后送伞”“马后炮”等赠送行为不仅没有好的效果，而且可能是失礼的。例如：12 月以前或 2 月以后寄送新年贺卡就不合适。

送生日礼物、结婚礼品、周年贺礼等最好是赶在当日，特别是有正式庆典，主人设有礼品“展台”的情况下，更以在仪式即将开始前送达为最佳；过早或过迟都不合适。

从地点上来讲，赠礼要考虑场合。如果礼品是一束鲜花、一枚本公司的徽章、一张新年贺卡，适宜送到办公室。这样，在向受礼者表达心意的同时，也可以向受礼者的同事展示受礼者的高雅、清廉；使受礼者感受到尊重的同时产生一种精神上的圣洁感和崇高感。如果礼品是个人吃的、喝的、家用的东西。即使是送给特别亲密的人，也不适宜在公开场合赠送。因为这样会产生行贿受贿的嫌疑，很容易引起受礼者同事的反感、误解，有损受礼者的形象。小伙子在僻静的地方把两双连裤袜送给心爱的姑娘是合情合理的，姑娘会因小伙子的细心、体贴而觉得幸福温馨，但如果小伙子将此类贴身衣物在姑娘的办公室当众相送那就不合礼了，姑娘就会觉得小伙子的俗气而陷入难堪。一般来说，在大庭广众面前，宜送高雅、大方、体面的书籍、花束一类的礼物，只有在私下的场合，送点与衣食住行有关的生活用品才是合适的。

三、挑选礼品，注重对象

礼品有贵贱厚薄之分，有雅俗之别。如何根据赠礼性质、送礼对象等挑选礼品，是一门学问。

第一，一般说来，出乎受礼者意料而又是他向往已久的礼品，是最成功、最受欢迎的礼品。不过，要送一件这样的礼品并非易事，它需要送礼者事先做好周密的调查，了解地方习俗和受礼者的个人爱好等情况。

第二，在我国的传统交往活动中，多以食品、衣料等作为礼品。礼品的雅俗贵贱常常是以礼品的本身商品价值及实用价值来衡量的。西方人则多以鲜花、工艺品、首饰、书籍等作为礼品，其雅俗贵贱多是以艺术价值、知识价值即精神价值为尺度的。

第三，在现代都市里，国人送礼的趣味、价值取向等也有了一些改变。真正高级的礼品往往不再以金钱标准来衡量，而倾向于充分考虑受礼者的实际，以实用性为基础，兼顾艺术性、趣味性、针对性、纪念性等方面。例如，对于喜欢文学的人，送一套文学名著；对于喜欢棋牌的人，送上一套棋谱；对于爱好美术的人，送上一套画册；对于生病住院的人，根据病情不同，选送水果和滋补品，都是现代常见的恰到好处的礼品。

如果不了解对方的个人特长、爱好，也还是有规律可循的。

如旅游回来，可以为亲友送上一些带回来的纪念品，男士对关系比较好的女性朋友可以送化妆品、手帕、手套、小饰品及生活用品；女士对关系比较好的男性朋友可送领带、衬衣等；如到有孩子的主人家做客，应带上一些儿童的玩具、文具、糖果。如果是贺婚送礼，应送床上用品、餐具、茶具、陈设品等。

四、赠送礼品，讲究忌讳

第一，挑选礼品时不仅要考虑质，还要考虑量。

大多数中国人认为偶数表示圆满、吉祥，因而选礼时讲究成双成对，尽量避免奇数；也有个别地方在某些特定的关系上要送“三色礼”“七样全”的。还有给欧美人送礼应避开“13”等。

第二，选择礼品时还要考虑不要犯了对方的禁忌。

例如给中国人送寿礼，一定不要选择钟，因为有“送终”之疑；给新婚夫妇送礼不要送梨，因为有“送离”之嫌。同时，送礼也应避免对方或旁人的误会。如不可对作为一般同事，朋友关系的异性朋友送内衣内裤、戒指项链等物品。因为这类东西一般只是恋人、夫妻、情人之间相赠的礼物。

在涉外公关活动中，送礼更应考虑对方国家、地区、民族的禁忌。例如，拿国际交往中最常见的礼物——鲜花来说，各地的禁忌也是不同的。在巴西，除了葬礼，忌送绛紫色的花；在法国和拉美有些国家，除了葬礼，忌送菊花；在德国，不要送女主人红玫瑰；在日本，不要送荷花；同时，花束最好是奇数。许多国家、民族对有些颜色也是十分忌讳的，如印度人不喜欢白色；埃及人忌黄色；欧美许多国家忌黑色；伊拉克人忌蓝色；乌拉圭人讨厌青色；南美人不喜欢浅色；巴西人忌棕黄色；泰国人忌红色。

第三，礼品选好后，应检查礼品不能挂有价格标签。

因为价格标签在许多的场合都会给送礼带来不好的情感和礼仪效应。例如，当你的礼品价格高于其他送礼人的价格时，也许主人会比较高兴，但其他客人则往往比较反感；当你以为选了一件质好价高的礼品，满怀欢喜送给主人时，发现其他人送的礼品价格却远远高于你的，你就会多少感到有些寒酸、羞涩、无地自容的感觉。假如没有价格标签，就可能在很大程度上避免这些失礼的现象和场面。

五、礼品包装，传情递意

送礼前的最后一道必要的工序是对礼品进行包装。在德国，散装礼品或用报纸等简装的礼品是不能送人的。在那里，礼品包装的原则是越精美越好。日本人送礼很讲究包装，而且一般都是用美观实用的方形布料做包装。

包装礼品的好处是很多的，其一，可以表达你的精心与诚意；其二，可以使一件外表朴素的礼品更显美观、更具有艺术性；其三，避免给人以俗气的感觉；其四，由于包装，使礼品的价格保持一点神秘感，便于交往。

包装时，包装材料的颜色最好挑选受礼者喜欢的。包装完毕后，再贴上自己的祝福词和签名的缎带或彩色卡片，表达自己的情感和诚意。同时这样也有助于受礼者在祝贺仪式后清点礼品时，知道哪一件是你赠送的礼品。

向受礼者呈送礼品，一般应在相见时或分手道别时。送礼者应起身，用双手送出，双目注视对方，边送边说上几句祝福或问候的客套话。如：“祝您生日快乐！”“祝两位百年好合！”“请多保重！”“区区薄礼，不成敬意，请您笑纳！”等。

有的送礼者不直接将礼品呈送给受礼者，而是藏于桌椅下边，或其他角落里，这是一种有失体面和礼貌的行为；有的送礼者急于表达自己的诚意真情，在受礼者面前过多地说明礼品如何贵重，有多少多少用途等，也让人觉得有些俗气。西方人士习惯于在受礼者面前打开礼品，解释一下，中国人一般没有这种习惯。

演礼训练

（一）训练内容

拜访与迎访礼规礼节。

（二）训练目的

1．熟练操作访送礼仪规范。

2．强化社交礼仪意识与应用能力。

3．激发学生创造力与表现力。

（三）训练模式

1．情景小品表演方式。

2．项目任务合作方式。

（四）训练评价

1．学生自评小品突出什么主题？给予什么启发？

2．老师点评情景训练的成功与不足，记录成绩。

思考应用

1．常见个性的社交类型有哪些？掌握这些类型的目的是什么？如何与每种类型的人交往处事？

2．实践应用：请选择一个合适的时间，到你的老师或者朋友家中作一次礼节性拜访，并在事后将你的感想写下来。

3．李俊是某公司的业务员，通过预约，今天去拜访大客户张经理。如果你是李俊，请你模拟一下他进入张经理办公室进行拜访时应该有的言谈举止。

请本宿舍同学分别模拟，展开讨论看看哪一种做法更好，并说出理由。

4．王莉在某公司市场部工作，她准备去拜访顺达公司的市场部经理胡军先生。王莉事先预约的时间是周三下午三点。事先王莉准备好了有关的资料、名片，并对顺达公司及胡军先生进行了了解。拜访前王莉对自己的仪容、仪表进行了精心、得体的修饰。到了周三，王莉提前 10 min 到达顺达公司。在与胡军先生的交谈过程中，王莉简明扼要地表达了拜访的来意，交谈中能始终紧扣主题，给胡军先生留下了很好的印象，最终促成了合作。

讨论：王莉在拜访顺达公司胡军经理时，在哪些方面做得比较成功，从而最终促成与顺达公司的合作？

礼仪热点

☆ 一份成功的“特殊礼物”

2005 年 4 月，一位台湾省同胞访问某大陆大学，获得了一份特殊的礼物：其母亲在几十年前大学毕业时的学籍档案和相片，其中包括在宗教系就读的档案、高中推荐信、入学登记表、成绩单等，大多是她亲笔写的字。在这份特殊的礼物面前，台湾省同胞难掩内心的激动。他举起母亲年轻时候的照片，然后放在面前细细端详，眼里泛着晶莹的泪光。这一刻，他满脸都是幸福的微笑。

第七章

交谈礼仪

学习目标

通过本章学习，应该达到以下目标：

知识目标：掌握交谈礼仪规范与要领、方法，掌握与人交谈的沟通技巧。

能力目标：具有运用与人交谈的礼仪知识与沟通技巧，增强公关、与人沟通的能力。

素质目标：具有清晰的语言表达能力与聆听沟通能力，能够把握交谈礼仪在人际交往中的重要地位和作用。

核心概念

敬语　注视　目光　呼应　话题内容　表达修饰　聆听　拒绝

交谈是人类口头表达活动中最常用的一种方式。随着人类社会的高度发展，交谈已成为政治、外交、科学、教育、商贸、公关等各个领域中重要的、不可缺少的一项语言活动。

语言，是人类所特有的用来表达思想、交流情感、沟通信息的基本工具。语言内容和表达方式能够反映出一个人道德文化各方面的修养和文明程度，是展示一个人的品格的“橱窗”。

交谈是建立良好人际关系的重要途径，是连接人与人之间思想感情的桥梁，是增进友谊、加强团结的一种动力。俗话说“良言一句三冬暖，恶语伤人六月寒。”说明交谈在交往中的作用是举足轻重的。

《论语》中说：“言之不文，行之不远。”因此，公关人员在人际交往中就不能只从自己单方面的动机出发，想说什么就说什么，想怎么说就怎么说，而应遵从一定的礼仪规范，强化语言方面的修养，学习、掌握并运用好交谈沟通要领，才能达到双方交流信息、沟通心灵的效果。

第一节　寒暄与敬语

音乐始于序曲，交谈起于寒暄。寒暄不仅是一种必不可少的客套，而且可以为交谈作情绪情感的铺垫。敬语，不仅可以表现使用者的修养、风度，而且可以为交谈的友好发展增添催化、促进的因子。

一、问候寒暄，暖人心间

问候寒暄是交谈的导入阶段，是交谈的第一礼节程序。

问候和寒暄，本身并无多少实际意义，主要是在交谈时具有情感导入功能。问候寒暄可以打破陌生双方的界限，缩短熟人之间的情感距离，导出交谈者之间的交谈话题。因此，有人把它称作人际关系发生、发展的起点，是颇为准确的。

在我国，传统的问候寒暄用语比较复杂。常见的有以下几种方式：

第一，问候语的内容是与日常生活有关的。比如："你吃了吗？""您吃好了吗？""还没休息呢？"等，一天之中的绝大多时间都可以使用此类问候语。

第二，问候语是与问候对象正在进行的活动有关的。比如："您上班去呀？""您正吃饭吗？""您出去呀？"等。这类问候语有点"明知故问"的味道。

第三，问候语是与了解对方的行动目的有关的。比如："您干什么去？"对这样的问候，答话者既可以如实相告，也可以顺便答上一句"我出去一下"之类的话。

第四，问候语是与夸耀对方有关的，如："小王，你穿这身衣服显得特别英俊。"

第五，问候语是不具体涉及交谈双方的，如："这天可真好"，"电影院里空气真差"。

第六，简洁问候"你好"。

前面五种比较具体、复杂的问候语，在过去人们生活节奏比较缓慢，人际接触比较单一、稳固的情况下，曾产生过很好的演礼效果，今后也将继续存在，继续发挥它们的作用。

随着时代的发展，问候语的发展随着人们的生活节奏的加快，日益变得简洁、抽象。现在，公共场合最常见的问候语和答谢语只有两个字"你好！"，它适合于一切场合，

寒暄语越是具体，越应考虑交往环境，交往对象与交往目的，使形式能为内容服务。也就是说，不应当将上述寒暄用语到处乱套，对不同的人使用不同的问候寒暄语。比如，中国人过去见面，喜欢用"你又长胖了"作为恭维语、问候语。现在恐怕用在女士们面前就不会有好效果了。同样，在西方人眼中，只有穷人因无钱长时间参加旅游、日光浴等健身活动，才会发白、发胖。因此，面对西方人也不应用"你又白又胖"作为问候语。

到不同地方须使用不同的寒暄语，才会有好的效果。比如，当你进入一间装有空调，铺设地毯，四周金碧辉煌的办公室时，可以说："你们的办公室真是富丽堂皇，舒适优雅。"这样，主人也许会很兴奋。但倘若你到一间只有50年代的木质书桌，水泥地板，白炽吊灯，四壁空空的办公室也是这样说，主人就会觉得你不是过于虚浮，就是刻意挖苦，因而会很反感的。

总之，只有适度的问候和寒暄才能引起交际双方的交谈兴趣与欲望，才能活跃交谈气氛，使交谈友好、亲切地进行下去。

二、多用敬语，展示修养

敬语不仅是构成文明谈吐的重要组成部分，也是体现一个人教养风度的极好方式，更是一个国家公民文明程度的象征。使用敬语，是尊人与尊己相统一的重要手段。

公关人员始终要牢记，人际感情能否沟通，关键取决于交际者的谈吐，取决于交际者用什么方式、什么感情交谈。

常用敬语，主要在以下几个场景使用：

第一，相见道好。人们彼此相见时，开口问候："您好！""早上好。"在这里一个词至少向对方传达了三个意思：表示尊重，显示亲切，给予友情。同样也显示了自己的三个特点：有教养、有风度、有礼貌。

第二，托事道请。人生在世，不可能“万事不求人”。有求于他人时，言语中冠以“请”字，会赢得对方理解、支持。

第三，偏劳道谢。在对方给予帮助、支持、关照、尊重、夸奖之后，最简洁、及时而有效的回应就是由衷地说一声“谢谢”。

第四，失礼致歉。现代社会，人际接触日益频繁，无论你多么谨慎，也难免有失礼于你的亲友、邻里、同事或其他人的时候。但倘若你在这类事发生之后能及时真诚地说一声“对不起”“打扰您了”，就会使对方趋怒的情绪得到缓解。

第五，告辞道再见。

除了以上五大场景外，生活中还有许多敬语可展示公关人员的风度与魅力。例如：

拜托语：“请多关照”“承蒙关照”“拜托”等；慰问语：“辛苦了”“您受累了”等；赞赏语：“太好了！”“真让我高兴”；同情语：“真难为你了”“你太辛苦了”等；挂念语言：“你现在还好吗？生活愉快吗？”；理解语：“我有同感”“我十分理解你的心情”；祝福语：“一路顺风”等。

使用敬语，一定要注意对象、范围和功效，要根据不同的情况，针对不同的对象灵活掌握；既要彬彬有礼，又要不落俗套，才能形成交谈者之间亲切友好的气氛。

常用礼貌用语七字诀如图 7-1 所示。

常用礼貌用语七字诀

与人相见说“您好”	向人姓氏说“贵姓”	向人住址说“府上”
仰慕已久说“久仰”	长期未见说“久违”	求人帮忙说“劳驾”
向人询问说“请问”	请人协助说“费心”	请人解答说“请教”
求人办事说“拜托”	麻烦别人说“打扰”	求人方便说“借光”
请改文章说“斧正”	接受好意说“领情”	求人指点说“赐教”
得人帮助说“谢谢”	祝人健康说“保重”	向人祝贺说“恭喜”
老人年龄说“高寿”	身体不适说“欠安”	看望别人说“拜访”
请人接受说“笑纳”	送人照片说“惠存”	欢迎购买说“惠顾”
希望照顾说“关照”	赞人见解说“高见”	归还物品说“奉还”
请人赴约说“赏光”	对方来信说“惠书”	自己住家说“寒舍”
需要考虑说“斟酌”	无法满足说“抱歉”	请人谅解说“包涵”
言行不妥“对不起”	慰问他人说“辛苦”	迎接客人说“欢迎”
宾客来到说“光临”	等候别人说“恭候”	没能迎接说“失迎”
客人入座说“请坐”	陪伴朋友说“奉陪”	临分别时说“再见”
中途先走说“失陪”	请人勿送说“留步”	送人远行说“平安”

图 7-1

第二节 注视与呼应

在交谈活动中，人们除了用嘴说以外，还应注意用眼传递思想感情，在不同场合面对不同对象应有不同的注视区间。在对方说话过程中，应设身处地站在说话者的角度，用适当的表情与语言，表现理解与注视，形成一定的交谈呼应。

一、注视区域，散点柔视

在谈话过程中，用目光注视对方是一种起码的礼仪要求，能用目光随着谈话内容的发展而变化，是这种礼仪的延伸。任何人都有这样的体会，凡是那些愿意认真用眼神与我们谈话保持呼应的人都会受到我们的尊重。我们绝不会喜欢那些与我们谈话时东张西望、心不在焉的人。我们还可能有这样的体会，一些本来比较枯燥的琐事，本不想与人讲细时，如果有人能用眼睛“启发”我们，我们就不自觉地巨细无遗地谈说出来。由此可见，交谈时，注视对方是十分重要的。

（一）合适注视区间

用目光注视对方时，应该自然、稳重、柔和，而不能死死盯住对方某一部位，或不停地在对方身上“扫射”。那么，目光注视对方的哪个区间比较合适呢？从总体上说，在与人交谈时，一般不要超出图 7-2 所标示的范围。

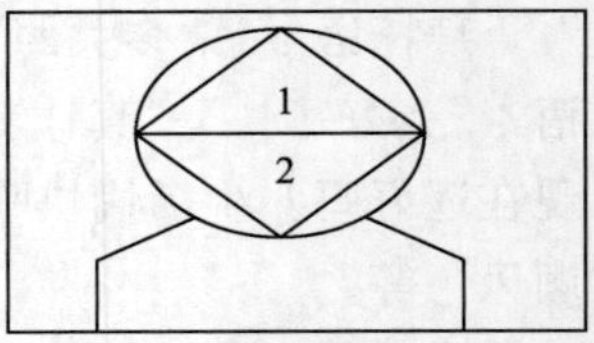

图 7-2

第一，“1”是公务注视区间，它是以两眼为底线，以前额上部为顶点所连接成的三角区域。所谓公务注视区间是指在进行业务洽谈，商务谈判，布置任务等谈话时采用的注视区间。由于注视这一部位能造成严肃认真、居高临下、压住对方的效果，所以常被企图占据优势的商人、外交人员、指挥员所采用，以便帮助他们掌握谈话的主动权和控制权。

第二，“2”是社交注视区间，以两眼为上线，以下额为顶点所连接成的倒三角区域。所谓社交注视区间是指人们在普通的社交场合中采用的注视区间。由于注视这一区域最容易形成平等感，因此，公关人员常在茶话会、舞会、酒会、联欢会以及其他一般社交场合使用。注视谈话者这一区域，会让说话者轻松、自然，因此，他们能比较自由地将自己的观点、见解发表出来。

第三，亲密注视区间，即对方的双眼、嘴部和胸部。所谓亲密注视区间是指具有亲密关系的人在交谈时采用的注视区间。注视这些区域能激发感情、表达爱意。“频送秋波”“眉目传情”都是通过这样的区间进行的。不是亲密关系的人，不能随意闯入亲密注视区间注视，否则非常失礼。

（二）注视的目光眼神

注视目光要坦诚、和蔼，要做到“散点柔视”，即应将目光柔和地照在别人的整个脸上，而不是聚焦于对方的眼睛。

毫无疑问，交谈过程中有时可能出现对方目光注视的情况，这时最好稳重一点，不要惊慌，也不必躲闪，自然地让对方注视 1 ～ 3 s，然后再缓缓移开就可以了。那种一触及对方目光就慌忙移开的做法是拘谨、小气的表现，会影响谈话的正常进行，引起对方猜疑，也是很不礼貌的。

在交谈中交谈者的眼睛注视的视线水平，则表现交谈者客观和理智，这是正确的做法。如果眼睛视线向下注视对方，则表现交谈者权威感和优越感；如果眼睛视线向上注视对方，则表现服从与任人摆布，这两种目光视线都是错误的。

运用眼神，是一门需要刻苦学习的艺术。泰戈尔在他的《素芭》中曾经用哑女素芭为模特描述了眼睛的传神作用。他写道：“当我们用语言表达思想的时候，言辞并不容易找到，必经过一个翻译过程，这往往是不准确的，于是我们就会发生错误。但是这双眼睛却不需要翻译，思想本身就融入这双眼里。在眼睛里，思想敞开或是关闭，发出光芒或是没入黑暗，悬静着如同月或是像急闪的电光照亮了广阔的天空。那些自有生以来除了用嘴唇的颤动之外没有别的语言的人，如果学会了眼睛的语言，则表情的变化将是无穷无尽的……”

二、情感呼应，展示沟通

在交谈中善于用有声语言与表情、体姿等无声语言呼应对方，使交谈更具沟通的效果。交谈双方能通过相互呼应形成心理上的某种默契，无疑会使交谈的话题更广，内容更为丰富。

第一，语言上的呼应，多用肯定式、赞扬式、鼓励式、商量式、委婉式等语言与对方产生呼应。如在听别人说话的过程中，不妨用“嗯”或“是”等词加以回应，表示自己在认真倾听。当对方谈到与你的观点基本一致之处时，你应当点头称是，用“我也有同感！”“很好，真是英雄所见略同！”等话语呼应；当对方讲到兴奋、喜悦之处或是笑话幽默之时，用“太有意思了”“太逗了！”等语言呼应；当对方叙说忧愁、感伤的往事时，可用“换了我，我真不知该怎么办”“真是太难为你了！”等语言给以呼应等。

第二，表情上的呼应，应随着对方情感变化而变化。如果对方高兴，应面带微笑，对方悲伤，应展示伤感、同情或严肃的表情。如果你在对方悲伤时表现兴奋、欢悦；在对方开心时，表现出忧愁；对方就会觉得话不投机，就会闭口不言，从而也就有可能由此关上了友谊之门。

第三，体姿的呼应，身体稍作前倾，眼睛注视对方，恭听对方说话。

能保持情感呼应与语言呼应的关键或者说诀窍就在于进入角色，设身处地站在对方立场上思考问题，随着对方的感情变化而变化，暂时忘掉个人的喜怒哀乐。这样，就可以营造谈话的良好气氛，作一个受欢迎的谈话对象。

情感呼应禁忌如下：

第一，沉默不语。在交谈中，“沉默是金”是根本行不通的。沉默可能是由于特殊原因引起的，遇到这种情况，就要冷静分析其原因，再“对症下药”地打破沉默。例如：彼此不太了解而出现沉默时就应主动自我介绍；因过去关系不好而出现的沉默就应该宽宏大量，主动将隔阂抛开，热情与对方交谈；若由于自己说话太多而引起对方的沉默，就该自觉停下来征询对方意见；对由于自己的傲慢而引起的沉默就应该放下架子，轻松地与对方交谈。

第二，滔滔不绝不顾及他人感受。在社交场合，如果只顾自己滔滔不绝，不顾及他人感受是不礼貌的。

第三，左顾右盼，烦躁不安。在交谈中，如果表现为心不在焉，左顾右盼，则让人感到得不到尊重，是很不礼貌的行为。

第四，随意插嘴。这样会有喧宾夺主、自以为是的嫌疑。

第五，出口成“脏”。说话时夹杂脏话，会给人以素质低下的形象。

第六，强词夺理。这种行为也是让人反感的。

第七，尖酸刻薄。俗话说“良言一句三冬暖，恶语伤人六月寒。”恶语伤人的人最会因为刻薄而被人们疏远。

第八，随意传话。在公关交往中，一言一语都有可能成为有价值的信息，不能扩散。在非正式的亲友聚会上，别人出于对自己的信任所讲的一些心里话也该到此为止。不应把这些内容到处乱传，甚至无限度地张扬。

第三节 话题与修饰

交谈需要有内容，交往中需要不断开发新的令双方和谐愉快的话题与内容。

适度的幽默是交谈的润滑剂与兴奋剂，可以使谈话氛围更加轻松活泼。

谈话是语言、表情、手势等各方面参与交流的过程，有效修饰说话内容，有声有色地表现谈话内容，会使说话者表现得更有礼貌和风度。

一、选择话题，方法有究

（一）交谈内容选择

为使谈话能正常进行，在说话内容的选择方面必须注意符合礼仪要求，使对方感到轻松愉快。

第一，有既定的主题，即交谈双方业已约定，或者其中某一方先期准备好的主题。

例如，求人帮助、征求意见、传播信息、评论问题、研究工作一类的交谈，往往都属于主题既定的交谈。

第二，话题应尽量符合对方的年龄、职业、性格、心理等特点，尤其应选择符合对方心理需求等方面内容。

例如，与一个新潮的年轻人谈“明星热”“追星热”一类话题很合适，但与一个因循守旧的人讨论这样的话题就不太合适了；与一个教育工作者谈有关学校教育方面话题很合适，但与一个务工人员讨论这样的话题就不合适。

在求职应聘现场，求职者应尽量了解用人单位招聘的心理需求，做好自我推荐资料的充分准备，做到“知己知彼，百战不殆”。

第三，选择百姓感兴趣的内容作为话题。如，新闻趣事、城市建设、健康养生、旅游趣事等愉快轻松的话题，都是大家感兴趣交谈的内容。

第四，抓住双方感兴趣且默契之处作为新话题。注意在已有的话题中寻找大家感兴趣的细节作为新话题，使交谈更具创新和吸引力，能保持谈话始终在趣味盎然的氛围中进行。

第五，随时调整交谈话题。交谈中对方显得无礼时要宽容克制，不能出言不逊，恶语伤人；也不可斥责、讥讽对方。可能时可以好言相劝，使对方冷静；或是转移话题，讨论一些轻松的东西；也可暂时中止说话，待对方情绪稳定后再寻找新的话题。

（二）语言表达方式

受语言的影响因素作用，不同国家、不同地方乃至不同层次的公众，对同一事物会有不同的语言表达方式，交谈中应注意根据对方选择不同的语言表达方式。

第一，传统文化的影响。

我国传统“儒”文化讲究“中庸之道”，以谦虚、贬抑自己为美德。中国人的谦虚表现在礼品馈赠上的语言表达，一般送礼后应表示“礼轻情义重”“礼物微薄，请勿见笑”，接受礼物一般不打开，并称“让您破费了”。而西方人则把礼物送上后喜欢说“这是名牌，包装很精美”，接受礼物后则当场打开表示惊喜“啊！太美了，我非常喜欢！”

第二，文化层次的影响。

对待普通人适宜用通俗易懂，最接近生活的日常语言与之交谈，而不宜用深刻的哲理性语言，或者是枯燥生硬的逻辑推理；对待学问较高深的人适宜用提纲挈领、逻辑严密的方式进行交谈，而不宜用简单无聊、杂乱无章的语言进行交谈。

第三，方言说话的影响。

交谈中一般不要使用对方不懂的语言，如方言，土话或外语。由于使用什么样的语言也是一种情感信息，因此，应尽量用与对方一致的语言交谈，在国内交流最好讲普通话，全国人民都能听懂。非专业场合不要用过分专业的词汇，让人感到理解困难，没办法交流，不容易互动。

（三）交谈禁忌

第一，女性的年龄、体重、身高及相貌。女性普遍心理是爱美，希望年轻漂亮，所以若是与女性相处，无论熟悉不熟悉，都应尊重女性，不触及这方面的话题。

第二，男性的经济收入。社会一些观点认为，男士的收入高低，往往衡量其本事大小。这显然是错误的，但如果触及这方面的话题，也常常会让一些男士感到十分尴尬。所以，出于对男士的尊重，不应触及此方面的话题。

第三，个人隐私。如有关婚恋、健康、经历、家庭成员等，如果不是对方主动提出来，就不要谈论。

第四，恐怖、低级下流及错误倾向的话题。如疾病、挫折、死亡及某些违背社会伦理道德、生活堕落、政治错误等主题，要避免去谈论。

第五，宗教话题。要尊重一切宗教的信仰及其活动，绝不能在任何场合谈论涉及宗教的内容。

第六，非议别人的话题。无论是长者、名人或是双方都熟悉的人，都不要去议论，特别是隐私和缺点。否则会给别人留下庸俗无聊、拨弄是非的印象。

第七，令人反感的话题。交谈中，如令对方感到悲伤、不快的话题或当某一话题使参与者感到尴尬时，都应迅速转移话题，将话题引到对方感兴趣的话题上，缓和一下气氛。当众人的言谈远离既定话题时，也应把话题拉回到既定话题。

二、适度幽默，轻松活泼

有人曾经说过：“幽默是具有智慧、教养和道德的优越感的表现。”由于幽默能表现事理与机智，深刻与轻松，给周围的人以欢笑和愉快，所以，幽默亦可以作为演礼。

幽默是智慧、爱心和灵感的结晶，是一个人良好修养的表现。某心理学家把幽默称作“语言的酵母”。创造出幽默就是创造欢乐。有的领袖无论是在国事活动中，还是在日常生活中，无论是在学者面前，还是在农民之中，论道理总寓庄于谐，风度幽默，从而赢得听众的广泛敬重。

交谈过程中也许会出现不和谐的地方，交谈者应随机应变，适度幽默可以化解尴尬局面、增强语言的感染力。例如，钢琴家波奇，有一次在某城市演奏，发现听众不到总数的一半，他当然很失望也很难堪，但是他走向舞台时却说：“这个城市一定很有钱，我看到你们每个人都买了两三个座位的票。”于是，整个大厅里充满了欢笑。寥寥数语化解了尴尬的场面。可见，幽默不仅反映出一个人随和的个性，还显示了一个人的聪明、智慧以及随机应变的能力。

需要注意的是，幽默不是卖关子、耍嘴皮。幽默要在入情入理之中，引人发笑，给人启迪。幽默既不是毫无意义的插科打诨，也不是没有分寸的卖关子，耍嘴皮，幽默要在入情入理之中，引人发笑，给人启迪，就需要一定的素养和修养。

幽默的使用也要具体情况具体分析，尤其是对于长辈、女性、初次相识的人，一定要慎用幽默。同时，幽默要注意“度”，一旦过了头，就可能被对方误解为取笑和讥讽，这样不仅不是演礼，而且简直就是无礼了。

三、修饰表达，绘声绘色

德国哲人黑格尔曾经说过：“同样一句话，从不同人嘴里说出来，具有不同的含义。”其实，同一句话，即使是同一个人说，也因为有音幅、音调、音色、音质不同，面部表情有异，而带有不同的含义，给人以不同的感觉。所以，要在说话中全面表现友好，除了说话内容以外，还要控制声调、表情等因素；除了有声语言外，还要借助无声语言。例如，拿“请”字来说，如果说请字时，语调先低后高，带有起伏不稳的拖腔，眼睑下垂，脸往上支，就给人以酸溜溜的感觉，这样的“请”，多半是在无可奈何的情况下，或者是讥讽对方的时候说的。如果说话语调短促有力，表情紧张，两眼直视，则给人以命令的印象，这样的“请”，大多是在上级对下级或者是要显示居高临下的地位时说出来的。只有在说话时语调平稳，音幅适中，音质柔和饱满，表情轻松自然，面带微笑，才给人以客气、礼貌的感觉。

20 世纪 70 年代，心理学家阿尔培特，曾经通过研究，给友好合礼的谈话立了一个公式，他认为“谈话的友好 =7% 的内容 +38% 的声调 +55% 的表情”，通过这一公式不难看出，谈话中声调，以及表情的重要性。意大利著名的悲剧家罗西有一次应邀为外宾表演，他在台上用意大利语念起一段台词，尽管外宾听不懂他念的是什么内容，但却为他那满脸辛酸、悲凉、悲怆的语音、声调、表情所感染，大家禁不住泪如泉涌。当罗西表演结束后，翻译解释说，刚才罗西念的根本不是什么台词，而是大家前面桌子的菜单！

在社会交往场合，有的人总是力图用语言来掩饰自己的真情实感，他们的语调、语速、姿势、表情、动作等又将他们的真实心态暴露无遗，甚至即使他们保持缄默，他们的眼睛也往往会“多嘴多舌”。

当然对于一个训练有素的人来说，声调、表情等是可以自己控制的，他们可以用此来控制自己的外在表现，展示出一种假象。对于这种情况，公关人员应多加注意，综合观察，综合分析，去伪存真，由表及里。

即使是普通的人，声音、语调等东西也有可塑性和不稳定性。也需要多加思考，才能做出准确的判断。例如：说话速度很快，可能是因为紧张，也可能是因为精力充沛；说话速度缓慢，可能是因为老成，也可能没有兴致，或者力不从心；说话音量大，可能是身体好，中气足，也可能是因为激动，愤怒；说话语无伦次，可能是因为缺乏自信，也可能是因为言不由衷；说话痛痛快快，无停顿，可能是因为坦诚真实，也可能是在毫无根据地胡编乱造。

第四节 聆听与泛听

有一位社会学家曾经提出，在人们的日常语言交往活动中，听的时间占 54%，说的时间占 20%，读的时间占 16%，写的时间占 9%。因此，我们应当充分地重视听的功能，讲究听的方式，追求听的艺术。

交谈的过程，只有把它看作既是自己说话表达的过程，又是自己倾听理解的过程，才可能是懂礼貌，有修养的。在一般的交谈活动中，听，往往比说更重要。听，可以分为泛听与聆听两种形式。无论是泛听还是聆听，只有掌握了一定的技巧，才能符合礼仪规范。

一、多听少说，先听后说

根据一些学者的研究，成人在一天时间里，有 7% 用于交流思想。在这 7% 的时间里，有 30% 的时间用于讲，45% 的时间用于听。

中国有句古训 ："人长有两只耳朵却只有一张嘴。" 揭示多听少说之道。

俗话说 ："会说话的人是想着说，不会说话的人抢着说。" 揭示先听后说之道。

在人际交往中，"多听少说，先听后说" 是一种高雅的素养。因为认真倾听别人讲话，表现了对说话者的尊重，人们也往往会把忠实的听众视作可以信赖的知己。

在交谈中，"多听少说，先听后说" 是一种智慧，可以避免 "祸从口出"。说话不在于多，说话多往往没有根据，没有事实，很易被人抓住 "把柄"。说话关键在于说话的内容有没有分量、有没有道理。

"多听少说，先听后说" 可以获得大量的信息材料，并且使我们有时间理顺思维，和对方产生呼应，达到沟通信息、交流情感目的，促使公关交往活动更有效，促使交往双方的关系更融洽。

古语道 ："愚者善言，智者善听。" 一个好的谈话者就是一个好的倾听者。

二、聆听有术，沟通技巧

观察总结我们周围的人，我们就不难发现，听，主要有以下几种方式 ：

第一，漫不经心地听。以这种方式听别人讲话，就会东张西望，左顾右盼，心不在焉。无论怎样，持这种方式听人讲话都是一种没有礼貌的表现。

第二，移情式地听。即听话者总是站在谈话者的角度，随着谈话者的情感变化而变化。以这种方式倾听的人精神集中，全神贯注，完全沉浸在谈话内容之中。因此这种方式最有礼貌，也最受人欢迎，是最能受到谈话者的尊重的方式。

听话与谈话一样，也有其技巧和艺术。

第一，应尽量把谈话安排到一个安静的地方进行，减少外界噪声对谈话的干扰。作为社会组织，可能时应建立一个隔声的、灯光柔和的、布置优雅的会客室或洽谈室。

第二，消除心理障碍，保持沉静，不要受情绪和当时气氛的影响。避开先入为主的偏见，不要过早地做出判断，要有平等观念和虚心意识，不要使对方感到窘迫、拘束。

第三，集中精力，全神贯注地听，不做无关的工作，把自己的知觉、情感、态度全部调动起来。投入地听，用心去体验对方谈话所涉及的情景。

第四，注意听清对方话语的内在含义和主要思想观点，不要过多地考虑对方的谈话技巧和语言水平，不要被枝节问题所纠缠。

第五，注意说话者的神态、表情、姿势以及声调、语气等非语言符号的变化。尽量 "听懂"

这类非语言符号传递出的信息，以便能比较准确地了解对方的弦外之音，话外之意。

第六，在交谈中特别注意不要轻易打断对方说话、不要补充对方观点、不纠正对方说话、不质疑对方说话，使交谈得以顺利展开，进而获得他人的信任。

第七，站在对方的角度，适时与对方产生情感呼应。恰当地提出问题和插话，表明你对对方所谈内容的关心、理解、重视和支持，但不要打断对方的谈话。

第八，如果说话出现冷场，可以接着说话者所说的内容用“为什么”“怎么样”等疑问句发问；要真诚地鼓励和帮助对方寻求解决问题的途径，或者转移话题。

第九，遇到原则或是非问题，要保持慎重态度，尤其是涉及组织利益或他人切身利益，不能轻易表态。

第十，注意检查自己的体态语言，并给对方的谈话以适当的反馈。身体应适当倾向于对方，面带理解性的微笑，并用点头或“真的？”“是吗？”“确实如此？”“太棒了”等短句给讲话者以支持和肯定。

一般来说，任何人都会对有礼貌地聆听自己讲话的人产生感激之情、尊重之意，都会对他们敞开心扉、吐露真情的。

第五节 拒绝的礼仪技巧

无论是人际交往，还是公关交往，有求必应是每个人都在追求的理想目标。但是，由于主客观条件的限制，我们事实上不可能有求必应。实际上，拒绝别人的理想观点，利益要求，行为表现的时候总是多于承诺、应允。没有允诺或没有拒绝的交往是同样不可想象的。

拒绝，可能是因为我们的条件有限，可能是我们要维护自己的利益，可能是我们不得不兼顾第三者的利益，也可能是对方的要求不合情理。总之，理由可能是很多的。但是，纵使我们有千条万条理由，由我们的拒绝所引起的对方的心理抗拒以及由此产生的消极情感后果往往是不可避免的。为了使这样的消极后果能降低到最低限度，公关人员应当学习和掌握一些拒绝的礼仪技巧。

一、准备勇气，适时说“不”

公关人员在社会交往中，经常会遇到许多社会组织、群体或个人有求于你的时候，这些请求多数情况下又是不能一一满足的。例如，朋友请你参加聚会，你却不得不加班；上司让你晚上加班，你却必须照顾身边无人照料的生病的孩子；邻居托你出差时捎带东西，你却因日程太紧，没有时间关照此类事情；外单位来你公司要求采购紧俏商品，而公司却已无能为力；某公司代表的请求有违国家法规等。遇到这种情况，该怎么办呢？一概承诺？不可能，也办不到，如果都答应下来最后只能落实得个“言而无信”的名声。支支吾吾，不置可否？也不合适，对方会认为你不负责任，缺乏能力。

不予拒绝的理由可能很多，比如怕伤害对方的自尊心，怕伤害了双方的和气，怕由此招来不测的后果等，正是这样一些理由制约着我们常常不能果断地、面对面地拒绝别人，甚至违心地给予肯定的答复。

客观上不能满足对方，或者很难满足对方，而主观上又当面给予了肯定的承诺，其后果只能是这样：要么自我谴责，产生自我抑制，后悔“早知今日，何必当初”。要么勉强应付，使自己或组织受到损害；要么“言而无信”，可能引起对方的反感，甚至憎恶。

心理学的研究成果表明，一个人的心理期望值越高，其实现值往往就越低，期望值与现实值常常是成反比的。有些场合，我们也许以为承诺是为了礼貌，是出于保护对方的自尊心不受伤害，是替公众考虑。可是，从我们承诺那一刻起，对方的期望值就可能达到了饱和状态。如果最后的现实是我们的承诺根本不能兑现，对方的心理实现值就会从饱和状态一下跌至负值状态，就有可能出现情感情绪反常，甚至失态。这个时候，因我们的“有礼”承诺引起的失礼后果就可想而知了。

为了长远、有效、脚踏实地地发展公关关系与人际关系，使众多的不得不采取的拒绝行为所引起的抗拒心理和消极情绪反映降低到最低程度，公关人员应当首先自觉建立起一种随时准备说“不”的勇气和自信心。

二、巧言诱导，委婉拒绝

拒绝是一项高难度的专门技巧，公关人员应当认真学习和探讨；要善于根据不同的情况运用不同的拒绝艺术，才能收到演礼的效果。

虽然应当提倡公关人员适时地表达“不”，但真能愉快地接受“不”字的人恐怕是没有的，相反，断然地拒绝必将导致公众的不满；轻易地、直截了当地说“不”，只会让人以为你是一个毫无诚意的人。著名心理学家杰•达拉多认为，人的攻击行为的产生，常常以欲求得不到为前提。如果我们一遇到否定的场合就一迭连声地说“不,不,不！”不仅表现了我们的浅薄幼稚，而且很有可能断送人际友谊，断送组织与公众之间的良好关系，毁坏组织的形象。

必须表达否定的时候，首先需要尊重对方，说话要适当、得体，会使用一些敬语，以扩大彼此的心理距离。我们都有这样的经历，在亲人、熟人面前，我们总是在言语上要随便一些，表现得有话直说，直来直去。当面对陌生人时，我们总是彬彬有礼，说话很注重“分寸”，对方在这样的情境下，很难一下给你提出什么要求，表达什么意愿。但当需要表达否定的时候，如果也多用敬语，在语言上表现出对对方格外尊重，对方也往往会随之产生“可敬不可近”的感觉，这种用敬语扩大距离的否定法适合在交往还不是很深的公众面前使用。

采用诱引方法也是表达否定的极好手段。需要否定时，我们不妨在言语中安排一两个逻辑前提，不直接说出逻辑结论，逻辑上必然产生的否定结论留给对方自己去得出，这样的逻辑诱导否定法如果是在面对上级组织，身处领导地位的公众时使用，效果往往比较理想。

例如，战国时，韩国大臣掺留，就曾经有效地使用过这样的方法。有一次，韩王就欲重用两个部下一事征求掺留的意见，掺留明知重用二人不妥，但直言其“不”，效果肯定不好，一是可能冒犯韩王，二是韩王以为自己嫉妒贤能。于是掺留用下面这段话表达了自己的见解：魏王曾因重用这两个人丢过国土，楚国也曾因重用他们而丢过国土，如果我们也重用这两个人，将来他们会不会也把我国出卖给外国呢？掺留这种诱导式拒绝的效果是显而易见的。

三、道明原委，互相理解

一般来说，我们之所以拒绝对方，总是有一些不得不这样做的原因，总是有我们所处的主观或客观存在困难，对于这些困难，有求于我们的人未必知道或未必完全清楚。因此，不妨直陈我们的难处，求得对方的理解和谅解。社会公众的思想文化水平正在不断提高，只要以诚相待，对方也一定能理解我们所处的难处和不得不拒绝的理由。这种拒绝方法在面对长期公众和临时公众时都可以采用。

有时候，拒绝的理由很难直陈，或没有时间讲清楚，或担心对方确实难以理解，面对这种情况，也不妨只用一些“哎呀，这怎么办呢？”“真伤脑筋”这类的话就可以了。不必具体解释理由，对方一般也不会再追问具体理由的；即使是问，也可继续使用“哎呀，真是一言难尽，真没办法！”这类的话给予回答。

拒绝对方的时候，我们一方面要寻求对方的理解，另一方面，也应主动的理解对方，这样才能达到“生意不成仁义在”的效果。例如，在阐述不得不拒绝的理由时，我们不妨客观真诚地说明一下，我们的拒绝可能给对方带来的利益。凡事往往都有两个方面，坏事里面总是可能包含着好的一面，只要我们内心是热情坦诚的，这样的拒绝方法不仅不会伤和气，而且有可能促进双方关系的发展，对方会把你看成是一个善解人意的人。

无论我们的拒绝方法多么礼貌，多么富于人情味，但是拒绝终归不能像承诺那样引起对方的好感，总会有乘兴而来，败兴而返的心理感受。为了缓释对方因拒绝而产生的瞬时不快情绪，也为了表明我们的诚意，不妨在准备说“不”的时候，就主动为对方考虑一下退路或补救措施，使对方的情感能够转移，不致一下跌进失望的深谷。比如，当对方来求我们为其解决困难，而我们又无能为力的时候，不妨采取一点“补偿”性措施，向对方推荐一下目前有实力解决这类问题的同行等。这样，即可能使对方获得心理补偿，减少因遭拒绝而产生的不满、失望，又表达了我们的诚意，使对方能真正理解我们。

口才与交际学大师卡耐基有一次不得不拒绝一个于情于理都不应该拒绝的演讲邀请，他是这样对邀请者说：“哎呀，很遗憾，我实在是安排不出时间来了，对啦，某某先生也讲得很好，说不定是比我更适当的人选呢。”

礼貌拒绝对方的方法还有很多，如让步拒绝法、预言拒绝法、提问拒绝法等。

只要我们以理解、真诚维系和发展公众关系为前提，认真总结、升华不得不说“不”的方法，以自己的人格、以所在组织的风格和美誉作保证，就一定能找到礼貌拒绝的各种具体方法。

演礼训练

（一）训练内容

1. 敬语训练。

（1）师生之间情景敬语敬辞对话演礼，内容涉及有关学习、生活的敬语、雅语、谦词。

（2）敬语敬辞接龙竞赛，每个团队60个以上敬语，要求不重复，规定时间完成为通过。

2. 表达能力训练。

每个团队合作演礼“经典诵读”，内容取自中华优秀传统文化“经典名言”，每人一句原文与译文诵读，要求表情、声调进入意境、富有情感，尽量脱稿完成。

（二）训练目的

1．掌握礼貌用语、敬语敬辞的使用。

2．领会“谈话的友好＝7%的内容+38%的声调+55%的表情”的深刻含义。

3．加强学生对礼文化的学习，传承弘扬中华优秀传统文化精神，提升礼仪文化素养。

（三）训练模式

1．情景表演方式。

2．团队合作方式。

3．既定诵读方式。

（四）训练评价

1．学生自我评价语言交谈训练的收获。

2．老师点评课堂演礼训练情况，记录成绩。

思考应用

1．请回答：“常用”“拜托”“慰问”“赞赏”“挂念”“同情”“祝福”等方面敬语内容。并解释“拜访”“恭候光临”“高见”“光顾”“借光”“赐教”“指教”“奉陪”“失陪”“留步”“久仰”“久违”等敬辞所表达的意思。社交场合或生活中您是否展现了良好的谈吐风度？（用事实说话）

2．与人的交谈中，怎样注视对方？怎样选择话题与忌讳什么话题？为什么说先听后说，少说多听？如何聆听？

请您演礼来证明：“谈话的友好=7%的内容+38%的声调+55%的表情”。

3．如果你是某职业学校的应届毕业生，在一次人才招聘会现场，不经意地听到旁边两个闲谈的经理人的谈话。其中一个经理人的公司需要几名毕业生，而刚好你所学的专业正好符合要求。面对如此情况，你是否有兴趣加入他们的谈话？如果有兴趣，请问你准备如何加入他们的谈话？

4．实践应用：试以你的同事或同学为对象，运用所学的话题开启技巧和聆听技巧，让他在你面前作“自如、畅快的倾诉”。

礼仪热点

☆ 寒夜里的单衣送行

这是听朋友讲的一件事情：“我的朋友是一对异国夫妇，丈夫是波兰人，在欧盟商会任职，妻子是我的老乡，也是我的同学。去年圣诞节的时候，我们全家应邀去他们家做客。他们住在回龙观的一栋别墅里，房子大而温暖，他们全家盛情招待，我们彼此都很愉快。晚上11点左右，我们要起程告辞，他们夫妇送我们出了房门，12月底的北京待过的人都知道，非常冷，况且夜里11点多，出来穿棉衣都直打哆嗦，所以我们极力阻止他们留步不要出来，免得着凉感冒。但他们微笑着坚持将我们送到房门外。再告诉你，因为屋里暖和，他们仅穿着薄薄的毛衣。送出来就行了吧，他们还要坚持看我们发动好车子，我催促我爱人快点开车，好赶紧让他们回去，但因为天冷，车还不好打着火，好不容易可以开车走了，我们赶紧挥手和他们再见并示意快快回屋，他们依然面带笑容双双站在屋檐下，向我们挥着手告别。我们的车开走了，我依然看到他们在向我们挥着手，直到车子拐弯。”

“其实那天我们吃了什么，聊了什么，现在都已模糊，只有这寒夜里的送别，每每想起，历历在目。”

对人以真诚，不仅仅是礼节性的。发自内心，更让人印象深刻。

第八章

服饰礼仪

学习目标

通过本章学习，应该达到以下目标：

知识目标：了解服饰内涵，理解并掌握着装原则，掌握正式场合职业人士的着装规范要求与忌讳，掌握职业人士仪容修饰规范要求。

能力目标：能运用服饰礼仪知识与仪容修饰技巧方法，塑造个人良好的职业形象的综合素质能力。

素质目标：提升个人的形象与气质，培养正确的审美观与审美情趣。

核心概念

服饰含义　　服饰原则　　礼服　　职业装　　饰品佩戴　　仪容修饰

第一节　服饰内涵与原则

服饰，是一种文化，一种文明。公关人员应根据社交场合的情感需要以及自我的身份、职业、形体等美感需要选择合礼的着装，选佩适当的饰品，进行必要的美容化妆。

《弟子规》要求：“冠必正，纽必结，袜与履，俱紧切。”这些规范，对我们现代人的着装仪表规范仍起着重要作用。

一、服饰含义，符号组合

（一）服饰含义

服饰，是指人的服装穿着、饰品佩戴、美容化妆几个方面的统一。有时也单指衣着穿戴。

郭沫若先生说：“衣裳是文化的象征，衣裳是思想的标志。”古今中外，服饰从来都体现着一种社会文化，反映一个民族的文化素养、精神面貌和物质文明发展的程度。人的服饰能体现时代特点和民族风采。每一个时代的人的服饰，不管是从质地、色彩到款式造型都会有一个时代共同的基本特征。服饰是人类文明的标志，又是人类生活的要素。

（二）服饰内涵

服饰是文化的产物。它除了可以御寒、遮羞之外，还具有极强的表现功能。在社交活动中，人们可以通过服饰来判断一个人的职业、年龄、性别、身份、地位等；通过服饰可展示个体内心对美的追求、体现自我的审美感受；通过服饰可以增进一个人的仪表、气质。因此，从观赏者的角度说，服饰又是一系列符号的集合。

1. 服饰是一种历史符号

首先，服饰是一种历史符号。每一个历史时代的人，虽然在具体穿着打扮上会有许多具体样式，但总是超越不了那个时代所具有的一般模式。从质地、色彩到款式造型总会有一个时代的共同的基本特征。无论怎么新潮的清朝人也绝对不会穿超短裙，着迷彩服。如果不是因为特殊需要，今天的人如果穿远古人的服装就会引起他人过多品评。

随着人类进步速度的加快，服饰作为历史符号的变化速度也相应加快，以致我们从时装舞台上不难看出，年年都有新潮流，季季都有新款式。

服饰的历史符号特性要求公关人员，在着装上要与服饰发展的历史趋势一致，过分的超前或滞后都会给公众以不良的形象知觉。

2. 服饰是一种社会符号

服饰不仅可以反映一个人的社会角色身份，也可以反映一个民族的文化习俗。例如，国家元首们出访的时候，为了准确地反映国家元首的社会角色和社会地位，显示一个民族的良好精神风貌，总是衣冠楚楚，服饰的用料、做工等方面都十分考究。

服饰还可衡量一个国家的社会经济能力状况。西方的服饰文化学专家们研究发现，女人所穿裙子的长短同所在国家的经济状况是密切相关的。经济萧条时期，为了不让人觉得贫穷，大多穿着长裙子；经济高涨时期，人们已无须显阔，为了灵活美观，大多选择短裙子。

3. 服饰是一种审美符号

服饰除了可以御寒保暖，还是现代人满足自我审美需求的重要手段。它可以反映一个人的审美观、审美能力、审美水平和审美价值。英国前首相撒切尔夫人曾经说过：“衣着美丽整齐，使人看了有赏心悦目之感……个人的服装常可以衬托出这个人的气质。”

作为一名公关人员，服饰美常常通过高雅、得体、整洁、大方等属性来体现。服装就是公司的徽章，端庄得体的衣着对于塑造公司的良好形象大有好处。因此，许多企业都十分注重员工的服饰，要求员工在公众面前不落俗套、穿着考究。

4. 服饰是一种情感符号

服饰虽然是一种无声的语言，但它能传递出一个人对生活、工作的态度及情感信息。如果一个人在参加一个正式活动时，穿着整洁得体，表明他对参与这个活动是严肃的，庄重的，也表明他对主人的态度是真诚的，热情的；相反，如果他衣冠不整、边幅不修，则表明他对这项活动没有兴趣，也不重视，还表明他对主人的态度是消极的、冷淡的。此外，还可以从一个人的穿着打扮上大致判读出他的情感倾向。例如，一个人平时衣着随便，不大考究，突然有一天，他衣饰考究，精心打扮起来，那他一定有什么重大的情感变化，比如找到自己的意中人等。

5. 服饰是一种个性符号

在千变万化的社会生活中，人的性格也形成了诸多差异，人们在生活中的打扮是穿衣戴帽各有所好。服饰这种无声的语言，具有越来越强烈的个性特点，传递出一个人的性格、爱好和心理状态等多方面的信息。例如有些人天性热情奔放，服饰则浓艳大胆，而一些人性格拘谨矜持，则款式保守，色调深沉。

上述服饰的几种符号意义在每个具体的人身上，都是一个综合的统一整体，较好的服装穿戴应是各种符号的有机结合。人们在着装时，要注意把服饰的自然属性、社会属性、审美属性、情感属性与公关活动的礼仪属性相结合，以充分体现服饰文化的真、善、美的统一。

二、四大原则，必须讲究

服饰直接体现出一个人的素质、品位、涵养及自身层次，同时也对事业有着重要影响。穿着得体，可以赢得别人的喜欢，给人以良好的印象。而穿着不当，往往会降低自身身份，损害自己形象。因此，在服饰礼仪方面我们要注意场合、身份，讲究协调，遵循应时、应景、应事和应己四大原则。其中，应时、应景、应事原则也就是“T.P.O”原则。

（一）应时原则

“Time”即“T”原则，也称为时间原则。主要指穿着打扮应考虑时代性、四季性、早晚性。时代性是指，服饰不可太超前，或太滞后，要顺应时代发展的主流和节奏；四季性是指，服饰穿戴应考虑春、夏、秋、冬四个季节的气候特点。例如，夏天穿的衣服要凉爽，冬天穿的衣服应保暖，而春秋天的服装可以自然、随意一些，不可夏衣冬穿或冬服夏穿；早晚性是指，服饰应根据每天的早、中、晚气温及环境变化而调整。以女士着装为例，白天工作时，女士应穿着正式套装，以体现专业性；晚上出席酒会等活动时可依照活动规模选择大礼服或小礼服，抑或是在原有套装基础上加一些修饰，如佩戴上有光泽的首饰等。

（二）应景原则

“Place”即“P”原则，也称为地点原则。主要是指服饰穿戴者将要出现的空间环境。公关人员选择着装时要做到在种类、质地、款式、花色等方面与所参加活动的地点相协调。例如，在自己家里接待客人，可以穿着舒适的休闲服；如果是去公司或单位拜访，穿职业套装会显得专业；外出时要顾及当地的传统和风俗习惯，如果去宗教活动场所，就不能穿过于暴露的服装。

（三）应事原则

“Occasion”即“O”原则,也称为场合原则。主要是指衣着要与场合相协调。与顾客会谈、参加正式会议时，衣着应庄重考究；听音乐会或看高雅演出时，最好要着正装；而在朋友聚会、郊游等场合，着装应轻便舒适。很难想象，参加一个企业面试时穿一身球服，着一双拖鞋，面试官会觉得你是很重视，会对你表示赞赏。相反，如果是参加一个朋友间的野炊聚会，你穿得西装革履，大家一定会觉得你迂腐、不合时宜，甚至对你敬而远之。

（四）应己原则

也可称之为和谐原则。主要指着装要协调得体，包括以下几个方面：

第一，着装应与年龄相符合。学生穿着应青春、靓丽，不宜打扮得太夸张、超龄。

第二，着装应与职业相协调。例如，公务员穿着打扮宜大方朴素，教师不宜穿着奇装异服，打扮得花枝招展。

第三，着装应与自身体型相和谐。如浅色服装有扩张作用，瘦人穿着可产生丰满的效果；而深色服装给人以收缩感，适宜丰满型人穿着。

第四，着装应与气质相符合。要懂得以服饰人，能够在众多流行元素中找寻适合自己性格、气质、文化素质等特质的元素，体现个人的风格与品位。

第二节 职业男士服饰规则

在人类服饰的历史长河中，相较于女装流行更迭，男装的发展相对稳定，以它的不变应女装的万变，并且更注重服装功能性和细节的完善。它所承载的很多规则、形式都经过历史的洗礼与沉淀，从而拥有了其固定不变、历久弥新的，具有浓郁传承性与历史感的风格，由此奠定了男装经典的地位。

一、常用礼服，各有讲究

（一）晨礼服

晨礼服也称常礼服，是日常生活中使用的礼服，适用于白天的重大仪式、庆典、婚礼等场合。通常上装为灰色或黑色，圆尾形后摆，配白衬衫；下装为黑灰条相间的裤子，一般用背带；领带为灰、黑、驼色均可；戴黑礼帽，穿黑袜子和黑色皮鞋。

（二）大礼服

大礼服又称燕尾服，起源于英国 18 世纪早期，作为晚间宴会的最高级礼服，象征最高礼仪级别。上装为黑色或深蓝色，前摆齐腰剪平，后摆较长而下端分开像燕子尾巴，翻领上镶缎面；下装为黑或蓝色配有缎带、裤腿外侧有黑丝带的长裤，一般用背带；系白领结，穿黑皮鞋、黑丝袜，戴白手套。若请柬上提示“White Tie”则是穿燕尾服的暗示。

（三）中山礼服

中山服前门襟有 5 粒扣子；带风纪扣的封闭式领口；上下左右共有 4 个贴袋，袋盖外翻并有盖扣；一般应为上下身同色的深色毛料精制服装。穿着时，应将前门襟、风纪扣、袋盖扣全部扣好；口袋内不宜放置杂物，以保持平整挺括；配黑色皮鞋。中山装可用于各种礼仪活动。

（四）西装礼服

西装的样式很多，从套件上看，西装有两件套和三件套；从领型上看，有大驳头和小驳头；从前门上看，有单排扣和双排扣；从扣眼上看，有 1、2、3 或 4 粒扣；从口袋上看，还有明暗之分。作礼服的西装应是由上下身同色的深色毛料精制而成，配领带、同色系皮鞋，必要时还要配折花手帕。

二、西装配套，国际惯例

西装是目前世界各地最常见、最标准、男女皆用的礼服。西装的最大特点是简便、舒适，它能使穿着者显得稳重高雅、自然潇洒。

穿西装很有学问，按照国际惯例，西装在穿着过程中要遵循“三个三”原则。

（一）三色原则

三色原则指男士在正式场合穿着西服时，包括上衣、裤子、领带、衬衫、鞋子、袜子在内，全身颜色须限制在三种之内，否则就会有失庄重和保守，显得俗气和不伦不类。

（二）三一定律

三一定律是指在商务活动、庆典、签字仪式等场合，身上有三个部位的颜色必须协调统一，这三个部位分别是皮鞋、腰带、公文包。最理想的选择是皮鞋、腰带、公文包皆为黑色。因为男人衣服选择的余地比女人小很多，所以男人要想在穿衣服时穿出档次，穿出品味来，三一定律就不可不知。

（三）三大禁忌

三大禁忌指穿西装时有三大错误不能犯：第一，袖口的商标没有拆。袖口上的商标应该是在买西服时就由售货人员拆掉，拆了商标表示衣服已经启用。第二，在非常重要的场合，穿夹克打领带。如果是领导到本部门视察等行业内部活动还可以，但在正式场合，此种穿法不够正式。尤其是对外交往中，穿夹克打领带是不允许的。第三，袜子出现问题。在重要场合，尼龙丝袜与白色袜子是不能够与西装搭配的。

三、穿着西装，考究有度

（一）西装上衣的选择与穿着

西装上衣的选择。选择西装以宽松适度、平整、挺括为标准。

当穿好西装后，两臂自然下垂时，两肩以及前后襟应无褶皱；两袖的褶皱不明显，衣袖要平整，无翻翘之处。

西装纽扣的功能主要在于装饰。在非正式场合，无论是单排扣，还是双排扣，都可以不扣，以显示自然潇洒；在正式或半正式场合，则应将单粒扣扣上，或将双粒扣上面一粒扣上；个别西装有三粒扣的，应将三粒扣的中间一粒扣上，关于西装上衣前襟纽扣的扣法，可以按以下四句话去把握，即“扣一粒，为正式；两粒都扣现土气；一粒都不扣是潇洒，只扣下粒便俗气。”

西装上衣的几个前襟外侧口袋，统统是作为装饰用的。除左方的口袋可以根据需要置放折叠考究的西装手帕外，别的口袋不应放入任何东西，以保证西装“笔挺”。钱夹、名片卡、手纸、钥匙等物品应放入西装前襟里侧的口袋里。

（二）衬衫的选择与穿着

能与西装相配的衬衫很多，最常见的是白色或其他浅色。领子应是有座硬领，衣领的宽度应根据自己的脖子长短来选择。比如说，脖子较短的人不宜选用宽领衬衫；相反，脖子较长的人也不宜选用窄领衬衫。领口不能太大，也不能太小，以扣上领口扣子以后，自己的食指能上下自由插进为标准；袖子的长度以长出西装袖口 2 cm 左右为标准。

衬衫在穿着时，长袖或短袖硬领衬衫应扎进西裤里面，短袖无座软领衬衫可不扎。如果在平时，长袖衬衫不与西装上装一起穿时，衬衫领口的扣子可以不扣，让其敞开，但一般只能敞开一粒扣子，袖口可以挽起，但一般只能按袖口宽度挽两次，绝对不能挽过肘部。如果与西装上衣合穿，或者虽不合穿，但要配扎领带时，则必须将衬衫的全部扣子都系好，不能挽起衣袖，袖口也应该扣好。

（三）领带的选择与搭配

领带选择的基本原则是：衬衫、领带与西装三者之间要和谐、调和。比如说，西装和领带的花纹不能重复。如果衬衫是白色，西装是深色的，那么，领带就不能是白色，而应是比较明快的颜色；如果衬衫是白色，西装的颜色朴实淡雅，领带就必须华丽、明快一些。当然，除了衬衫，领带、西装的色彩协调应充分考虑外，这三者的色彩关系还应照顾到穿着者的肤色、年龄、职业、性格特征等。

领带与西装、衬衫的搭配：

① 深蓝色的西装，选择白色衬衫，首选玫瑰色、褐色、橙色等色调的领带。

② 灰色调西装，选择白色或浅蓝色衬衫，选择砖红色、绿色及黄色调的领带比较合适。

③ 白色西装，选择浅色衬衫时，不妨选配黑色、砖红色、暗红色等深色的领带。

领带除色泽外，还应注意种类、质地、款式等。在比较正式的礼仪场合，领带应选配质量好一点、款式新一点的一般型领带，不要选易拉结。易拉结领带又称“一拉得”领带或“一挂得”领带，在正式场合佩戴，会有失体面与风度。

（四）裤带、鞋袜的选择

西裤带的颜色以深色特别是黑色为最好；带头既要美观又要大方。裤带的宽度以 2.5 ~ 3 cm 为佳，具体宽度应考虑自己的体型选配；裤带带头应是内藏式的，即扎好后带头不要显露在外；为了系解方便和不让带头露出，扎好后的带头长度应在 12 cm 左右。

裤带扎好后，不应在裤带、裤鼻上扣挂钥匙等物品，特别是在不穿西裤上衣的时候，以免让人觉得俗气。

鞋的选择。俗话说：“脚底无好鞋，显得穷半截”，可见鞋的重要性。我们常用“西装革履”来形容一个人的正规打扮，由此可见，在正式场合穿西装就一定要穿皮鞋，不能穿凉鞋、球鞋或旅游鞋。皮鞋以黑色系皮鞋为上乘，偶尔也可以穿深咖啡色皮鞋，皮鞋的鞋面一定要整洁光亮。

袜子的选择。着西装时，袜子应长一点，以坐下跷腿时不露出小腿为适宜。袜子的颜色最好是深色，或者是西装和皮鞋之间的过渡色。

四、领带系扎，各有打法

在男士西装世界里，领带是为数不多但非常吸睛的单品，是颈间一抹亮丽的风景，故有人称领带为“西装的灵魂”。在欧美各国，领带则与手表和装饰性袖扣并列，称为“成年男子的三大饰品”。作为西装的灵魂，领带的选择与系扎讲究甚多。

（一）领带的选择

（1）领带的颜色。净色、深色比花色、鲜艳色更庄重。在服饰搭配过程中，可将领带颜色与西装颜色保持同色系，或与衬衫颜色保持同色系，以便整体协调。

（2）领带的质量。高档领带的面料要首选真丝、纯毛的。一条好的领带，必须具有良好的质量。其主要特征为：外形美观、平整，无跳丝、无疵点、无线头，衬里为毛料，不变形，悬垂挺括，较为厚重。

(3) 领带的图案。一般情况下，条纹、格子、圆点的图案均可以考虑。不要选择那些标新立异的图案，如卡通图案、特殊图案等。简言之，几何图案比自由图案更显庄重、严肃。

(4) 领带的款式。领带的款式往往受到时尚的左右。在这个问题上，商界人士主要应注意以下几点：一是领带有箭头与平头之分。一般认为，下端为箭头的领带，显得比较传统、正规；二是领带有着宽窄之别。除了要尽量与流行保持同步以外，根据常规，领带的宽窄最好与本人的胸围及西装上衣的衣领，形成正比；三是简易式的领带，如易拉结领带，不适合在正式的商务活动中使用。

(二) 领带的系扎

领带必须打在硬领衬衫上，要与衬衫、西服及体型相和谐，系好后的长度要合适，领结呈倒三角形，位置端正、松紧适宜。领带系扎的具体要求如下：

1. 领带的打法

领带打法的准备阶段：将领带大头在上，小头在下，并且以大头端的长度大约是小头端长度的 3 倍的比例交叉在颈前，常见的打法有以下几种：

(1) 平结系法。平结是男士们选用最多的领带打法之一，几乎适用于各种材质的领带。

完成后领结呈斜三角形，适合窄领衬衫。打法如下：第一步，交叉叠放；第二步，将大端绕到小端之后；第三步，将大端在正面从左手边翻到右手边，成环；第四步，把大端翻到领带结之下，并从领口位置翻出；第五步，将大端插入先前形成的环中，系紧，如图 8-1 所示。

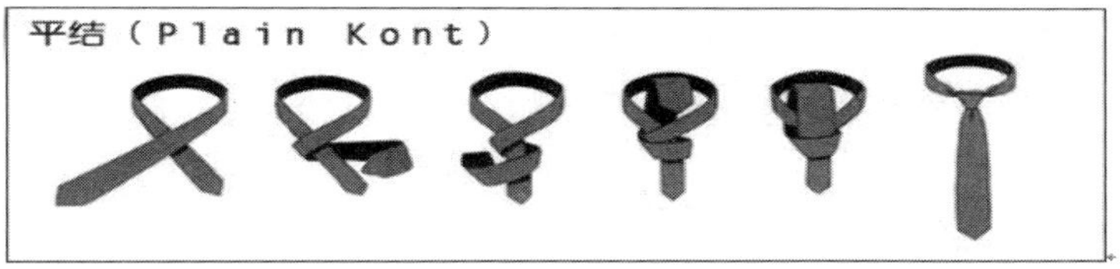

图 8-1

(2) 半温莎结系法。半温莎结系法适合搭配浪漫的尖领及标准式领口系列衬衣，使用细款领带较容易上手，适合不经常打领带的人。打法如下：第一步，将大端向内翻折；第二步，大端从右边翻折出来之后，向上翻折；第三步，大端旋绕小端一圈，拉紧，将大端向左翻折，成环；第四步，由内侧向领口三角形区域翻折，打结，系紧，如图 8-2 所示。

图 8-2

(3) 温莎结系法。温莎结是因温莎公爵而得名的领带结，是最正统的领带打法。打出的结饱满有力，适合搭配宽领衬衫。打法如下：第一步，呈交叉状放好；第二步，大端由内侧向上翻折，从领口三角区域抽出，然后将大端翻向右边，大端绕小端旋转一圈；第三步，大端由内侧向左边翻折；第四步，左边同右边一样，绕小端旋转一圈，整理好骨架，拉紧；第五步，从正面向左翻折，成环；第六步，将大端从中区域内侧翻折出来；第七步，系紧领带结，如图 8-3

所示。

图 8-3

2. 领带的长度

领带系好后，大箭头应紧挨着皮带扣上端，以上下长度不超过 3 cm 为宜。外侧应略长于内侧。

3. 领带的位置

穿西装上衣系好衣扣后，领带应处于西装上衣与内穿的衬衫之间，穿西装背心、羊毛衫、羊毛背心时，领带应处于它们与衬衫之间。

4. 领带的佩饰

领带佩饰包括领带棒、领带夹、领带针、领带别针等，有各种型号，主要功能是固定领带，并不应突出其装饰的功能。打领带时，在一般情况下，没有必要使用任何佩饰。除经常做过大幅度的动作或在领带夹作为企业标志时用领带夹外，其他情况最好不用领带夹。佩戴时应注意，领带夹的位置不能太靠上，以从上往下数衬衫的第四粒和第五粒纽扣之间为宜。西装上衣系好扣子后，领带夹是不应被看见的。

第三节 职业女性服饰规则

在日常生活中礼仪很重要，尤其对于职场女性。得体的着装不仅是个人素质、修养和品位的体现，还表现出自己对生活、工作的热爱，也是单位形象和企业文化的一种外在表现。

一、款式色彩，效果讲究

服饰的美是款式美、质料美和色彩美三者完美统一的体现。职业女性依据自身的特点和职业需求，选择适当的服饰色彩进行合理的搭配，在美化个人形象的同时，可以给他人留下良好的第一印象。

（一）服饰色彩与协调搭配

1. 服饰中的常用颜色及其表现效果

人们用服装来装点自己时，一通过色彩，二通过款式。而色彩是最直观的视觉印象，人们在决定穿着某种颜色和款式的服装之前，已经有了借助这种颜色表达自己心意的意向。应学会正确地使用色彩，让它成为职场女性干练、精致的形象砝码。

红色：很鲜艳，有较强的刺激性，代表喜庆、成功、胜利。

橙色：是一种明快、富丽的色彩，有健康、温馨、幸福的象征意义。

黄色：是一种明亮而醒目的色彩，代表健康向上、天真活泼。

绿色：称为生命色，它代表青春的活力，给人以安全感和稳定感。

蓝色：为安全色，给人以高远、清新、深邃之感，代表宁静、平静、安分守己。

紫色：有人称之为浪漫色，如果能选用得恰当，就会显出高雅。

白色：表现淡雅、圣洁、纯净，不仅适合于夏天穿着，而且也适合于各种肤色的人。

黑色：给人以神秘感，表示高贵、沉着的气质，适合于庄重、严肃的场合。

2. 服饰颜色的搭配方法

服饰颜色搭配得合理、恰当，会给人以整体和谐、舒展的感觉；如果搭配得不恰当，则会使整体美、和谐美受到破坏。从服饰美学的角度讲，服饰色彩搭配与组合有以下几个基本方法。

（1）同一色相配色的服饰搭配。运用同一色相不同明度的色彩进行搭配，让颜色有深浅的梯度，即“由深入浅”或者“由浅入深”。搭配时要注意，过渡和衔接应当自然平稳，避免生硬。同色搭配的方案，是以简洁的配色来营造一种和谐的美感。外套若选深蓝，套裙选中明度蓝色，衬衫则选浅蓝色，这种配色方法叫由深入浅。

（2）邻近色相与类似色相配色的服饰搭配。邻近色相配色是运用在色相环上相邻的颜色进行搭配的一种方法；类似色相配色是在色相环中成45°角的色彩配色，色相差为2，能表达共同的配色印象。邻近色相搭配的原则是丰富多彩让位于柔和协调，使相似的颜色过渡顺畅，不要给人以异军突起的感觉。运用邻近及类似色彩搭配，还应遵守服饰礼仪“三色原则”，这样看上去才比较协调，不显杂乱无章。

（3）对比色相配色的服饰搭配。对比色相配色，是指在色相环中，位于色相环圆心直径两端的色彩或较远位置的色彩组合。每一种颜色都有与之相对应的色彩，譬如红与蓝、黄与蓝、黄与紫、绿与紫、黑与白等，都是常见的对比色。一对对比色之间从实质上讲是由两种互相排斥的色彩组成，但运用得当，对比色之间可以相映生辉，给人以清新、明快、耳目一新的感觉。

（4）色调配色的服饰搭配。选用这样的配色方法之前，先要确定整套服饰的色彩基调是偏冷还是偏暖。服饰基调确定之后，整套服饰的主色就要与基调色彩一致。主色确定后，选择辅色时，要注意辅色与主色的冷暖基调相同。

对于职场女性套裙的基本要求是，应当以冷色调为主，借以体现出着装者的典雅、端庄与稳重。同时，还须与各种“流行色”保持一定的距离，以示自己的传统与持重。

对于上述服饰色彩搭配的方法，在使用过程中可以以此为基础衍生出许多其他搭配色彩的方法，但无论使用哪种方法，都应掌握一个基本原则，就是搭配后的效果，以和谐得体为美。一般来说，黑、白、灰这类无彩色是色彩搭配当中的“安全色”，它们本身内敛不张扬，也易与其他的有彩色搭配，是保守、稳重及专业职场形象的视觉代表。

3. 服色与肤色的协调

服装色彩整体美的重要因素之一，是人体肤色与服装色彩的默契配合。不同的肤色需要搭配与之相匹配的服装色彩，才能让服装整体造型更加生动，视觉更加完美。

例如：黄皮肤可选择色调相对柔和的颜色，能够较好地衬托出皮肤的柔美质感，提亮肤色，而蓝色或浅蓝色色系的服饰最能衬托出皮肤的清透感；健康的小麦色皮肤比较适合黑白这种强烈对比的搭配，能很好地烘托皮肤的健康光泽感与穿着者开朗的性格；黄里带黑的皮肤忌穿纯度低明度不高的灰色系列，因为灰色系列常常使黄里带黑的皮肤显得暗沉。

除上述注意事项外，还应考虑一些特定肤色与服色问题。如果穿着者有皮肤红血丝问题则容易脸红，应避免穿红色系的上衣，上衣的颜色会影射到脸部，从而使脸部红血丝或潮红现象更加明显；若穿着者皮肤有色斑，要避免穿戴有斑点图案或与色斑颜色过于相近的上衣或丝巾，这样同样会加重或明显化色斑的视觉感。

（二）女士礼服职业正装

第一，女士礼服。

常礼服：通常由质料、颜色相同的上衣和裙子搭配而成；可佩戴手套和帽子。

小礼服：通常是指长至脚面而不拖地的露背式单色连衣裙。在西方国家比较推崇小礼服。

大礼服：是西方女装级别最高的礼服，为袒露胸背的单色拖地或不拖地的连衣裙；应佩戴颜色相同的帽子和长纱手套以及各种饰物。

旗袍：旗袍有各种不同的款式和花色。紧扣的高领、贴身、衣长过膝、两旁开衩、斜式开襟是旗袍的特点。在礼仪场合穿着的旗袍，其开衩不宜太高，应到膝关节上方一到两寸为最佳。着旗袍可配高跟鞋或半高跟皮鞋，或配穿高级面料、制作考究的布鞋。

第二，女士职业正装。

现代社会，中国女性在公务、商务生活中的女装有三种选择：连衣裙、职业套裙、职业套装。

基于场合的严肃性，职业女性可选择以常服西装搭配西裤的职业套装，展现中性、干练的职场形象；若考虑到女性的特点抑或塑造亲民的温和形象，可选择职业套裙，这是女性在职场中最常用的服饰，既保守稳重又不失端庄。

1. 套裙的选择

面料上选择同质同色面料，可以给人浑然一体、朴素自然、高雅脱俗的感觉。色彩上以冷色为主，也可以是暖色或上下深浅不同。图案上选择纯色、格子、大小圆点等朴素简洁的图案，点缀宜少宜精，裙长及膝、过膝或膝上 3 cm 左右较为合适，如图 8-4 所示。

图 8-4

2. 套裙的穿法

首先，套裙要大小适度，过大或过小都不宜贸然穿着；其次，穿着要到位，注意检查纽扣和拉锁是否敞开；此外，还要协调妆饰并兼顾举止。着套裙应有全局意识，考虑套裙与化妆、佩饰风格统一，并注意举止文雅，否则会毁掉女性自身的端庄之美。

3. 套裙的搭配

在套裙的搭配上，因其涉及的服饰配件较丰富，这里主要考虑衬衫和内衣的穿戴礼仪。

（1）衬衫：面料上，要轻薄、柔软，如真丝、麻纱、府绸、涤棉均可；色彩上，以单色为最佳，要与套裙的色彩般配，不能排斥；图案上，以无图案为佳，若有图案，可选择简洁的条纹、方格、圆点、碎花或暗花；设计上，不必过于复杂，领型等细节上也不宜太新奇夸张。那些样式极其精美、新奇、夸张的衬衫，其实仅适合于单穿。

从穿着方式上讲：一是，衬衫的下摆必须掖入裙腰之内，不得任其放置于外，或是将其在腰间打结；二是，除最上端一粒纽扣按惯例允许不系外，衬衫的纽扣要一一系好；三是，衬衫在公共场合不宜直接外穿。按照礼貌，不可在外人面前脱下上衣，直接以衬衫面对对方。

（2）内衣：穿着大翻领（低领）套裙上衣时，可用衬衫配套，也可用吊带背心配套。不穿内衣，或内衣在穿着时外露或外透都是不符合礼仪规范的。

二、鞋袜搭配，职业需求

职场女性着装中有条不成文的规定，女性出席正式场合着裙装时应配备丝袜与高跟鞋，并且鞋、袜、裙三者之间的色彩要协调。不论是鞋子还是袜子，其图案与装饰均不宜过多，无图案与装饰的鞋袜是职场的首选。鞋袜在与套裙搭配穿着时，其款式有一定的规则。

（一）鞋子的选择

鞋子颜色为黑色或与套裙色彩一致，宜为高跟、半高跟的船式皮鞋。依据出席场合不同选择不同的鞋跟高度，一般职场的鞋跟可控制在 3 ～ 5 cm，除了行走稳健方便，这个高度还会使女性小腿的弧度柔美自然。此外，职业女性若能很好地驾驭高跟鞋，她们可以选择自己适合的高度，这里的适合指不影响正常的行走与工作，不会因长时间穿着让自己脚步有严重的负担。

（二）袜子的选择

丝袜的颜色以肉色为宜，显示端庄。尤其是长度在膝关节上下的裙装，应着连裤袜。但带有镂空、网眼或印有时尚图案等设计感的长筒丝袜不应选择，会给人以肤浅不稳重之感。

（三）鞋袜的穿着注意事项

女士着职业装穿鞋袜时要注意以下几点：

其一，鞋袜应当相宜。职业女性在长时间的工作中，非常需要一双舒服的好鞋相伴。当脚部不再受到不当的压迫、束缚时，那份从容与自信就会自然而然散发出来。

其二，保持鞋袜无损。养成定期检查鞋袜的好习惯，若发现鞋子开线、裂缝、掉漆、破残，袜子如果有洞、跳丝，均应立即更换，不要打了补丁再穿。

其三，鞋袜不可当众脱下。为了放松，当众脱鞋或脱袜的做法，都是极其有失身份的。

其四，袜子不可随意乱穿。不允许同时穿两双袜子，也不能将打底裤穿在丝袜里面保暖。

其五，袜口不可暴露于外。袜口，即袜子的上端。将其暴露在外，是一种公认的既缺乏服饰品位又失礼的表现。

三、职业女性，六忌四避

商务交往中穿着打扮绝对不是个人私事，是个人形象、企业形象、地方形象，甚至在国际交往中是民族形象、国家形象。所以，职业女性的着装是有规矩的，概括地说有六忌四避原则：

（一）六个忌讳

（1）忌过分杂乱。比如，西装上衣配半身长裙，或上面穿套裙，下面光脚穿一双凉鞋。

（2）忌过分鲜艳。上班提供的是工作和服务，而不是吸引异性的注意力，所以不能打扮得花枝招展。

(3) 忌过分暴露。通常情况下，有两个重要部位不能过分暴露，首先不能过分暴露胸部，其次不能过分暴露肩部，不能穿无袖装。

(4) 忌过分透视。在工作场合不能穿得过分透视，否则容易被人认为很轻浮。

(5) 忌过分短小。女士在职场中不要穿露脐装或超短裙，而且内衣外衣要协调，如果出现一弯腰内裤高于外裤的情况，会非常不雅观。

(6) 忌过分紧身。现在流行的紧身装，不适合在正式公司的办公场合穿。让内衣、内裤的轮廓在外显露，是既不文雅也不庄重的。

(二) 四个避免

(1) 避免过于休闲。职业女性在办公室里工作时，要展示的是与工作能力挂钩的专业职场形象。很多时尚休闲服装虽然平时看起来非常出色，但是并不一定适合在上班时穿着。

(2) 避免过于性感。过分性感的服装绝不能出现在办公室中，这会惹出不必要的麻烦，而可能失去升职的机会。一般来说，职业女性的裙长至少应盖住大腿的2/3，不内衣外观，不选择领口开口过深过大的服饰，简约得体的职业装会带给他人大方稳重的感觉，提升女性在职场的整体形象。

(3) 避免过于臃肿。穿着臃肿会给人笨重之感，也会给人留下不够干练，不够利落的印象。

(4) 避免过于男性化。过于男性化会显得十分沉闷，缺少亲和力，给人以距离感。

第四节 常用饰品佩戴

配饰在整个服装的搭配中能起到画龙点睛的作用，但是如果这个“睛”点得不好，反而会起到反作用。下面详细介绍配饰的使用方法。

一、饰品佩戴，合“情”合“礼”

首饰在佩戴的过程中要遵循以下四点原则：

(一) 以少为佳

佩戴饰品时，在数量上以少为佳。必要时，可以一件也不佩戴。若同时佩戴多种饰品，则要求在总量上不超过三种。除耳环、手镯外，最好同类饰品的佩戴不超过一件。以免给人过分炫耀、庸俗浅薄的感觉。

(二) 质地统一

一套服装若要搭配一条精致的项链、耳环及手链时，切记材质一定要统一，若三者材质各不相同，那么佩戴者就似一颗挂满了礼物的圣诞树，起不到画龙点睛的作用，反而显得俗气。

(三) 符合规范

首先，戴首饰时要懂得寓意，避免尴尬。例如戒指戴在无名指上表示的是结婚，戴在小拇指上则代表独身。其次，佩戴饰品时，要尽力与服装协调。例如，猫眼石、钻石不要与珍珠首饰同时佩戴，会显得过分夸耀。同时要注意，如果已经佩戴了胸花，就不宜再佩戴耳环等突出女性魅力的饰品。

（四）符合身份

佩戴饰品时，要令其符合身份。选戴饰品时，不仅要照顾个人爱好，更应当使之符合自己的身份，要与性别、年龄、职业、工作环境保持一致。

二、常用饰品，各有规范

佩戴首饰的目的在于点缀服饰，同时又能掩饰身体的局部缺陷。首饰的佩戴有一套规矩，它是一种沉默的语言，既向他人暗示了某种含义，又显示了佩戴者的嗜好与修养。

（一）头部佩饰

1. 帽子

帽子的戴法要合乎规范，该戴正的不要戴歪，该偏后的不要偏前。在庄重场合，如参加重要集会，奏国歌、升国旗时，除军人行注目礼外，其他人应该脱帽。进入室内时，男子要脱下帽子；女子则可看情况，如果帽子是服饰整体的一部分，按照约定俗成的礼仪习惯，也可不脱。

2. 耳环

佩戴耳环时，一般讲究成对使用，并且要注意与脸型、服装、场合、发型等相协调。例如，圆形脸的女性宜佩戴水滴形、叶形的长耳环及有坠耳环，瓜子脸适合佩戴各种造型的耳环。同时，耳环的佩戴还要同整体服饰协调一致，服装色调鲜艳的，选配的耳环应色泽淡雅或同色调，以映衬服装的色彩。如果身穿暖色调的米黄或浅棕色衣服，宜佩戴黄色、象牙白的耳环；身穿冷色调如蓝、白、灰等服装，宜戴银、白金耳环。

在工作场合，不要佩戴奢华、光泽感较强烈、样式烦琐的耳环，可以选择小巧含蓄的贴耳式耳饰，以便展示出敬业的职业形象。

（二）颈部佩饰

1. 项链

项链是女性常用的饰品之一，它既可装饰人的颈项、胸部，使女性更具魅力和性感，又能使佩戴者的服饰更显富丽。

选配项链，首先要考虑的是自己的经济实力；然后就是自己的体型、脸型、脖子的长度以及衣服的颜色等。例如，年轻女性宜佩戴细型、雅致的项链，可显得秀美和文静；成熟的女性宜佩戴有一定量感的传统设计的项链，如翡翠链、绿松石项链，可使之显得年轻而庄重；脖子长的人不宜戴过长的项链；脖子短的人宜戴颗粒小而长的项链；圆脸又矮小的女性，最好戴细长而有坠子的项链。

在正式、隆重场合，当女士身着礼服时，宜选择金银、钻石的项链，可以增添华贵高雅的气质；休闲或旅游场合，宜选择仿金、贝壳、陶质等项链，可更显轻松活泼；上班时应选择一条体积不大的金或银项链，以免给人以招摇的感觉。此外，男性的项链应以大方得体为宜，不要过于花哨繁杂，否则会显得俗气。

2. 围巾

围巾指围在脖子上保暖、保护衣领或用作装饰的针织品或纺织品，其装饰作用越来越突出。

从外观上看，有长巾、方巾、三角巾和领围之分。女性偏爱轻柔飘逸的丝织围巾，可以根据场合、服装和当天的化妆、发型来选配丝巾的色泽和款式。丝巾的扎法各种各样，如蝴蝶结，显得婉约典雅；披肩式，体现轻松自然，俏丽或有动态轻快的感觉。

（三）手部佩饰

1. 手表

在社交场合，佩戴手表，通常意味着时间观念强、作风严谨。人们所戴的手表往往体现其地位、身份和财富状况。

在正式场合所戴的手表，造型上应当庄重、保守，避免怪异、新潮，一般选择圆形、椭圆形、正方形、长方形手表；手表上最好不要出现其他没有任何作用的图案；手表的功能要少而精，并要有实用价值。正式场合所用的手表，其计时功能应当精确到分，若能精确到秒则更好；成年人在较正式的场合不应佩戴失效表、劣质表、卡通表及世界表。

2. 戒指

戒指是爱情的信物、富贵的象征、吉祥的标志，西方许多国家都把它视为希望、快乐和同心的象征。戒指选戴的讲究很多，主要应注意以下几个方面：

其一，戒指要与指形相配。如女性修长型手指宜佩戴造型较为饱满的单粒宝石或粗线款式，如方戒、橄榄戒及钻戒；丰满型手指宜选择圆形、梨形和心形的戒指。

其二，戴戒指还应注意约定俗成的习惯。戒指的佩戴也是表达着一种无声的语言，暗示着佩戴者的婚姻和择偶状况。一般来说，将戒指戴在食指上表示无偶或正在求婚；戴在中指上表示已有意中人并正在热恋中；戴在无名指上表示已婚；戴在小指上则表明奉行独身主义；大拇指一般是不戴戒指的。因此，在人际交往中的男女要讲究戒指的戴法，以免造成误会。

（四）其他佩饰

1. 配包

公文包，被称为政界、商界男士的“移动式办公桌”。男士所选择的公文包，面料以真皮为宜，色彩以深色、单色为好，色彩应与皮鞋的色彩一致。通常黑色、棕色的公文包，是最正统的选择。最标准的公文包是手提式的长方形公文包。箱式、夹式、挎式、背式等其他类型的皮包，均不可充当公文包。

女士配包的款式有手提式、肩背式等。参加社交活动，如宴会、舞会时，以小巧精致的皮配包或工艺配包为好。正式场合，不要背大配包入场，这与气氛不协调。经常参加社交活动的女士，可以多备几个不同款式、颜色、质地的配包，根据穿着的服饰搭配不同的配包，以达到整体的和谐与完美。

2. 胸针

胸针，即别在胸前的饰物，多为女士所用。如果使用得当，它们可以增加亲切感或者“必要的锋芒”。穿西装时，胸针应别在左侧领上。穿无领上衣时，则应别在左侧胸前。

第五节 仪容修饰规范

仪容，通常指的是一个人的容貌。它受两大因素影响：先天条件及后天修饰维护。严格来说，仪容指的是按社会审美观念进行修饰后符合礼仪规范的容貌。

一、男士仪容，修饰有方

（一）发型大方、整洁

在日常生活中，观察一个人的外表首先是从头部开始，因为头发是每个人身上的制高点，也是被人第一眼注视的地方。因此，头发在人的仪容中就显得尤为重要。职场男士的头发必须经常保持健康、秀美、干净、清爽、卫生、整齐的状态。

1. 长短适中

职场男士发型的基本要求应符合："前不掩眉，侧不遮耳，后不触领"的形象要求。不过要注意的一点是，头发长度也不能为零。

2. 发型大方

职场男士在为自己选定发型时，应不过眉目、不掩耳、不过耳垂、不藏衣领里、不染色、不扎呇、不光头、不另类。

3. 勤于梳洗

要定期清洗和梳理头发，以保持自然光泽，洁净整齐，避免产生异味、头屑，或肩、背出现落发。

（二）面容干净

认真做好面部的修饰工作，这不仅是工作需要，也是对他人的一种尊重和礼仪。

（1）眉部：如果眉形有缺陷，可进行必要的修饰，但是不提倡进行"一成不变"的文眉，更不应剃去所有眉毛，刻意标新立异。

（2）眼部：要做到保持眼部的洁净，注意及时除去眼角的分泌物，不能有眼屎。平时注意保持充足的睡眠，补充眼部营养，坚持眼部护理，防止出现黑眼圈或红血丝。

（3）鼻部：上班之前，勿忘检查一下鼻毛是否长出鼻孔之外，如有应及时进行修剪。切勿当众以手去擤鼻涕、挖鼻孔、乱弹或乱抹鼻垢，更不要用力将其吸入腹中，这样既不卫生又让人觉得恶心。

（4）口部：公关人员在上岗位前或重要活动之前忌食蒜、葱、韭菜等刺激性气味的食物，发现自己口腔有异味，要及时用淡盐水漱口或嚼口香糖等方式去除。要注意及时去除牙齿上的异物，以保持牙齿清洁。

（5）嘴唇：平时要多注意嘴唇的修饰与维护，不要让嘴角起泡、嘴唇干裂、爆皮等现象出现。男士若无特殊宗教信仰和民族习惯，最好不要蓄须，并应经常及时地剃去胡须。

（6）耳部：耳朵干净，耳朵的凹槽里也不应该有积垢。如果耳孔周围长有浓密的耳毛，应及时对耳毛进行修剪，不然会很不美观。

二、女士淡妆，应知技巧

化妆，是一种通过对美容用品的使用，来修饰自己的仪容，美化自我形象的行为。对一般人来讲，化妆的最实际的目的是，对自己的容貌上的某些缺陷加以弥补，扬长避短，使自己更加美丽，更为光彩照人。干练整洁的服饰，自然优雅的妆容，都能为自己的形象加分。

（一）化妆的原则

“化妆是使人放弃自卑，与憔悴无缘的一味最好的良药。它可以让人们表现得更加自爱，更加光彩夺目。”对职场女性来说，化妆是出于礼仪，是出于对自己对他人的礼节与尊重，是工作需要。因此，应该遵守相关的礼仪规范。化妆原则总结归纳起来大致有以下几点：

（1）淡雅：淡妆上岗是职业妆容重要的标准。工作中的淡妆，以工作内容为前提，以修整、统一、和谐为准则，追求自然、突出自然，切忌把职业妆当作再造一副面孔，完全改变自我。

（2）简洁：职业妆一定要简单明了。一般情况下，化妆的重点是嘴唇、面颊、眼部。

（3）适度：职业妆应该适合本职工作的实际需要，要切记化妆的程度要适当。要根据具体工作岗位性质，来决定自己是否需要化妆和应该如何化妆。

（4）协调：化妆要考虑到自己的职业和身份特点，注意与发型、服装、饰物、场合气氛相协调，化妆部位应色彩搭配合理，浓淡适宜。

（5）庄重：职业妆一定要以庄重为标准，才能体现出其职业岗位正式性、严肃性。

（二）化妆的方法

通常情况下，化妆遵循以下流程：洁面—化妆水—面霜—眼霜—粉底—定妆粉—画眉—眼影—眼线—腮红—口红—检查效果。在化妆过程中，掌握化妆的程序和正确的方法非常重要。下面以女士职业妆为例，重点介绍几个比较容易出现错误的化妆步骤。

（1）眉毛的修饰：标准眉形，即较为理想的眉毛，眉头在鼻翼与内眼角的延长线上；眉峰位于鼻翼与眼珠正中的延长线上，约在眉毛的2/3处；眉尾在鼻翼（或嘴角）与外眼角的延长线上；眉头与眉尾两者须在同一水平线上，如图8-5所示。

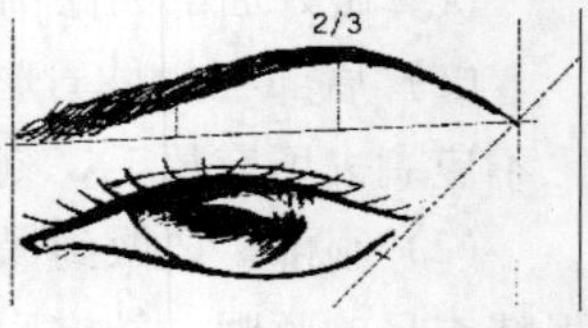

图 8-5

切记：眉头是整条眉毛最淡的地方，绝不可以用眉笔直接去画。

（2）打粉底：打粉底又叫敷底粉或打底色，目的是调整皮肤颜色，使其看上去均匀、透明、光滑、有光泽、健康滋润。较白皮肤适合用杏色；较黄皮肤适合用淡紫色；较黑皮肤适合用淡蓝色；较红皮肤适合用淡绿色。

上粉底可用海绵推动或用手拍打，提倡大家尽量学会用手拍打来上粉底的方法，因为手上的体温有助于尽快地将粉底涂均匀，而且自然美观。上粉底时，先从额头开始，然后鼻梁、眼周、双颊、下巴及嘴唇四周，别忘了颈项处也要上粉底。粉底涂好时，要用散粉或蜜粉定妆，以吸去多余的油分，并使妆容自然、持久。

（3）施眼影：使用眼影能使眼睛充满活力，使眼睛色彩显得更加活泼、生动。眼影的作用能够改变眼睛的形状、大小甚至深度。亚洲人为蒙古利亚人种，眼部不似西方人深邃，上睑皮下组织中脂肪和眶隔脂肪多，整个眼形显得臃肿，不凹陷。所以不适合选择珠光质感的眼影，会增加眼睛的肿胀突出感，建议职场女性选择亚光大地色系的眼影为宜。

（4）画眼线：其目的是让眼睛看起来更明亮、更有神采。一般画眼线的方法是：画上眼线时，闭上眼睛，紧贴睫毛根部从内眼角朝外眼角方向画，眼尾部分要往上拉，且要略超出眼睛轮廓，如此一来，眼睛轮廓会更加明显，可以从眼尾往眼中部分画回来，我们暂且给它定义为外眼线。张开眼睛，用眼线笔将睁开眼睛之后的“白边”（即睫毛长出来的地方）补齐，称之为内眼线。没有化妆基础的初学者不会画下眼线时，可以用眼影捎带晕染一下下眼睑，而后用睫毛膏将下睫毛进行修饰，这种方式的妆面有减龄的效果，也使得整个妆面清透干净。

（5）涂腮红：涂腮红目的一是修饰脸部的肤色，让人感到健康、充满活力；二是可以借助修饰脸型，抹颧骨下，显脸短；抹颧骨上，显脸长；抹颧骨里，显脸窄；抹颧骨外，显脸宽。

（6）上唇膏：唇膏可以增加唇部的血色感。职场女性在选用唇膏时，一般宜选用接近嘴唇的颜色，既真实又鲜明，增加活力和美感。

正确涂唇膏的方法是：微微张开双唇，用唇线笔描好唇线，描出理想的唇形；先描上嘴唇，再描下嘴唇。要强调的是唇线的颜色一般要与口红的颜色相同。

（三）化妆的禁忌

化妆的禁忌是指职场女性在进行个人化妆时，要避免出现的一些错误做法，主要包括以下几个方面。

（1）勿当众化妆。当众化妆尤其是在工作岗位上当众化妆是很不庄重的，既不尊重自己，也不尊重别人。如果需要化妆，可以到工作间或者休息室进行。

（2）勿在异性面前化妆。在异性面前化妆，会让人有搔首弄姿的感觉。

（3）勿在工作岗位上化妆。当班之时化妆，只会显得自己三心二意，让人觉得不务正业。

（4）勿使化妆妨碍于人。化妆的时候，一定要考虑他人的方便，不可自顾自地化妆。

（5）勿使妆面离奇出众。化妆的原则是修饰，并不是标新立异。

（6）勿使用他人化妆品。化妆品属于私人的用品，一定要坚持单独使用，这既是卫生的需要，也是个人肤色的需要。

（7）勿评论他人的化妆。不应在工作岗位上，介绍自己化妆的心得，同时打探对方所使用的化妆品的品牌、价格、化妆的具体方法。每个人的审美观点都不一样，不应在公共场合肆意评论他人的化妆，这是不懂礼节的表现，有失形象。

此外，还要注意化妆的技法不要出错，并且在用餐、饮水、休息、出汗等情况之后，及时为自己补妆。要是妆面出现深浅不一，残缺不全，必然会给他人留下不好的印象。

演礼训练

（一）训练内容

1．领带系打方法：（1）简易结；（2）温莎结。

2．女士职业淡妆：打粉底；修饰眉毛、眼线；施眼影；涂腮红；上唇膏。

（二）训练目的

1．学会操作系打领带的方法。

2．学会化职业淡妆的程序及方法。

3. 打造礼仪形象，增强社交自信。

（三）训练模式

1. 课外自我训练。
2. 课堂代表汇报。

（四）训练评价

1. 学生之间互相帮助练习，互相评议不足之处。
2. 老师点评代表操作情况。

思考应用

1. 着装应遵循哪些原则？如果你出席正式或半正式活动，如何打扮自己的仪表、仪容（要求详细讲解）？

2. 实践操作：每位男生练习一种打领带的方法，领带结要求美观、帅气，领带长度控制恰好到皮带扣上沿。每位女生练习化一个职业淡妆，要求先熟悉程序，然后学会技巧。

3. 服装美与个性。

列夫·托尔斯泰《安娜·卡列尼娜》有这样一段情节：在安娜和渥伦斯基相识的舞会上，安娜穿着全黑的天鹅长裙，长裙上镶威尼斯花边，闪亮的边饰把黑色点缀得既美丽安详，又神秘幽深，这同安娜那张富有个性的脸庞十分相称，当安娜出现在舞会的门口，吸引了在场所有人的视线，吉蒂看到安娜的装束后，也强烈地感受到安娜比自己美。安娜的黑色长裙在轻淡柔曼的裙海中显得高贵典雅，与众不同，也与安娜藐视世俗的个性融为一体。

又如：一位性格活泼的姑娘，身穿裘皮大衣在路边与他人手舞足蹈地高声谈笑，让人看了很不舒服，尽管裘皮大衣高雅华贵，但与姑娘的性格极不相称，给人一种“张扬、毛躁”的感觉。

思考：服装美的最高境界是外在美和内在美的统一，你对这个问题是怎样理解的？

4. 案例分析。

从古至今，女人与装扮之间似乎是可以画上等号的。在大英博物馆里，珍藏着一个妇女用的化妆盒，化妆盒里有象牙梳、火山石、用来盛化妆品的小罐、润肤膏等，经考证，这个属于1400年前古埃及的女性。清李笠翁《闲情偶寄》中＜修容＞卷开篇即说：“妇人惟仙姿国色，无俟修容，稍去天工者，即不能免于人力矣。”“仙姿国色”者毕竟是屈指可数，大多数女人恐怕都要借化妆这种“外力”来实现自己对美的追求了。爱美之心人皆有之，俗话说“三分人才，七分打扮”。有人认为，装扮自己既可使自己美丽，也是一种对别人的尊重。但也有人反对这种违背本色，靠化妆品展现出来“假我”的做法。

讨论：(1) 女人该不该化妆？ (2) 真正的美应当是“清水出芙蓉，天然去雕饰”，还是“淡妆浓抹总相宜”呢？

礼仪热点

☆ 着装要考虑场合

某地一家效益很好的大型企业的总经理叶某，经过多方努力和上级有关部门的牵线搭桥终于使外地一家著名的家电企业董事长同意与自己的企业合作。谈判时为了给对方留下精明强干，时尚新潮的好印象，叶某上身穿了一件T恤衫，下身穿一条牛仔裤，脚穿一双旅游鞋。当他精神抖擞、兴高采烈地带着秘书出现在对方面前时，对方瞪着不解的眼睛上下打量了他一会儿，非常不满意。这次合作没能成功。

☆ 让人尴尬的破袜子

2007年1月28日，世界银行行长保罗•沃尔福威茨在土耳其进行为期两天的官方访问。对于土耳其与世界银行的紧密关系，沃尔福威茨表示自己感到很骄傲。当天，他前往埃迪尔市一所寺庙参观，令人意料不到的是沃尔福威茨脱鞋后居然被媒体拍到他穿着有破洞的袜子，两只大脚趾赫然可见。沃尔福威茨的“大意”顿时令他的形象大打折扣。

第九章

电话空间礼仪

学习目标

通过本章学习，应该达到以下目标：

知识目标：掌握接打电话礼仪规范与要领，掌握与人交往的四大空间距离规范。

能力目标：能礼貌规范地接、打电话及正确规范地使用移动电话；能根据不同场合、情境、交往对象，把握好合适、得体的空间距离。

素质目标：运用电话、空间礼仪要领，建立良好的电话社交形象。

核心概念

电话形象　　打电话　　接电话　　移动电话　　空间距离　　影响因素

第一节　电话礼仪

有一位科学家曾经说："一个不会正确地利用电话的人，很难说他是一个符合现代社会需要的人。至少，他算不上是一个具有现代意识的人。"随着现代通信业的发展和个人生活水平的提高，电话早已成为现代人重要的、不可缺少的交际工具之一。但较好地利用电话，并不是每一个人都能做得到的。较好地利用电话，不只需要熟练地掌握使用电话的技巧，更重要的是要自觉维护自己的电话形象。

一、树立形象，十分重要

"电话形象"，是电话礼仪的主旨所在。它的含意是：人们在使用电话时的种种表现，会使通话对象"如见其人"，能够给通话对方以及其他在场之人，留下完整的、深刻的印象。

一个人的"电话形象"，主要是由他使用电话时的语言、声调、内容、表情、态度、时间感等几方面构成。它被视为每个人的个人形象的重要部分之一，它能够真实地体现出个人的素质、待人接物的态度以及通话者所在单位的整体水平。

有这么一个真实的故事（见图 9-1），图中主人为打电话，特意提前 10 min 换上西装，并做好打电话的一切准备工作。主人为什么这样打电话？揭示了什么道理？打电话，对方虽看不到你的面孔，但你打电话的着装、姿态左右了你说话的态度、表情，对方通过你传出的声音、表情完全可以解读你的综合素质。显然，图中的主人之所以这样做，是让自己完全进入角色状态，充分尊重对方，反映了主人的人格教养，体现了主人所在组织的形象。

①夫妻二人躺在床上　②晚上 9:50，丈夫起床　③接着，丈夫换上西装

④晚上 10:00，开始打电话　⑤晚上 10:05，打完电话换上睡衣　⑥接着，上床睡觉

图　9-1

某著名企业家说："不管是在公司，还是在家里，凭这个人打电话的方式，就可以基本上判断出其教养的水准。我每天除了收到好多预约讲演的信件，还接到很多邀请讲演的电话，我凭着对方电话里的讲话方式，就能判断其教养如何，凭对方在电话里的第一句话，就可以基本决定我去还是不去。"

正是因为电话形象在现代社会中无处不在，而公关交往又与电话"难解难分"，因此凡是重视维护自身形象的单位，无不对电话的使用给予了高度的关注。

二、接打电话，讲究礼数

（一）电话的一般礼仪

1. 礼貌问候

用语是否礼貌，是对通话对象尊重与否的直接体现，也是个人修养高低的直观表露。要做到用语礼貌，就应当在通话过程的始终较多地使用敬语、谦语。通话开始时的问候和通话结束时的道别，是必不可缺的礼貌用语。

通话人开口的第一句话事关自己留给对方的第一印象，因此要慎重对待。一句"您好"可以让对方备感自然和亲切，而一张嘴就"喂喂"个不停，或者询问对方"有人吗"，甚至"单刀直入"地盘问"你找谁""你是谁""什么事啊"等，都是极不礼貌的开场白。

通话过程中，通话人应当根据具体情况适时选择运用"谢谢""请""对不起"一类礼貌用语；通话结束时须说"再见，"若通话一方得到了某种帮助，则应不忘致谢。通话结束可主动征求对方意见，询问"就谈到这里，好吗？"等对方说完放下话筒，再挂电话。

2. 心情愉悦

打电话时我们要保持良好的心情，这样即使对方看不见你，也会被你欢快的语调感染，给对方留下极佳的印象，由于面部表情会影响声音的变化，所以即使在电话中，也要抱着"对方看着我"的心态去应对。

说话时要面带微笑，微笑的声音可以通过电话传递给对方一种温馨愉悦之感。

3. 内容简洁

电话内容要言简意赅，把需要陈述的内容用最简洁明了的语言表达出来，给人留下一个精明干练的形象。通话忌吞吞吐吐，含糊不清、东拉西扯。正确的做法是：问候完毕，即开门见山，直奔主题，不讲空话、废话。

语言表达尽量简洁明白，吐字要清晰，不要对着话筒发出咳嗽声或吐痰声。措辞和语法都要切合身份，不可太随便，也不可太生硬。称呼对方时要加头衔，无论男女，都不可直呼其名，即使对方要求如此称呼，也不可过分无礼。切不可用轻浮的言语。

4. 声音清晰

接打电话，双方的声音是一个重要的社交因素。双方因不能见面，就凭声音进行判断，个人的声音不仅代表自己的独特形象，也代表了组织的形象，所以打电话时，必须重视声音的效果。一般要尽可能说标准的普通话，因为普通话易于沟通，且富有表现力。其次，要让声音听起来充满表现力，声音要亲切自然。使对方感受到自己是个精神饱满、全神贯注、认真敬业的人，而不是萎靡不振、灰心丧气的人。再次，说话时面带微笑，微笑的声音富有感染力，且可以通过电话传递给对方，使对方有一种温馨愉悦之感。

打电话时，要口对话筒，通话时声音不宜太大，让对方听得清楚就可以，否则对方会感觉不舒服，而且也会影响到办公室里其他人的工作。当然声音也不可过小，让人听不清楚。注意讲话语速不宜过快。

声音要充满表现力，不要无精打采。声音质量包括：高低音、节奏、音量、语调、抑扬顿挫等方面。语调就像画图，会直接影响客户的反应。在某种意义上，声音是人的第二外貌。一个词语的发音音调的细微区别所造成的影响远远超过了我们的想象，在通电话的最初几秒钟内能“阅读”到用户声音中的许多内容。

5. 及时接听

现代工作人员业务繁忙，桌上往往会有两三部电话，听到电话铃声，应准确迅速地拿起听筒，最好在三声之内接听。电话铃声响一声大约 3 s，若长时间无人接电话，或让对方久等是很不礼貌的，对方在等待时心里会十分急躁，从而给他留下不好的印象。即便电话离自己很远，听到电话铃声后，附近没有其他人，我们也应该用最快的速度拿起听筒，这样的态度是每个人都应该拥有的，这样的习惯是每个办公室工作人员都应该养成的。如果电话铃响了五声才拿起话筒，应该先向对方道歉，若电话响了许久，接起电话只是“喂”了一声，对方会十分不满，会给对方留下恶劣的印象。

6. 做好记录

上班时间打来的电话几乎都与工作有关，公司的每个电话都十分重要，不可敷衍，即使对方要找的人不在，切忌只说“不在”就把电话挂了。通话时要用心听，最好边听边做笔记。在电话中交谈时应特别注意集中注意力，思想不可开小差。切不可边打电话边和身边的人交谈，这是很不礼貌的。不得不暂时中断通话时，应向对方说：“对不起，请稍等一会儿。”

7. 挂电话前的礼貌

要结束电话交谈时，一般应当由打电话的一方提出，然后彼此客气地道别，说一声“再见”，再挂电话，不可只管自己讲完就挂断电话。

（二）拨打电话的礼仪

要打一个成功的电话，首先要求内容合理简练，这不只是礼仪上的规范，而且也是控制通话长度的必要前提。

1. 事先准备充分

打电话应该是有明确的目的，不能无故随便拨号，这不仅是因为打电话要付费，更主要是体现对他人的尊重，因为打电话毕竟打扰了对方，占用别人的时间。

打电话时要有良好的精神状态，站立或坐着打电话都行，但不要躺着或歪靠在沙发上，那势必发出懒散的声音；除非在极为特殊的情况下，也不要在气喘吁吁时打电话，更不能边吃东西边打电话，这些行为是不尊重对方，缺乏礼仪的表现。

拿起话筒前，应酝酿通话后该说什么，思路要清晰，简明扼要表达。尤其给上司、尊者、陌生人打电话，更应该有备而谈。如果要谈的内容很多，应征询对方是否有空，或以商量的口吻另约时间。

2. 选择时间

打电话应当选择适当的时间。按照惯例，通话的时间原则有二：一是双方预先约定通话时间，二是对方便利的时间。

一般说来，若是谈公事，尽量在受话人上班 10 min 以后或下班 10 min 以前拨打，这时对方可以比较从容地应答，不会有匆忙之感。除有要事必须立即通话外，不要在他人休息时间之内打电话。例如，每日早晨 7 点之前，晚上 10 点之后以及午休时间等。在用餐时拨打电话，也不合适。

拨打公务电话，尽量要公事公办，不要有闲言碎语。也不能在他人的私人时间，尤其是节假日时间里，去麻烦对方。另外，要有意识地避开对方通话的高峰时段、业务繁忙时段、生理厌倦时段，这样通话效果会更好。

3. 控制长度

在一般通话情况下，每一次通话的具体长度应有意识地加以控制，基本的原则是：以短为佳，宁短勿长、长话短说。千万不能如决堤之水，无话找话、滔滔不绝。

在电话礼仪里，有一条“三分钟原则”。在打电话时，打出电话的人应当自觉地、有意识地将每次通话的长度，限定在 3 min 之内，尽量不要超过这一限定。

4. 体谅对方

在通话开始后，除了自觉控制通话长度外，必要时还应注意接电话人的反应。比如，可以在通话开始之时，先询问一下对方，现在通话是否方便。倘若不便，可约另外的时间再通话。

倘若通话时间较长，如超过 3 min 亦应先征求一下对方意见，并在结束时略表歉意。

5. 注意礼貌

在通话时，发话人不仅不能使用不文明的语言，而且还须铭记，有三句话非讲不可，它们被称为“电话基本文明用语”。它们所指的是：

其一，在通话之初，道一声："您好！"然后方可再言其他。

其二，在问候对方后，接下来须自报家门，以便对方明确来者何人。

其三，通话结束前，主动说声"再见"，再挂电话。要是少了这句礼貌用语，就会使终止通话显得有些突兀，并使自己有礼始而无礼终。

打出电话的人在通话时，除语言要"达标"外，在态度方面也不可草率。对于接电话的人，即使是对下级，也不要厉声呵斥，态度粗暴无理；即使是对领导，也不要低三下四，阿谀奉承。

碰上要找的人不在，需要接听电话之人代找或代为转告、留言时，态度同样要文明有礼，甚至要更加客气。

通话时电话忽然中断，依礼节需由打出电话的人立即再拨，并说明通话中断由线路故障所致。万万不可不了了之，或等对方打来电话。

（三）接听电话的礼仪

根据礼仪规范，接听电话时，由于具体情况有所不同，需要分为程序要求、语调要求、持机稍候要求和代接电话要求等四个方面：

1. 接听及时

接听电话是否及时，实质上反映着一个人待人接物的真实态度。

一般要求在铃响三声内接，最好响第二声后提起电话筒。如果在响第一声就接，显得仓促，精神上准备不够，影响话音质量，还会令对方没反应过来而大吃一惊。若是在响五、六声后接，一般要向对方说明迟接的原因并致歉。

在日常生活和工作中，正常情况下，不允许不接听他人打来的电话。尤其是之前约好的电话，因为这关乎诚信问题。

2. 应对谦和

接电话时，应努力使自己的所作所为合乎礼仪。特别要注意下列四点：

其一，拿起话筒后，即应自报家门，"你好，这里是……"。不论是家中还是公司里，自报家门和发话问好，一是出于礼貌，二是说明有人正在认真接听。

其二，在通话时，即使有急事，也要力求聚精会神地接听电话。不允许三心二意，心不在焉，或是把话筒置于一旁，任其自言自语。在通话过程中，对发话人的态度应当谦恭友好，当对方身份较低或有求于己时，更应表现得不卑不亢。

其三，当通话终止时，不要忘记道声"再见"。即使对方忽视了说"再见"的礼节，你也不能以无礼还无礼。当通话因故暂时中断后，要等候对方再拨进来，既不要离开，也不要为此而责怪对方。

3. 主次分明

接听电话时，不要与人交谈，不要看文件、看电视、听广播、吃东西。千万不要对打出电话的人表示对方的电话"来得不是时候"，万一在会晤重要客人或举行会议期间有人打来电话，而且此刻的确不宜与其深谈，可向其简要说明原因，表示歉意，并再约一个具体时间。届时再由自己主动打电话过去。

4. 语调要求

用清晰而愉快的语调接电话，能显示出说话人的职业风度及可亲的性格。

语调要平稳，不可时高时低，更不能时而悲泣难抑时而狂笑不止，这都是一个人不懂得自控自制的表现。

要是在通话时想打喷嚏或咳嗽，应偏过头，掩住话筒，并说声“对不起”。

5. 持机稍候要求

原则上，谁先来电话谁优先。如恰好又有电话打进来，不得不请先来者“持机稍候”时，应先征询对方意见：“您能持机稍候一会儿吗？”或“您可以持机稍候吗？”说完要等一下，待得到对方的肯定答复后再离开。到再次拿起话筒时，还要先表示一番谢意。

需请对方等候多久，不能含糊其词，更不能弄虚作假。一定要诚实，在不确定的情况下，不要说：“我马上就回来。”可以说：“请等我接完那个电话马上再来。”若不能在短时间内找齐对方所需要的资料，最好不要让他久等，应另约时间回话。

6. 代接电话要求

在日常生活里，经常有必要为家里人、公司同事及领导代接、代转电话，可以说这已是个普遍性、经常性的活动，所以代接代转电话时，尤其需要注意保持礼貌、尊重隐私、记忆准确、传达及时和注意方式五个方面的问题。

其一，乐于助人。同事、家人之间，方便时应互相代接电话，养成乐于助人的习惯。

其二，尊重隐私。在代接电话时，千万不要热心过度，无聊纠缠。

当别人通话时，要根据实际情况，或是埋头做自己的事，或是自觉走开，千万不可故意侧耳“旁听”，更不要主动插嘴。

其三，记录转达。对要求转达的具体内容，应认真做好笔录。一般记录他人电话时，应包括通话者单位、姓名、联系方式、通话时间、通话要点、是否要求回电话、回电话时间等等几项基本内容。在对方讲完之后，还应把要点简要重复一下，以验证自己的记录是否足够准确，以免误事。

不到万不得已时，不要把代人转达的内容，再托第二人代为转告。这样一是可能使转答内容大变样，二是难保不会耽误时间。

第二节 手机礼仪

手机是商业活动中最便捷的通信工具，手机和座机一样，也有一些事项应该特别注意。商界人士在日常交往中使用手机时，应遵守如下几个方面的礼仪规范：

（一）放置到位

手机使用者，应将其放置在适当之处。在正式的场合，切不可有意识地将其展示于人。道理其实很简单，手机只是通信工具，而绝对不能看作可以炫耀的装饰品。

按照惯例，外出时随身携带手机的最佳位置：一是公文包里，二是上衣口袋之内。穿套装、套裙时，切勿将其挂在衣内的腰带上，否则取用时，即使不使自己与身旁之人“赤诚相见”，也会因此举而惊吓对方。

（二）遵守公德

使用手机，当然是为了方便自己。不过，这种方便是不能够建立在他人的不便之上的。换而言之，公关人员在有必要使用手机时，一定要讲究社会公德，切勿使自己的行为骚扰到其他人。

在公共场所活动时，公关人员尽量不要使用手机。当其处于待机状态时，应调为静音或转为振动。需要与他人通话时，应寻找无人之处，而切勿当众自说自话。公共场所是公有共享之处，在那里最得体的做法，是人人都自觉地保持肃静。显而易见，在公共场所里手机狂叫不止，或是在那里与他人进行当众的通话，都是侵犯他人权利、不讲社会公德的表现。在参加宴会、舞会、音乐会，前往法院、图书馆，或是参观各类展览时，尤须切记此点。

在工作岗位上，也应注意不使自己手机的使用有碍于工作、有碍于别人。在工作学习场合，不要让手机发出声音。尤其是在开会、会客、上课、谈判、签约以及出席重要的仪式、活动时，必须要自觉地提前采取措施，将手机调至静音。在必要时，可暂时关机，或者委托他人代为保管。这样做，表明自己一心不可二用，因而也是对有关交往对象的一种尊重和对有关活动的一种重视。

（三）保证畅通

使用手机，主要的目的是保证自己与外界的联络畅通无阻，公关人员对于此点不仅必须重视，而且还需要为此采取一切行之有效的措施。

告诉交往对象自己的手机号码时，务必力求准确无误。如果是口头相告，应重复一两次，以便对方进行验证。若改动自己的手机号码，应及时通报给重要的交往对象，免得双方的联系中断。有必要时，除手机号码外，不妨同时再告诉自己的交往对象其他几种联系方式，以有备无患。

如果未能及时接到他人的电话，也应事后及时与对方联络。不及时回复他人电话，都会被视作失礼行为。

万一因故暂时不方便使用手机时，应用短信留言，说明具体原因，告之来电者自己的其他联系方式。有时，还可采用转移呼叫的方式与外界保持联系。

（四）重视私密

通信自由是受到法律保护的。在通信自由之中，私密性，即通信属于个人私事和个人秘密，是其重要内容之一。使用手机时，对此亦应予以重视。

一般而言，手机号码不宜随便告之于人。即便在名片上，也不宜包含此项内容。因此，不应当随便打探他人的手机号码，更不应当不负责任地将别人的手机号码转告他人，或是对外界广而告之。

出于自我保护和防止他人盗机、盗码等多方面的考虑，通常不宜随意将本人的手机借与他人使用，或是前往不正规的维修点对其进行检修。考虑到相同的原因，随意借用别人的手机也是不适当的。

（五）注意安全

使用手机时，对于有关的安全事项绝对不可马虎大意。在任何时候，都不可在使用时有碍自己或他人的安全。

按照常规，在驾驶车辆时，不宜使用手机通话，这样既严重违反交通规则，也极有可能导致交通事故。

乘坐客机时，必须自觉地关闭本人随身携带的手机。因为它们所发出的电子信号，会干扰飞机的导航系统。

在加油站或是医院里停留期间，也不准接打手机。否则，有可能酿成火灾，或影响医疗仪器设备的正常使用。此外，在标有文字或图示禁用手机的地方，均须遵守规定。

第三节 空间礼仪

在社交场合中，每一个人都有既适合环境，也适合自己的“小世界”、“小领空”，这一“小领空”是人类自发表现出地对领域的占有欲和安全感。如果他人越界，而进入属于某人在一定条件下的空间范围时，他就会出现局促不安、反抗等反应。

例如：在某个宽敞而又空闲的阅览室里，一个人正独自坐在一张大桌子前，此时若有另外一个人坐于他的身旁，而且越靠越近，会立即引起这个人的“觉醒”或“心神不定”，或表现得反感，向另一旁挪动。这是为什么呢？

某心理学家的研究结论便是很好的答案：人都具有一个把自己圈住的心理上的个体空间，它就像一个无形的“气泡”一样为自己“割据”了一定的“领土”，一旦这个“气泡”被人侵犯，就会感到不舒服、不安全，甚至恼怒。这个答案可以使我们明白，人体周围都有一个属于他个人的空间，犹如他个人身体的延伸，人际的交往只有在这个空间允许的限度内才会显得自然。否则一旦冲破这个界限，就会使交往双方或某一方做出本能的反应，或手脚不自然的动作增多，眨眼的次数增加；或挺直身体，展开双肘呈保护姿势；或干脆退而避之，给进一步的交往带来困难。

俗话说，距离产生美。人际交往中，保护自己的人际空间，尊重保护他人的人际空间，从而维护自己和他人的尊严、人格，是公关礼仪的重点内容之一。

一、常见空间，各有定数

在尊卑之间、职级之间、客我之间、亲疏之间等，应体现出合适的空间距离。这个合适的空间距离，又可称为空间场，所谓空间场是指每个人对周围空间大小的需求程度。

某知名专家划分了四种区域或称距离，每种距离分别与双方的关系相称。

1. 亲密距离

亲密距离是人际交往中的最小间隔，即通常所说的“亲密无间”，有近位与远位之分。

近位距离为 0 ～ 15 cm。彼此可能肌肤相触，耳鬓厮磨，以至相互能感受到对方的体温、气味和气息，如拥抱、接吻等。

远位距离为 15 ～ 46 cm。表现为挽臂执手，促膝谈心等。这一距离有非常特定的场景和对象，一般属于私下情境，说悄悄话，或在贴心朋友、夫妻和情人之间。

在社交场合，大庭广众面前或一般的异性之间是绝对禁止闯入亲密空间的，否则不仅不雅观，还会因为不行“礼”而引起另一方的反感甚至冲突。如果在特殊环境下，迫不得已闯入了对方亲密空间，必须注意三点：

其一，双方的眼睛不要对望，避免难堪尴尬。

其二，双方都应调整自己身体的敏感部位。

其三，双方的嘴不能触及对方身体。

在此前提下可以“顺其自然”。

2. 私人距离

私人距离在人际间隔上稍有分寸感，表现为较少的直接身体接触，有近位与远位之分。

近位距离为 46 ～ 76 cm。在这一距离内，稍一伸手就可触及对方，正好能相互亲切握手，友好交谈，一般酒会社交场合比较常见。

远位距离为 76 ～ 122 cm。在这一距离内，已有一臂之隔，还有可能相互触及。这一距离通常为人们在交往场合所接受，它有较大的开放性，任何朋友和熟人都可以自由地进入这个空间。

3. 社交距离

社交距离已超出了亲密或熟悉的人际关系，而是体现出一种社交性的或礼节性的较正式关系，有近位与远位之分。

近位距离为 1.22 ～ 2.13 m，一般出现在工作环境和社交聚会上的交往。

远位距离为 2.13 ～ 6.1 m，往往表现为更加正式交往的关系。一些有较高身份和地位的人往往通过一个 2 m 以上宽度的办公桌来与下属交谈，显示出距离与威严，这一距离大都是考虑到交往的正式性和庄重性。也用于企业或国家领导人之间的谈判，求职应聘现场、教授与学生间的论文答辩等，以增加一种庄重的气氛。

4. 公众距离

在这个空间中，人际间的直接沟通大大减少了，有近位与远位之分。

近位距离在 6 m 之外。通常是小型活动讲话者与听众之间的距离，或教师讲课与学生听课之间的距离。

远位距离在 8 m 之外 。这是一个几乎能容纳一切人的“门户开放”的空间。人们完全可以对处于这个空间内的其他人“视而不见”，不予交往，因为相互间未必发生一定联系。在这个空间的交往，大多是大型会议活动及当众演讲。这一距离在增强权威感的同时，可增强安全感。

二、具体空间，具体分析

以上四种交往距离、范围的划定，为公关人员寻求最为适合特定场景和对象的交往空间提供了大模式，但这一距离范围并不是“铁板”一块，不同的人所需的个体空间的范围有所不同，同一个人在不同心理状态下所需的个体空间也会有所变化。因此，交往空间仍有较大的伸缩性和可交往性。影响它的主要因素有 ：

1. 不同文化背景或民族差异的影响

实践研究表明，地中海国家的人交往时允许有较多的身体接触，相互靠得较近 ；而北欧国家的人则相互离得较远，很少有肌肤相触。同是欧洲国家，法国人与英国人交谈时，法国人总是保持较接近的距离，甚至会将呼吸喷到对方脸上，而英国人会感到很不习惯，步步退让，维持适合于自己的空间范围。同是美洲国家，对北美人来说，最适宜的交谈距离是一臂长，而南美人交谈则喜欢近一些。北美人为了避免文化差异造成的个体空间不协调，常常就以桌椅作为隔开的屏障，而南美人甚至会不由自主地跨过这些屏障，以便达到他感到舒服的交谈距离。东西方文化的差异对交往距离的影响就更大一些。

2. 社会地位和年龄差异的影响

地位尊贵的人物需要更大的个体空间，一般是有意识地与下属和人群保持适当距离，更不能容忍这些人紧靠着他说话，乃至抚肩拍背或气息喷到脸上。同样，年龄差异较大的人之间交往距离的人为缩小产生的感觉，较之同龄人之间会淡化一些，比如抚摸儿童的头和脸，而在成年的同龄人之间就是一种不敬的表示，会显得粗俗无礼。

3. 性格差异的影响

性格开朗，喜欢交往的人更乐意接近别人，个体空间相对较小。而性格内向，孤僻自守的人不愿主动接近别人，宁愿把自己孤立地封闭起来，当然对靠近他的人也就十分敏感，他们的个体空间一旦受到侵占，最容易产生不舒服感和焦虑感。具有主动性格的人，容易无意识地单方侵入对方的个体空间，而客观上给对方造成威迫的压力，在正式的社交场合，易为对方看不起。很多公关人员往往就是通过就座的空间位置来判断公众的性格和心理。

4. 性别差异的影响

一般来说，女性相聚比男性相会站得近。女性同男性对空间位置的安排也不同：女性往往靠在她喜欢的人旁边，而男性则选择在他喜欢的人对面坐着。女性最反感陌生人坐在自己旁边，男性最不喜欢陌生人占据自己对面的位置。而且，男性会把坐在对面的“闯入者”视为竞争的威胁，女性则把坐在身旁的“闯入者”视为有意识的侵犯。

5. 情绪状态和交往场景差异的影响

人在心情愉快舒畅时，个体空间就会缩小，允许别人靠得很近；而若在闷闷不乐时，个体空间便会非理性地扩张，甚至连亲密朋友也可能被拒之于外。在拥挤的社交场合，如舞会、聚会等，人们无法考虑满足自己的个体空间的需要，而较易容忍别人靠得很近，但会设法避免视线或呼吸的接触。当面对面时，眼睛会很自然地注意对方的头顶或空间的某个位置。然而，若在较为空旷的社交场合，人的个体空间就会自然扩大，当别人毫无理由地侵入时，便会引起怀疑和不自然感觉。

总之，交往空间从社会到个人都存在一定的差异，并会对交往距离产生不同程度的影响，所以公关人员应学会在实践中摸索总结出既能适合对方，又能适合场景、适合自己的交往空间的三维标准。只有这样，才能应酬于各种社交场合，在人际交往中达到沟通与行“礼”的最高统一。

思考应用

1. 请相互合作演礼，电话邀请某一领导参加某一活动，要求简明扼要，彬彬有礼。

2. 案例分析：顾客李小姐新买的某品牌的手机出现了故障。可她忘记了该手机的维修电话，于是只得拨打了销售电话。公司一位小姐接了电话，她是这么说的：“怎么打到这里了，这里是销售不管服务。”李小姐稍做解释后，公司小姐不耐烦地说：“你等着我帮你看一下维修的电话。”谁知这一等就是好几分钟，期间断断续续地从电话那头传来接电话小姐与同事谈话聊天的声音，但是就是没有人再来接听李小姐的电话。

讨论：李小姐对这个品牌的手机还会有好的印象与评价吗？为什么？谈谈此案例对你的启发。

3．案例分析：某杂技团计划于下月赴国外演出，该团团长刘明就此事向市文化局作请示，于是他拨通了文化局局长办公室的电话。

可是电话响了足足有半分多钟时间，不见有人接听。刘明正纳闷着，突然电话那端传来一个不耐烦的女高音：“什么事啊？”

刘明一愣，以为自己拨错了电话：“请问是文化局吗？”

“废话，你不知道自己往哪儿打的电话啊？”

“哦，您好，我是市歌舞团的，请问王局长在吗？”

“你是谁啊？”对方没好气地盘问。

刘明心里直犯嘀咕：“我叫刘明，是杂技团的团长。”

“刘明？你跟我们局长什么关系？”

“关系？”刘明更是丈二和尚摸不着头脑。

“我和王局长没有私人关系，我只想请示一下我们团出国演出的事。”

“出国演出？王局长不在，你改天再来电话吧。”没等刘明再说什么，对方就“啪”地挂断了电话。

刘明感觉像是被人戏弄了一番，拿着电话半天没回过神来。

讨论：文化局的那位女同志在接听电话时存在哪些严重错误？为什么会对国家公务员的形象造成伤害？

4．实践应用：某公司准备邀请当地知名的张教授到公司进行一个学术性的演讲，办公室小刘负责演讲会场的布置，请您帮助小刘考虑，如何运用空间礼仪的知识放置演讲台？

礼仪热点

☆ 高个子学生该如何与老师拉距离

教师办公室，伴随着一声“报告”，正埋首在学生作业中的李老师抬起头来，班上的王新同学敲门而入，径直走到李老师面前：“李老师，我要向你报告一件事……”，高个儿的王新站在李老师面前，李老师不得不抬起头仰望着王新，这样脖子会仰得很酸，加之靠得很近，于是李老师站起来，拉着王新到办公室一侧的沙发坐下，请王新慢慢讲，如此坐下与老师交谈既放松，又尊重师长。

☆ 尴尬的彩铃声

“华商报”曾刊登这样一则新闻，设另类彩铃“开涮”父亲：儿子几个月以前曾使用父亲的手机，搞了一个另类的彩铃。当父亲再使用这个手机时，却闹出了笑话。所有打父亲电话的人都听到了婴儿啼哭的彩铃声。

第十章

仪态礼仪

学习目标

通过本章学习，应该达到以下目标：

知识目标：了解态势语的功能作用，掌握仪态举止礼仪规范及其内涵。

能力目标：能够准确表达肢体语言所传递的思想和感情的信息，能够洞察并解读他人肢体语言。

素质目标：具有举止端庄得体的气质形象，做到举手投足间均能展示彬彬有礼的个人素养。

核心概念

态势语　功能　仪态举止　礼仪规范

仪态，又称“态势语”或“肢体语言”，是指公关人员在公关过程中身体呈现的各种姿势及风度，它是指站、坐、行、蹲、手势及表情等。是公关人员在生活和实践及处在不同形态的历史文化氛围中逐渐形成的行为举止的综合。

第一节　态势语的功能

体态语言学大师伯德惠斯戴尔的研究成果表明，在两人沟通过程中，有65%的信息是通过体态语言表达的。体态的信息负载量远远大于有声语言，且常常比有声语言更真实。它们能够表达有声语言所不能表达的情感，比有声语言更简洁生动。

一、使用简便快捷

肢体语言的使用简便快捷，灵活自由。只要人们与人交往、说话，都会有意或无意地运用肢体语言来传情达意，交流信息。有时肢体语言甚至先于有声语言在语言表达接受者的心中形成第一视觉形象，直接影响有声语言的表达效果；有时候在不说话的情况下，单纯运用肢体语言，也能传达一定的信息。在人类的交流活动中，没有只运用有声语言而不运用肢体语言的，它总是与有声语言配合默契，协调一致，相辅相成，相得益彰。

二、表达形象直观

有声语言直接与人的听觉器官相关，不具有视觉的形象可感性，而肢体语言则不同，它以灵活多变的表情、动作、体姿来表情达意，交流信息，直接诉诸人的视觉器官，具有形象直观的特点。如形容物体的大小，可用手势来表达；对某事物表示赞成或反对，可采用点头或摇头的方式等，就具有鲜明的形象直观性。

三、双向交流协调

肢体语言不仅要与有声语言协调配合，交谈双方也要协调配合，这样双向交流时才能达到交谈的目的。美国著名人类学家霍尔曾指出这种人类交际的常见现象：一个人倾听别人说话时，总会望着对方的脸，尤其是他的眼睛；为了表示注意，听话者会轻轻地点头，或者说“嗯”、是的，如果哪句话他深表赞同，点头就点得很深；如果感到怀疑，他就会扬起或皱起眉头来，或者嘴角向下拉；要是不想再听下去，就会将身子挪一挪，把腿伸一伸，或者移开视线，不再注视说话人等。

第二节　仪态举止规范

一、站有站功，挺拔舒展

站姿是人类的静态造型，是人身体直立时的一种姿势，是人体其他造型的基础和起点。优美的站姿是人体形态美的起点，是动态美的基础。站姿反映着公关人员的修养、教育程度、性格、身体状况和人生经历，公关人员规范的站姿是指公关人员在自然站立时所采取的正确姿势，是公关人员仪态礼仪中的基本功。正确的站姿能够帮助呼吸并改善血液循环，减轻身体疲劳，同时会给人以挺拔笔直、舒展俊美、庄重大方、精力充沛、信心十足、积极向上的美好印象。

公关人员在工作中应注意自己的仪态，它不但是自我尊重和尊重他人的表现，也能反映出一位公关人员的工作态度和责任感。如果站姿不够标准，其他姿势便根本谈不上优美。所以站姿礼仪至关重要。

（一）女士站姿

1. 女士的基本站姿

女士站立时就像一条直线一样，整个身体向内收敛，要缩小在空间的占有位置。

女士基本站姿具体要求如下：

① 双脚并拢，脚踝并拢，双脚尖在同一平面上。

② 小腿肌肉由外向内收，绷紧并拢，膝盖并拢，大腿肌肉绷紧并拢。

③ 收腹，收胃，立腰，紧臀，提臀。

④ 双肩平正，自然下沉。

⑤ 头正，颈直，目光平视前方，在平视的基础上，上仰 15°，微收下颌，面带微笑。

⑥ 双手分别放置体侧，自然下垂。

女士的基本站姿如图 10-1 所示。

图　10-1

女士站姿有很多种变化，有脚部变化和手部变化。

2. 女士站姿手部变化

① 腹式。在基本站姿的基础上，双手四指叠放交握，垂放于体前，放置脐以下部位，如图 10-2 所示。

腹式站姿一般用于较为正式的场合，如参加企业的重要庆典、聆听贵宾的讲话、商务谈判后的合影等。

② 自然式。在基本站姿的基础上，左手握住右手手腕或右手握住左手手腕，垂放于体前，如图 10-3 所示。

自然式一般用于服务行业的工作人员。也可用于公关社交场合。

3. 女士站姿脚部的变化

① V 字步。在基本站姿的基础上，双脚呈 V 字形，身体重心落在两脚中间，如图 10-4 所示。

② 丁字步。左脚向前半步，右脚以脚尖为轴转动，使左右脚呈一个角度。或右脚向前半步，左脚以脚尖为轴转动，使左右脚呈一个角度，如图 10-5 所示。

图 10-2

图 10-3

图 10-4

图 10-5

（二）男士站姿

1. 男士的基本站姿

男士站立时，就像汉字中的“型”字，整个身体向外扩，扩大在空间的占有位置。

男士基本站姿具体要求如下：

① 脚后跟并拢，双脚尖呈 60°。

② 小腿肌肉由外向内收，绷紧并拢，膝盖并拢，大腿肌肉由外向内收，绷紧并拢。

③ 收腹，收胃，立腰，紧臀，提臀。

④ 双肩平正，自然下沉。

⑤ 头正，颈直，目光平视前方，在平视的基础上，上仰 15°，微收下颌，面带微笑。

⑥ 双手分别放置体侧，自然下垂。

男士的基本站姿如图 10-6 所示。

图 10-6

2. 男士站姿手部变化

① 腹式。在基本站姿的基础上，右手扣住左手的手背，放置腹前，如图 10-7 所示。

腹式站姿一般用于较为正式的场合，如参加企业的重要庆典、聆听贵宾的讲话、商务谈判后的合影等。

② 体后握手式。在基本站姿的基础上，右手握住左手手腕，放置体后尾骨处，如图 10-8 所示。

③ 自然式。在基本站姿的基础上，左手握住右手手腕或右手握住左手手腕，垂放于体前，如图 10-9 所示。

自然式一般用于服务行业的工作人员。

3. 男士站姿脚部的变化

① V 字步。在基本站姿的基础上，双脚呈 V 字形，身体重心落在两脚中间。一般用于较为正式的场合，如参加企业的重要庆典、聆听贵宾的讲话、商务谈判后的合影等。

② 平行步。在基本站姿的基础上，双脚平等放置，与肩同宽或略肩窄，身体重心落在两脚中间，如图 10-10 所示。一般用于较为正式的场合，如参加企业的重要庆典、聆听贵宾的讲话、商务谈判后的合影等。

图 10-7

图 10-8

图 10-9

图 10-10

（三）站姿禁忌

公关人员努力使用规范站姿的同时，还应当有意识地避免不规范的站姿。

不良的站姿是公关人员在工作岗位上违反仪态礼仪规范要求而不应出现的站立姿势。公关人员不雅的站姿，是缺乏敬意的，会在无意之中使本人与企业的形象受损。

公关人员站姿的禁忌主要有如下几种：

① 身躯歪斜。表现为公关人员在站立时，身体重心不正，如头歪、肩斜、身偏、脚曲，或是膝部不直，看上去东倒西歪，直接破坏了人体的线条美，给人随随便便、萎靡不振，自由放纵的感觉。

② 弯腰驼背。它是公关人员身躯歪斜时的一种特殊现象，除去腰部弯曲，背部弓起之外，大都还会同时伴有颈部弯缩、胸部凹陷、腹部挺出、臀部撅起等一些其他不良体态。显得公关人员缺乏锻炼、身体不佳、无精打采，往往对公关人员个人形象损害更大。

③ 趴伏倚靠。公关人员在工作岗位上站立时，随随便便地趴在一个地方，伏在某处左顾右盼，或倚靠墙壁、货架而立，或靠在桌柜边上，或者前趴后靠，都是不允许的，给人一种自由散漫，疲劳偷懒的感觉。

④ 双腿大叉。女公关人员站立时膝盖一定要并拢，中国有句老话："女子站坐不开膝"女士站坐膝盖打开是缺教养的表现。

⑤ 脚位不当。公关人员在工作岗位上站立时，双脚的具体位置是有一定之规的。在正常情况下，双脚在站立时呈现 V 字式、丁字式、正步式等脚位，通常都是允许的。但是，采用八字式，蹬踏式等脚位，则是不允许的。所谓"八"字式脚位，即为"内八字"，指站立时双脚尖靠在一起，而脚后跟却大幅度分开。蹬踏式，是指站立时为图舒服，让一只脚站在地面，另一只脚蹬在桌面上、踢在墙上、蹬在窗台上、跨在桌面上，这种脚位看上很不美观。

⑥ 手位不当。公关人员站立时的手位如果不当，也会破坏站姿的整体效果。如双手插兜、叉腰，双手抱于胸前或脑后，双肘支于某处，都会给人一种无礼，瞧不起他人的感觉。

⑦ 半坐半立。在工作岗位上，公关人员必须严守自己的岗位规范，而绝对不允许擅自采取半坐半立之姿，这种姿势会让人觉得有些过分的随便。

二、坐有坐相，端庄文雅

坐姿，即坐的姿势，是公关人员在就座以后身体所呈现出的一种姿势，它是一种静态姿势。坐姿的风度是"坐如钟"，要如钟一样稳定、端正，以表现公关人员的文雅自如，安详舒适，进而体现对他人的恭敬和尊重。优雅的坐姿给人一种威严美，端庄美的感觉。

（一）入座规范

入座，又叫就座或落座，它指的是人们坐到座位上去的行动。公关人员在其入座时要做到以下几点要求。

① 注意顺序。当你与他人一起入座，要讲究先后顺序，礼让尊长，不能抢先就座。

② 讲究方位。正式场合通常应从左侧一方走向自己的座位，从左侧一方离开自己的座位。

③ 落座无声。走到座位前，转身后轻稳地坐下。入座时，应不慌不忙，悄无声息；调整坐姿，也不宜出声，这样能体现出你的修养。正式场合一般从椅子的左边入座，离座时也要从椅子左边离开，这是一种礼貌。如果椅子位置不合适，需要挪动椅子的位置时应当先把椅子移至欲就座处，然后入座。而坐在椅子上移动位置，是有违社交礼仪的。

④ 向周围的人致意。就座时，如果附近坐着熟人，应该主动打招呼。即使不认识，也应该先点点头。在公共场合，要想坐在别人身旁，还必须征得对方的允许。还要将动作放轻，不要使椅子乱响。

1. 女士入座的规范要领

女士入座尤要娴雅、文静、柔美，入座前站在椅子左侧，女士入座分为四步：

① 左脚向椅子前横跨一步，女士入座膝盖不能打开。

② 右脚紧跟左脚上前，呈丁字步状。

③ 若穿裙子则应将裙子后片向前拢一下，以显得端庄娴雅，再轻轻入座，坐在椅子 2/3 处。

④ 调整坐姿。

女士入座步骤如图 10-11 所示。

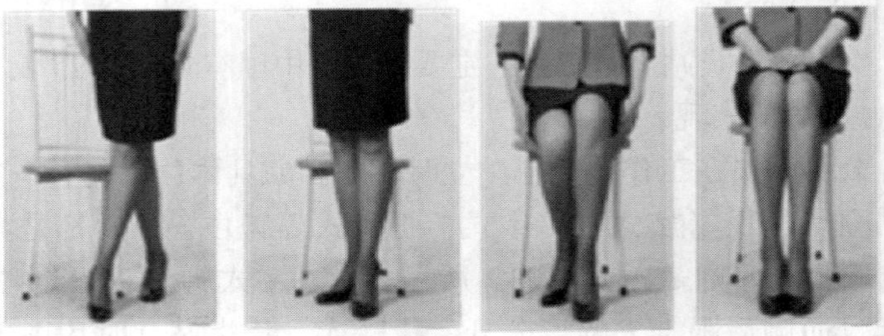

图 10-11

2. 男士入座的规范要领

男士入座前站在椅子左侧，入座分为四步：

① 右脚向椅子前横跨一步，左脚紧跟右脚上前。

② 右脚向后退半步。

③ 轻轻入座，坐在椅子 2/3 处。

④ 调整坐姿。

男士入座步骤如图 10-12 所示。

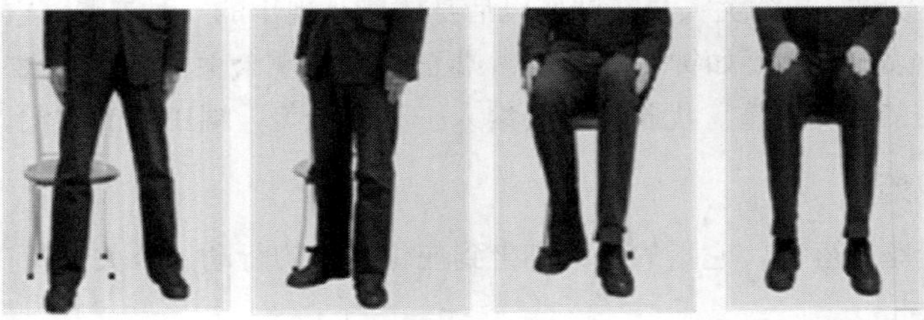

图 10-12

（二）规范坐姿

坐，作为一种举止，有着美与丑、优雅与粗俗之分。正确规范的礼仪坐姿要求端庄而优美，给人以文雅、稳重、自然大方的美感。

1. 女士规范坐姿的基本要领

① 双脚并拢，脚踝并拢，双脚尖在同一平面上。

② 小腿肌肉由外向内并拢，膝盖并拢，大腿肌肉由外向内并拢。

③ 收腹，收胃，立腰。

④ 双肩平正，自然下沉。

⑤ 头正，颈直，目光平视前方，在平视的基础上，上仰 15°，微收下颌，面带微笑。

⑥ 双手叠放放置大腿中部。

⑦ 上身微微向前倾 15°，双腿微微向前延伸 15°，视觉上产生延伸的效果，会使小腿修长，腿部线条优美。

女士规范坐姿如图 10-13 所示。

2. 男士规范坐姿的基本要领

① 双脚打开，平行放置，与肩同宽或略比肩窄。

② 收腹，收胃，立腰。

③ 双肩平正，自然下沉。

④ 头正，颈直，目光平视前方，在平视的基础上，上仰 15°，微收下颌，面带微笑。

⑤ 双手分别放上膝盖上。

⑥ 上身微微向前 15°，双腿微微向前延伸 15°，视觉上产生延伸的效果，会使小腿修长。

男士规范坐姿如图 10-14 所示。

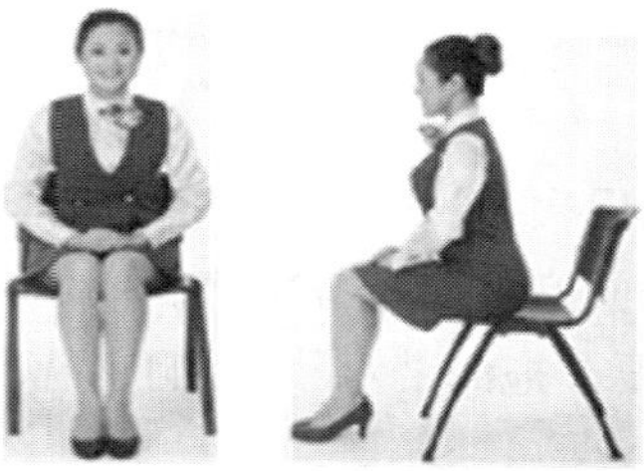

图 10-13

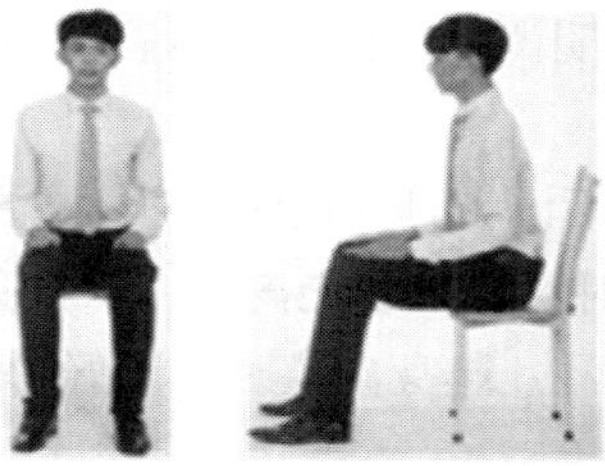

图 10-14

（三）坐姿的变化

坐姿的变化，主要是以公关人员的肢位为依据和标准，男女坐姿的差异也主要表现在其膝盖与脚位的不同。

1. 女士坐姿的变化

① 屈直式坐姿。在规范坐姿的基础上，即大腿与膝盖靠紧，一脚伸向前，另一脚屈回，两脚前脚掌着地并在一条直线上。这是女性公关人员非常优雅的一种坐姿，在坐稍低矮的椅子时尤为适用，适合一般场合。

② 前伸式坐姿。在规范坐姿的基础上，即双腿与双脚并在一起，向前伸出一脚左右的距离，按方向共有三种：正前伸式，左前伸式和右前伸式；按脚位的不同又分为三种：双脚完全并拢式，小丁字步式和踝部交叉式，脚尖不可以跷起。这种坐姿适合各种场合，以女性公关人员为主。

③ 后点式坐姿。在规范坐姿的基础上，双腿和膝盖并紧，两小腿向后屈回，脚尖着地，按方向共有三种：正后点式、左后点式和右后点式；按脚位的不同又可分为三种：两脚完全并拢式，小丁字步式和踝部交叉式，脚尖不可跷起。这种坐姿适合各种场合，以女性公关人员为主。

④ 重叠式坐姿。掌握要领可以充分展示这种姿势的风采和魅力。两人并坐时，哪一边坐人，就跷哪一侧的腿，即把大腿的外侧朝向另一方；两脚的脚尖尽量指向同一个方向；跷起来的脚尖要用力朝向下方，不可以指向他人，更不能让对方看到鞋底，否则是对他人最大的不敬。

2. 男士坐姿的变化

男士坐姿一般采用两种，一是规范的坐姿，二是重叠式坐姿。

① 规范坐姿。双脚打开，平行放置，与肩同宽或略比肩窄，收腹，收胃，立腰，双肩平正，自然下沉，头正，颈直，目光平视前方，在平视的基础上，上仰 15°，微收下颌，面带微笑，双手分别放在膝盖上，上身微微向前倾 15°，双腿微微向前延伸 15°，视觉上产生延伸的效果，

会使小腿显得修长。

② 重叠式坐姿。重叠式坐姿即通常说的“二郎腿”，它通常被认为是一种不严肃、不庄重的坐姿，但生活中这种坐姿常常出现，只要掌握要领就可以充分展示这种姿势的风采和魅力。两人并坐时，哪一边坐人，就跷哪一侧的腿，即把大腿的外侧朝向另一方；两脚的脚尖尽量指向同一个方向；跷起来的脚尖要用力朝向下方，不可以指向他人，更不能让对方看到鞋底，否则是对他人最大的不敬。

（四）离座规范

在离座时，要注意以下四点：

① 事先说明。离开座椅子时，身边如果有人在座，应该用语言或动作向对方先示意，随后再站起身来。

② 注意先后。和别人同时离座，要注意起身的先后次序。地位低于对方的，应该稍后离座。地位高于对方时，可以首先离座。双方身份相似时，可以同时起身离座。

③ 起身缓慢。起身离座时，最好动作轻缓，不要“拖泥带水”，弄响座椅，或将椅垫、椅罩掉在地上。

④ 从左离开。起身后，站好再走，应该从左侧离座。

1. 女士离座的规范要领

女士离座尤要娴雅、文静、柔美，女士离座分为四步：

① 右脚向后退一步，呈左小丁字步起身。

② 右脚向椅子左侧横跨一步。

③ 左脚后退一步。

④ 右脚紧跟左脚，以基本站姿站立。

女士离座规范要领如图 10-15 所示。

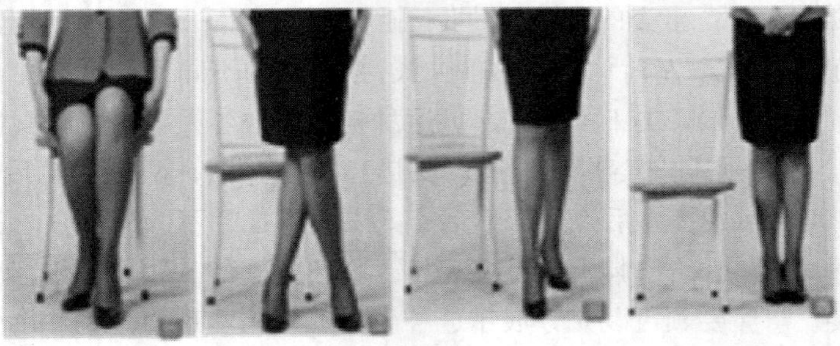

图 10-15

2. 男士离座的规范要领

男士离座分为四步：

① 右脚向后退一步起身。

② 左脚向椅子左侧横跨一步。

③ 右脚后退一步。

④ 左脚紧跟右脚，以基本站姿站立。

男士离座规范要领如图 10-16 所示。

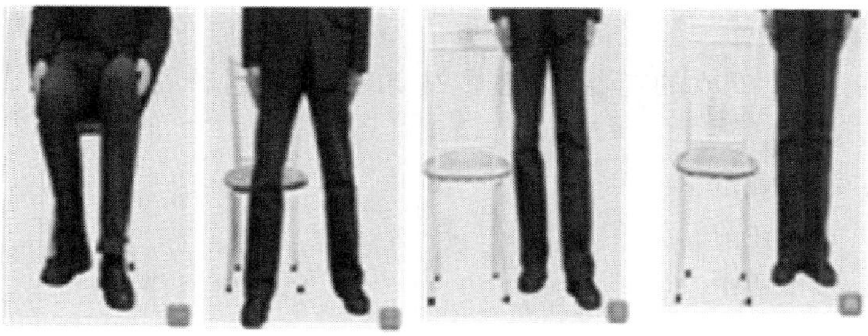

图 10-16

（五）坐姿禁忌

坐和站的姿势有时是一种处于静止和无声状态的非言语交际，因为这是身体本身在用不同的方式“说话”。中国古代就有“危坐”“端坐”“斜坐”“跪坐”“盘坐”之分，分别用于不同的社会联结关系和语言环境。现代人自然不必一味模仿古人，拘泥于旧习，但也还是要讲究“站有站相，坐有坐相”。因为这些虽属小节，然而毕竟是人的思想感情和文化修养的外观，人们可以通过这些姿势来表现个人的风雅，也常常通过观察别人的无声静姿去衡量一个人的文明价值。坐姿中有以下几点禁忌需要注意：

坐好后，不要出现仰头、低头、歪头、扭头等情况。因工作需要而就座时，不应当把上身完全倚靠着椅子的背部。在尊长面前，最好不要坐满椅。交谈的时候，为表示重视，不仅应面向对方，而且同时应将整个上身朝向对方。

① 坐姿中腿脚的禁忌。

其一，“O”形坐姿。这是女性公关人员最常见的一种有失大雅的坐姿。两大腿和膝盖并拢，双脚左右分开，在一条直线上，脚尖内扣。

其二，“4”字形坐姿。这是男性公关人员最常见的一种有失身份的坐姿，即一条腿横架在另一条腿之上，呈“4”字形，双手扳住一条架起来的腿，给人一种固执己见，盛气凌人的感觉。

其三，脚部动作。以脚蹬踏他物或架在沙发扶手、茶几上等；以脚自脱鞋袜；以脚钩住桌腿，脚尖指向他人或脚尖高高跷起等均属于不文明的坐姿。

其四，腿部抖动摇晃。腿部上下抖动，左右摇晃，频繁地交换架腿姿势，拍打地面等，不仅会令他人心烦意乱，而且也会给人极不安稳的印象。

② 坐姿中手的禁忌。

其一，用手触摸脚部。就座以后用双手抚摸小腿或脚部，都是极不卫生和文雅的。

其二，将手置于桌下。就座后，单手或双手放于桌下，都是不允许的。

其三，双手抱在腿上。双手抱腿，本是一种惬意、放松的体态姿势，但在工作之中是不可取的。

其四，将手夹在腿中间。个别人坐下来之后往往将双手夹在两腿之间，这一动作会令其显得胆怯或害羞。

三、走有走相，稳直从容

走姿，即行走的姿势，是人的基本动作之一，行走最能体现出公关人员的行为素质。行走姿态反映人的内心境界和素养，能够展现出人的风度、风采和韵味。

（一）规范的行姿

走姿是站姿的延续，男女的走姿是在基本站姿的基础上进行的。

走姿的基本要领：

① 身体直立，站姿规范。

② 起步前倾，重心在前。

③ 脚尖前伸，步伐适中。

④ 直线行进，步位规范。

⑤ 双肩平稳，两臂摆动。

⑥ 步速均匀，步韵优美。

男士在行走时，内脚线呈平行状，如图 10-17 所示。女士在行走时，内脚线呈一字线，如图 10-18 所示。

图 10-17

图 10-18

（二）走姿的禁忌

① 行走时切忌摇头晃脑，身体不停左右摆动，脚尖不能向内或向外，摆“鸭子”步。

② 行走时忌弓背弯腰，六神无主。

③ 行走时忌双手乱放，双手插在衣服口袋、裤袋之中，双手掐腰或倒背双手。

④ 行走时忌东张西望，左顾右盼，指指画画，勾肩搭背，大喊大叫。

（三）走姿训练方法

① 基本走姿训练法。内容略。

② 上下楼梯训练法。内容略。

四、蹲有姿势，稳重大方

蹲姿，即蹲的姿势。是公关人员的身体在低处取物、拾物时所呈现的姿势。它是公关人员人体静态美和动态美的综合。

在工作中，当公关人员从低处取物，或拾捡落在地上的物品，或整理自己的鞋袜，或在低处整理物件时，采用一般随意弯腰蹲下捡起的姿势是不合适的，而应做到动作美观、姿势优雅。

（一）蹲姿的种类

蹲姿主要分为以下四种：

第一，高低式。

这是公关人员常用的一种蹲姿，男性公关人员和女性公关人员均可使用。但女性公关人员应注意靠紧双腿，男性公关人员两腿之间可有适当的距离。

其基本特征是双膝一高一低。

（1）左高右低式

下蹲后，左脚在前，右脚在后；左脚完全着地，小腿基本垂直地面；右脚脚掌着地，脚跟提起；右膝要低于左膝，女士右膝内侧可靠在左上腿的内侧，形成左膝高右膝低的姿态。臀部向下，基本上以右腿支撑身体，如图 10-19 所示。

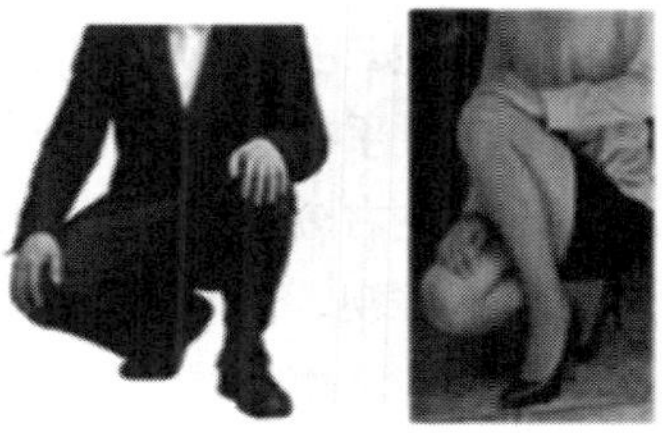

图 10-19

（2）右高左低式

下蹲后，右脚在前，左脚在后；右脚完全着地，小腿基本垂直地面；左脚脚掌着地，脚跟提起；左膝要低于右膝，女士左膝内侧可靠在右上腿的内侧，形成右膝高左膝低的姿态。臀部向下，基本上以左腿支撑身体。

第二，交叉式。

这是一种优美典雅的蹲姿，其基本特征是双腿交叉在一起。下蹲后，左脚在前，右脚在后，左小腿垂直于地面，全脚着地，左腿在上，右腿在下，二者交叉重叠，右膝从后下方伸向左前侧，右脚跟抬起脚掌着地，两腿前后靠近，合力支撑身体。上身略向前侧，臀部朝下。这种姿势适合穿裙装的女性公关人员，如图 10-20 所示。

图 10-20

第三，单膝点地式。

这是一种非正式的蹲姿，多用于下蹲时间较长或为了用力方便时采用。其基本特征是双腿一蹲一跪。下蹲后，右膝点地，臀部坐在其脚跟之上，以其脚尖着地。另一条腿全脚掌着地，小腿垂直于地面，双膝同时向外，双腿尽力靠拢。这种姿势适用于男性公关人员。

第四，半蹲式。

这是一种在行走之中临时采用的蹲姿。其基本特征是身体半立半蹲。下蹲时，上身稍许弯下，但不宜与下肢构成直角或锐角；臀部向下，双膝略为弯曲，身体的重心在一条腿上，两腿之间不宜分开过大。

（二）蹲姿的具体要求

在工作中，公关人员蹲姿的具体要求主要表现在以下三点：

第一，直腰下蹲。

首先要讲究方位。当公关人员需要拾捡低处或地面物品的时候，可走到物品的左侧再下蹲；当面对他人下蹲时，要侧身相向；当公关人员需要整理鞋袜或在低处整理物件时，应两脚一前一后，一般情况是左脚在前，右脚在后，目视物件，直腰下蹲。

第二，弯腰拾物。

直腰下蹲后，方可弯腰拾捡低处或地面物品，或整理鞋袜。

第三，直腰站起。

取物或整理完毕后，先直起腰部，使头部、上身、腰部在一条直线上，再稳稳站起。

（三）蹲姿的禁忌

按照礼仪规范要求，即使是在工作中采用蹲的姿势，也应避免以下禁忌。

第一，弯腰撅臀。

这是日常生活中最常见的一种蹲姿，这种姿势对其后面的人来说是一种失礼、不敬的行为，尤其是女性公关人员穿裙装时不可采用此种蹲姿。

第二，平行下蹲。

两腿左右分开平行，即使是直腰下蹲，也有伤大雅。这种姿势被称为“蹲厕式”蹲姿，不仅姿势不雅观，而且也是对他人的无礼。

第三，下蹲过快、过近。

行走中，下蹲的速度过快，会令人有突兀惊讶的感觉；下蹲的距离过近，容易造成“迎头相撞”的窘态。

第四，蹲歇。蹲在地上或椅上休息是应严格禁止的。

五、表情庄重，情感的表达

心理学家认为，一个人情感的表达 = 表情（占 55%）+ 声音（占 38%）+ 语言（占 7%）。在情感表达中，从这个公式中，可以得出一个结论，一个人的情感表达，表情是最重要的。

表情是人们内心世界的外在表现，是人们评价仪表美和仪态美的重要依据。面部表情是体态语言中最丰富的部分，因此人们一般所说的表情往往就是指面部表情，它主要包括：目光和微笑。面部表情是一种无声的语言，是测量人的情绪的主要指标。

（一）目容端

目容端是礼记中的《九容》对目光的要求。

目光是对眼睛的总体活动的一种统称。一个良好的交际形象，目光应是坦然、亲切、和蔼、有神的。

公关人员要学会正确地运用眼神，主要从以下三个方面入手：

首先，要学会看人。公关人员在与人交际、谈话时，应注视对方的眼睛，以获知对方真正的感受，并将自己的心情坦露给对方，以达到心灵的交流。用眼睛表情达意时须注意两个礼仪方面的问题：

第一，注视的时间。交谈过程中，有些人让人感觉舒服，有些人则令人不自在，甚至让人感觉不值得交往，这主要与注视的时间长短有关。与对方目光接触的时间超过了全部谈话时间的三分之一时，要么是被认为很吸引人，要么是怀有敌意。因此对于不太熟悉的人，不可长时间地盯着对方的眼睛，以免引起对方的恐惧和不安。如果感觉与对方谈得来，可以一直看着他，使他意识到你喜欢与他交往。他可能也会回报，以建立良好的默契。这样的谈话，起码要有 60% 以上的时间注视对方。不难想象，如果谈话时心不在焉，东张西望，或是由于紧张、羞怯不敢正视对方，目光注视的时间不到整个谈话的三分之一，则不容易被人信任。当然，注视时间长短还要考虑到文化背景，对南欧人，注视对方过久可能会造成冒犯，故不能照搬。

第二，注视的位置。注视对方位置不同，传达的信息也有区别，造成的气氛也会不同。不同的场合和交往对象，目光所及之处应有差别。比如公事注视，这是指人们在工作交往中，联系业务、洽谈生意及外事谈判时，目光所及区域应在额头至两眼之间。这种注视给人一种郑重、严肃的感觉。如果同对手谈判，采用公事注视，对方会认为你对工作认真、严肃，同时也很看重对方，有诚意，因而会慎重考虑你的意见，你在一定程度上也就拥有了控制权。再比如社交注视，这是在舞厅、茶话会、宴会及朋友聚会时使用的，目光区域在两眼到嘴之间。这种注视会令人感到舒服，也很有礼貌，较前者在气氛上要缓和很多。

其次，要学会用眼神表示对他人的尊重与友好。眼神能很好地表达出对他人的尊重与否，例如俯视带有权威感，且有诲人之意，仰视表示尊敬与景仰。因此与人交往时，尽量不要站在高处自上而下地俯视于人；面对长辈、上司和贵宾时，站立或就座时应选择自下而上地仰视对方，这样往往会赢得对方的好感。

当与两个或两个以上的人共处时，不应当只看着自己的熟人、与自己谈得来的人，而冷落了其他人。即使是在接待许多客人时，在重点照顾好高位尊者的同时，也应当适当地与其随行人员和下属进行眼神的交流。面对有男有女的几位客人时，对异性和同性要“一视同仁”，否则与异性谈话两眼炯炯有神，与同性谈话时两眼却黯淡无光，这样无法与客人达到真正的心理沟通。

（二）微笑

笑容，即人们在笑的时候的面部表情。笑，是人受到客观事物某种特征的刺激所引起的主观反应，是快乐和幸福的最初表情。微笑更是公关人员的必修课程，在公关人员与公关对象的交往中会产生思想上和情感上的强烈共鸣。利用笑容，可以消除彼此间陌生感，建立信赖，打破僵局，为更好沟通与交往创造有利的氛围。

1. 微笑的作用

笑容是一种令人感觉愉快的面部表情，它可以缩短人与人之间的心理距离，为深入沟通与交往创造温馨和谐的氛围。因此有人把笑容比作人际交往的润滑剂。

在笑容中，微笑最自然大方，真诚友善。世界各民族普遍认同微笑是基本笑容或常规表情。在人际交往中，保持微笑，至少有以下四个方面的作用。

第一，表现心境良好。面露平和欢愉的微笑，说明心情愉快，充实满足，乐观向上，善待人生，这样的人才会有吸引别人的魅力。

第二，表现充满自信。面带微笑，表明对自己的能力有充分的信心，以不卑不亢的态度与人交往，容易使人产生信任感，从而被别人真正地接受。

第三，表现真诚友善。微笑反映自己心底坦荡，善良友好，待人真心实意，而非虚情假意，使人在与其交往中自然放松，不知不觉地缩短了心理距离。

第四，表现乐业敬业。在工作岗位上保持微笑，说明热爱本职工作，乐于恪尽职守。同时也可以创造一种和谐融洽的气氛，让公关对象倍感愉快和温暖。

真正的微笑应发自内心，渗透着自己的情感，表里如一，毫无包装或矫饰的微笑才有感染力，才能被视作“参与社交的通行证”。

2. 笑容的种类

在公关及人际交往中，合乎礼仪的笑容大致可以分作五种。

第一，含笑:不出声，不露齿，只是面带笑意，表示接受对方，待人友善，适用范围较为广泛。

第二，微笑：唇部向上移动，略呈弧形，但牙齿不外露，表示自乐、充实、满意、友好，适用范围最广。

第三，轻笑：嘴巴微微张开一些，上齿显露在外，不发出声响，表示欣喜、愉快、多用于会见客户、向熟人打招呼等情况。

第四，浅笑：笑时抿嘴，下唇大多被含于牙齿之中，多见于年轻女性表示害羞之时，通常又称为抿嘴而笑。

第五，大笑：表现太过张扬，一般不宜在公开场合中使用。

3．笑的方法

笑的共性是面露喜悦之色，表情轻松愉快。但是，如果发笑的方法不对，要么笑得很丑，要么会显得非常假，甚至很虚伪。

方法一，发自内心。笑的时候要自然大方，显示出亲切。

方法二，声情并茂。笑的时候，要做到表里如一，使笑容与自己的举止、谈吐有很好的呼应。

方法三，气质优雅。笑的时候，要讲究笑的适时、尽兴，更要讲究精神饱满，气质优雅。

方法四，表现和谐。从直观上看，笑是人们的眉、眼、鼻、口、齿以及面部肌肉和声音所进行的协调行动。

六、引领手势，恭敬到位

手势是公关人员的两只手臂所呈现出的各种动作和体位的姿势，它是静态美与动态美的结合。手是人体富有灵性的器官，是人的心灵的触角和指向。因而手势是公关人员人体语言中最丰富，最有表现力的体态语言，它有模拟、象征、情意、形象、指示等功能。俗话说："心有所思，手有所指"。手的魅力并不亚于眼睛，甚至可以说手就是人的第二双眼睛。

引导手势应当是手掌自然伸直，掌心略向内上方向，手指并拢，拇指自然稍稍分开，手腕伸直，使手与小臂成一直线，肘关节自然弯曲。出手时，要讲究柔美、流畅，做到欲左先右。避免僵硬死板、缺乏韵味。同时配合眼神、表情和其他姿态，使手势更显协调大方。以下是几种常见的引领手势：

第一，请。表示"请"的手势分为以下三种：

其一，横摆式，如图 10-21 所示。手放于体侧，将五指伸直并拢，掌心不可凹陷，肘部微屈，腕低于肘。开始时，手从腹前抬起，手掌与前臂在一条直线上，头部和上身微向前倾，目视对方，面带微笑，表示尊重和欢迎。在表示"请""请进"时采用，男女公关人员均可使用。

其二，斜式，如图 10-22 所示。手放于体侧，五指伸直并拢，以肘为轴，手掌翻转向上，臂向前抬起到腰部，再以肘关节为轴，前臂由上向下摆动，使手擘向下成一条斜线，掌心向前，目视对方，表示尊重和欢迎。多在请人入座时用，男女公关人员均可使用。

其三，双臂式，如图 10-23 所示。双手放于体侧，五指伸直并拢，以肘为轴，手掌翻转向上，同时用臂向前抬到腰部发上部位，当站在来宾的侧面时，可双臂向一侧同时摆动，即"双臂曲臂式"，当面对较多宾客时，可双臂同时向身体两侧分别摆到身体的侧前方，即"双臂横摆式"，男女公关人员均可使用。

图　10-21

图　10-22

图　10-23

第二，指引方向。

当有人询问去处时，要先行站直，不可尚未站稳或在行走中指引方向。直臂指引，手臂伸直在一条直线上，五指并拢，手指翻转到掌心朝上，直指准确方向。目光既照顾对方与其说话，也要随着手势所指的方向看，否则易使对方产生迷惑，如图 10-24 所示。

图　10-24

指引方向后，手臂不可马上放下，要保持手势顺势送出几步，体现对他人的关怀和尊敬。

七、其他手势，各有含义

劳动创造了人，劳动离不开手，手使人具有了区别于其他动物的特殊本质。手势是人的第二面孔，具有抽象、形象、情意、指示等多种表达功能。然而，不同国家、地区，其手势内涵不同，所以公关人员要入乡随俗，通过对方的手所表现出来的各种仪态，准确判读由各种手势传达出的真实的、本质的信息，达到交往沟通目的。

第一，竖大拇指。

在我国，右手或左手握拳，伸出大拇指，表示“好”“了不起”等，有赞赏，夸奖之意，但不要在希腊、俄罗斯、撒丁岛或非洲西部使用，因为在这些地区，该手势含有“滚开！”的意思。

第二，代表胜利的手势“V”。

在世界上大多数地方，许多人用这个手势表示“胜利”或“和平”，据说是第二次世界大战时期英国首相丘吉尔发明的。不过，表示胜利时，手掌一定要向外，如果手掌向内，就是贬低人、侮辱人的意思了。也有的只是代表数字“2”。

第三，OK。

美国人用这个手势表示“OK”,是“赞扬”的意思;在印度,表示“正确”;在泰国,表示“没问题”;在日本、缅甸、韩国，表示“金钱”;在法国，表示“微不足道”或“一钱不值”;在巴西、希腊和意大利的撒丁岛，表示这是一种令人厌恶的污秽手势。

第四，举食指。

在世界上多数国家表示数字一；在我国也可在重要场合表示提醒；在法国则表示“请求提问”；在新加坡表示“最重要”：在澳大利亚则表示“请再来一杯啤酒”。

第五，竖手掌叫停。

如果在希腊，不要用掌心向外、五指直立的方式叫人停下，这是非常不礼貌的一种手势。

演礼训练

（一）训练内容

仪态举止：站、坐、行、蹲、引导手势、微笑。

（二）训练目的

1. 正确操作仪态礼仪规范。
2. 强化仪态礼规应用能力。
3. 着重对气质、微笑的培养。

（三）训练模式

1. 情景表演方式训练。
2. 项目任务方式训练。

（四）训练评价

1. 分团队小组展开举止训练。
2. 以团队为单位进行情景式汇报。
3. 老师点评，记载成绩。

思考应用

1. 请您在训练课上边讲解边演礼：

(1) 站姿；(2) 坐姿；(3) 走姿。

在社交公关场合，女士如何展示良好的气质？男士如何展示良好风度？

2. 对公关人员的神态表情有何要求？

3. 案例分析：在一次学术交流会上，张先生遇见一位他很敬重的学者，这位学者正和其他的人谈话。张先生想，在这样的场合和这么多人面前，应该更加表示对学者的尊敬。于是在握手时，他用左手盖在对方的手背上，以示亲密，并长时间地握住学者的手不放，并寒暄了几分钟。

讨论：张先生行为是否合乎礼仪？

4．实践应用：今天领导到您单位检查工作，作为一名接待者，怎样通过您的行为来体现对领导的尊重？请你细述从见到领导，一直到离开，整个过程的站坐行礼等仪态动作的该如何体现。

礼仪热点

☆ 他的站姿让人看了很振奋

小张是某公司的员工，和他的同事小王一样是个业绩优秀的员工，他们的能力和外表形象几乎在伯仲之间。但是奇怪的是，公司每次有什么重大的活动都要小王主持，小张百思不得其解，向朋友抱怨："领导为什么只重用小王，而我的多才多艺就视而不见呢？"朋友说："如果是我，我也会用小王的，你俩能力和外形差不多，但是他往那一站让人感觉精气神很足，就没有见他对谁说话的时候弯着腰的，他的站姿让人看了很振奋，那么笔直，让人认为他是个很自信的人，充满活力，老板放心把工作交给他。而你总爱低着头，和人交谈的时候喜欢靠在墙上或柱子上，我们会认为你对一切都不感兴趣，缺乏活力。这不属于一个成功的、富有活力的年轻人所应有的样子。"

第十一章 宴席礼仪

学习目标

通过本章学习，应该达到以下目标：

知识目标：了解宴请的种类及宴请组织工作的基本环节；理解宴请的桌次和席位的安排原则；掌握用餐、敬酒礼仪规范。

能力目标：能根据活动内容选择合适的宴请方式，并组织一道宴席；能合理安排各种宴请的桌次及席位；能熟练操作运用迎宾、赴宴的礼仪规范。

素质目标：提升专业服务礼仪素养，培养严谨、细致、周到、灵活等良好的心理品质。

核心概念

宴请目的　　宴请规格　　宴请种类　　桌次　　席位　　中西餐礼规

第一节 宴请组织工作

一、根据宴请目的，确定规格、种类

宴请的目的有很多种，可以是为某人而设，也可以是为某事而举办。比如为了接待来访客户，为了欢送离任职工，为了庆祝公司开业、项目开工，为了庆祝展会的开幕、闭幕等。

宴请的规格是指出席宴会的各方人员的身份、地位等。宴请哪些人，请多少人，主方作陪人员请谁，要综合考虑宴请的性质、宾客的身份、宾主双方的关系等，然后再草拟具体邀请名单。如果宴请是为某个人而设，就需要考虑邀请谁作陪，一般情况下，与主宾有矛盾的人不能邀请。如果宴请是为某件事举办，就需考虑与此事有关的各方面人士，请到什么级别以及请多少人，可以先草拟一份邀请名单，明确宾客人数，同时依据主宾级别确定主办方的作陪人员及作陪人数。

宴请的种类是指根据宴请的目的、性质和规格而选择的具体形式。常见的宴请种类一般包括：

（一）国宴

国宴是国家元首或政府为欢迎国宾、其他贵宾或在国家重大庆典中为招待各界人士而举行的最高规格的正式宴会。国宴一般是晚上举行，席间有致辞和祝酒，时间为一个半小时左右，除了在宴会厅悬挂国旗，安排乐队演奏国歌和席间乐之外，对座次安排和服饰都有严格要求。

例如2015年9月3日，结束阅兵式后，国家主席习近平在人民大会堂为招待各国领导人所设的宴会，就是国宴。

（二）正式宴会

正式宴会是公关活动中最常见的宴请形式，有桌次、席次之分，用餐时大家围桌而坐，由服务人员依次上菜的正餐。正式宴会按举办时间的不同，分为午宴和晚宴。

（三）家宴

家宴是在家中举行的宴会。作为便宴的一种形式，家宴往往由主人亲自下厨，营造轻松、温馨的氛围，增进相互间的交流、了解和信任。西方人比较喜欢采用这种方式，来表达亲情。

（四）便餐

便餐即便饭，形式简便，比较亲切、随意。偏重于人际交往，不讲究用餐的地点、形式，可不排座次，不致辞，比较适合日常的友好交往。

（五）自助餐

自助餐也称冷餐会，是一种非常灵活、方便的宴请方式。自助餐提供的食物以冷食为主，一般在日间12时至14时或17时至19时两个时间段举办，地点可以是花园、院子里或室内。菜肴、主食、酒水及餐具都逐一陈设在桌子上，没有统一菜单，也不排席位，由用餐者根据自己的口味选择自己喜欢的食物和饮料。自助餐礼仪要求用餐者按顺序取菜，按量取食，可以少取多次，但不能浪费。

（六）酒会

酒会也称鸡尾酒会，适用于庆祝各种节日，欢迎代表团访问，以及各种开幕、闭幕典礼，文艺、体育演出前后招待。它形式活泼，举办时间较自由，早中晚都可以，不设座椅，客人可以随意走动，方便接触交流，并且客人到达和退席时间不受限制。酒会主要以酒类、饮料来招待客人，还备有小吃，如三明治、小香肠、炸春卷等，由服务人员用托盘端送，或部分放置在小桌上由客人自取。

（七）工作餐

工作餐通常规模较小，形式较灵活，不排席位，大家在一起较随意，边吃边谈工作。工作餐以在中午举行居多，时间、地点可以临时选择，一般不邀请家属和与工作无关的人员参加。

二、择定时间、地点，根据宾客定菜

（一）确定宴请时间

宴请应选择主宾双方都方便和合适的时间，原则上以适应多数人参加为宜。如果难以兼顾，则优先考虑被邀请者，最好能通过电话或其他途径征询一下主宾的意见，讲究主随客便。

在确定宴请时间的时候，还要遵从民俗习惯，考虑地域禁忌。例如，有些民族习俗要遵守太阳没有落山前禁食的规定，宴请宜在日落后进行。又如：西方人很忌讳“13”和“星期五”，要是“13日”这一天正好赶上“星期五”，则被认为更不吉利，称为“黑色星期五”，所以宴请西方人一定要尽量避开13日和星期五。

此外，宴请还可以选择在周年纪念日、中秋团圆日等有意义的时间举行，如果选择的时间是对宾客具有特殊纪念意义的日子，则更能给宾客留下美好而难忘的印象，对增进友谊，加深情感起到积极的促进作用。

（二）选择宴请地点

宴请场所根据宴请的性质、形式、规模、宾客的喜好、双方的关系及实际情况而定。宴请可以安排在酒店、宾馆，也可以在特色餐馆。如果宴请者与被宴请者关系亲密且情谊深厚的话，还可以把宴请地点定在家里。宴请地点体现了主人对宴请的重视程度，活动越隆重，越要讲究环境和条件。

在选择地点时要考虑环境是否优雅，交通是否便利，卫生是否达标，服务是否周到及停车是否方便等因素。选定的场所大小要适宜，能容纳全体人员。举行小型正式宴会，如有条件，宴会厅外可另设休息厅，供赴宴人在宴会前交谈和休息，待主宾到达后一起进入宴会厅。

（三）订好酒菜

1. 看钱下菜

根据宴请的形式和规格，在预算标准内确定上什么档次的菜做主菜，上多少个菜。

2. 看客下菜

选菜不以主人的喜好为准，而是主要考虑宾客的身份、口味与禁忌。

口味上要了解宾客是喜荤还是喜素，喜甜还是喜辣，喜咸还是喜淡。比如，湖南等地的人普遍喜欢吃辛辣食物，少吃甜食。

在饮食禁忌上主要从四个方面考虑：

一是个人禁忌，即宾客有没有不喜欢吃的食物，如葱、蒜、芥末、胡椒等。如果宴请的是欧洲人，则要注意他们通常不吃动物内脏、动物的头部和脚爪。

二是健康禁忌，如果客人因身体原因不能吃某种食物，需要在点菜时特别留意，例如，糖尿病人不适合吃甜食；高血压、高胆固醇患者要少喝鸡汤。

三是宗教禁忌，要尊重一切宗教习俗与禁忌。

四是职业禁忌，如工作时间，司机不能饮酒；国家公务员在执行公务时不准吃请，公务宴请时不准超标接待，铺张浪费。

大型宴请需兼顾到各个方面。菜肴在数量上要适宜，在菜色、口味、营养、荤素、冷热、档次等方面要搭配合理，做到五味俱全、咸淡互补。招待异地客人时，可考虑用有地方特色的菜肴和名酒招待。无论哪一种宴请，事先均应列出菜单，征得主管负责人的同意后，菜单才最终确定。正式宴会上，还需印制菜单，印刷应力求精美，并保证每桌至少有一份菜单。

三、精心制作请柬，认真发送确认

制发请柬是一种正规而有礼貌的邀请方式。一般除了便宴和工作餐外，其他比较正式的各种宴请都应制发请柬。

请柬行文要求格式正确，要将宴请目的、时间、地点、形式、名义等写清楚，注意人名、单位名、活动名称应用全称。如果活动在着装或其他方面有附加条件，也要在请柬中一并标注。比较正式的宴会，可以事先安排好席位，在请柬上注明。

请柬要尽早发出，一般提前一两周，以便被邀者及早做好个人安排。请柬发出后，应及时与被邀请者联系，确认对方是否收到请柬，询问对方能否到席，及时落实宴请出席情况，调整席位安排。

第二节 桌席排序与宴会服务

一、中西餐桌、位次，严格依礼排序

桌次、席位的排列是一个非常重要的工作，特别是在重要的礼仪场合，体现了宾客的身份、地位、年龄等的差别，关系到主人给予对方的尊重和礼遇。

（一）桌次安排

1. 中餐的桌次排列

中式宴会餐桌一般为圆桌。在正式宴请中，当餐桌不止一桌时，须严格按礼宾次序进行排列。排列应遵循如下原则：

（1）以面向门右为尊：当餐桌横向排列时，面对门口居右的桌子为尊桌（见图 11-1）。

（2）以远为尊：当餐桌竖向排列时，以距离门口远者为尊桌（见图 11-2）。

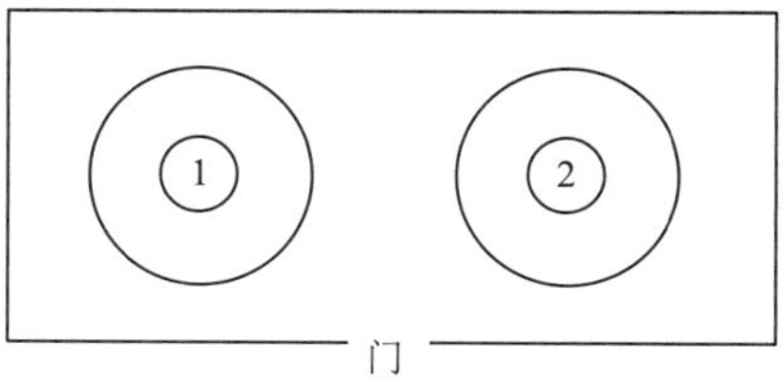

图 11-1

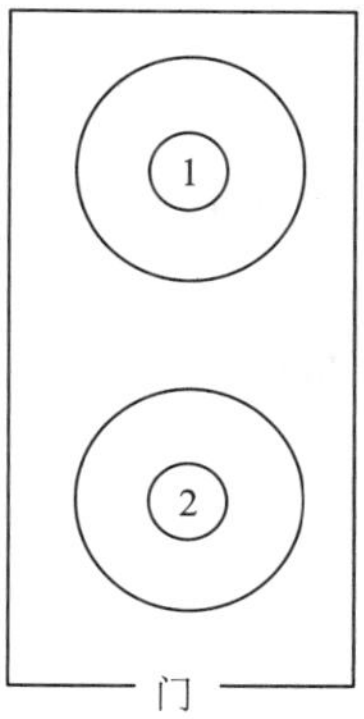

图 11-2

（3）中尊—右次—左更次：多张餐桌并列，居于中央者为主桌，按照面向门先右后左或先远后近的顺序依次排列（见图 11-3、图 11-4）。

桌次较多的情况下，上述排列规则往往交叉使用，根据礼仪次序，离主桌越远，桌次越低，同时可结合考虑场地和美观的因素，最终确定桌次的排列方案（见图 11-5、图 11-6）。

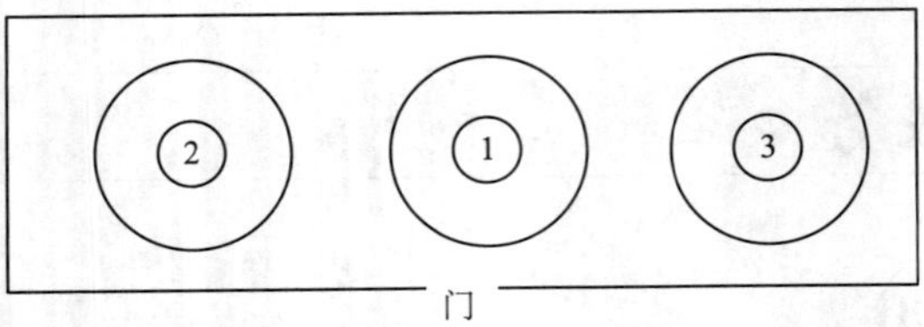

图 11-3

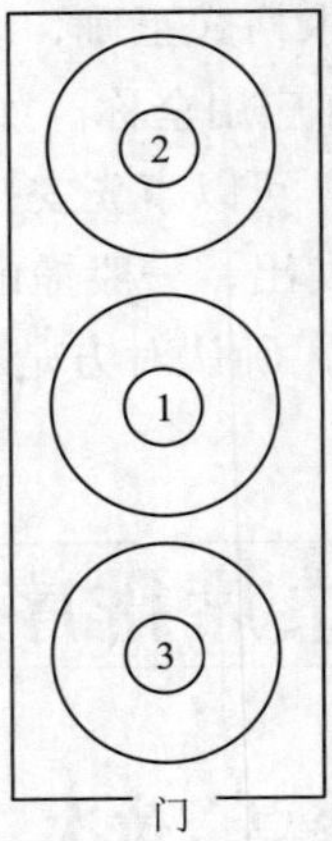

图 11-4

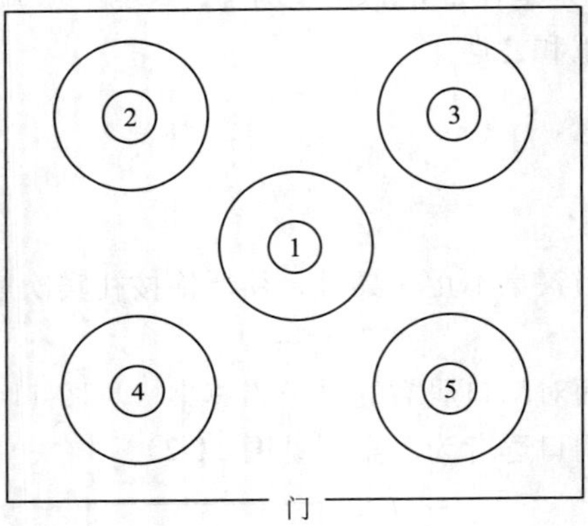

图 11-5

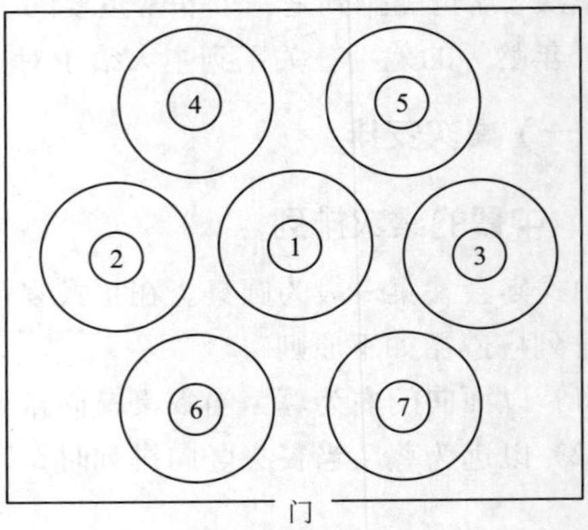

图 11-6

2. 西餐餐桌的设置

西式宴会通常根据用餐人数和场地大小来设定餐桌，常见的餐桌摆设方式有一字形、T 形、n 形和 m 形（见图 11-7 ～图 11-10）。

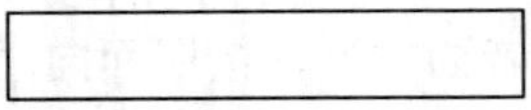

图 11-7

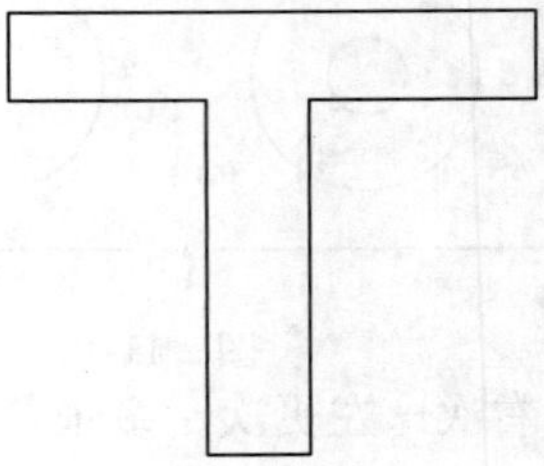

图 11-8

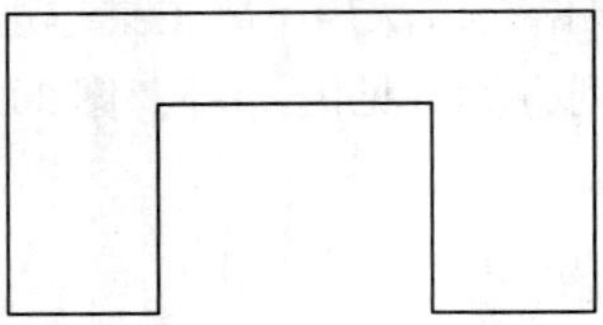

图 11-9

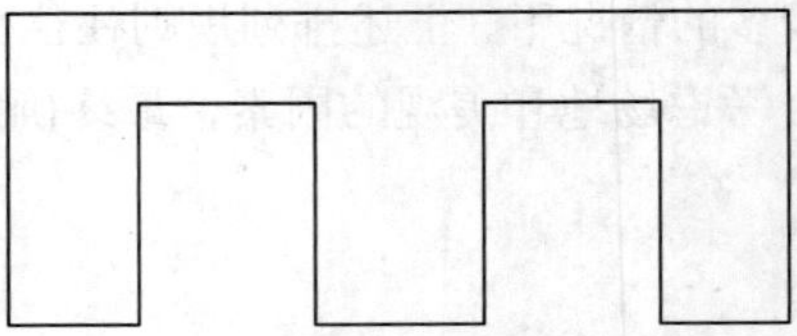

图 11-10

西式宴会不论桌数多少，和中式宴会一样，主桌排定之后，其余桌次的高低依据距离主桌的远近情况，近者为高，远者为低；平行者以右桌为高，左桌为低。

（二）座次安排

举办正式宴会，要严格按照礼宾次序和便于交谈的原则来安排座次。

1. 中式宴会座次排列

中式宴会中，一般是男士同坐一桌，女士同坐一桌。尊者居主位，主人在主桌上面对正门就座。多桌宴请时，每桌须有一位主方代表作陪，其座位通常和主桌主人同向，有时也可以面向主桌主人。

在只有一名主人的情况下，主宾在主人右侧就座（见图 11-11）；而当主宾身份高于主人时，为表示敬重，主人应主动将第一主宾排在第一主人的位置，主人退至主宾位置（见图 11-12）。

如果主人有两名，则男主人为第一主人，女主人为第二主人，两人相对而坐，第一种宾客的座次排列方法是，男主宾和女主宾分别于男主人和女主人右侧就座（见图 11-13）。第二种排列方法则是，第一主宾和第二主宾分别坐在男主人右侧和左侧，第三、第四位宾客则分列女主人右左侧（见图 11-14）。位次的高低原则是右高左低。

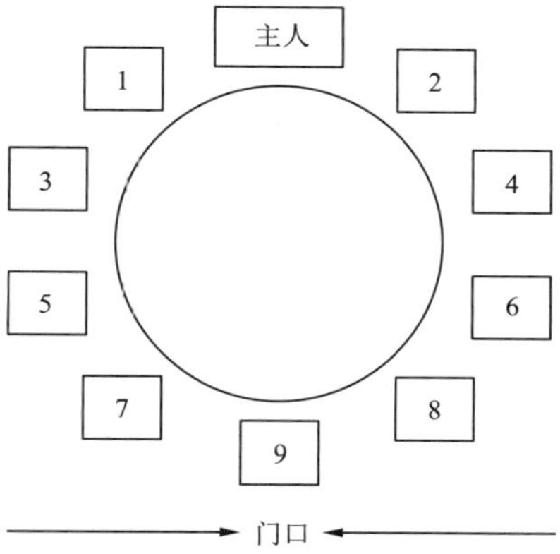

图 11-11

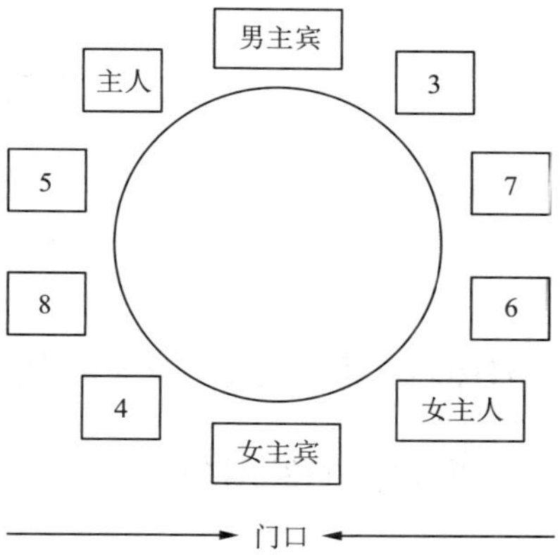

图 11-12

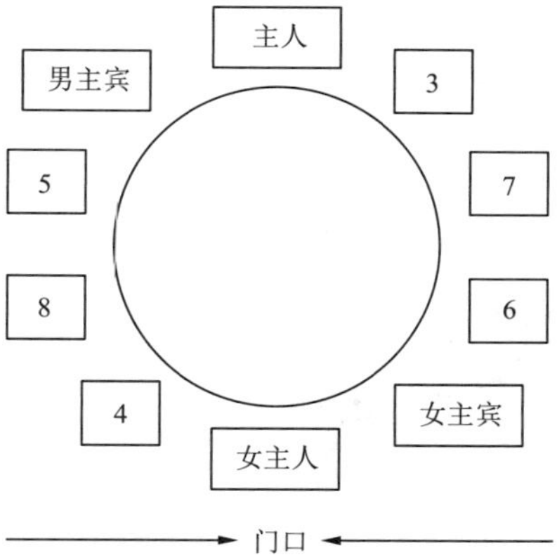

图 11-13

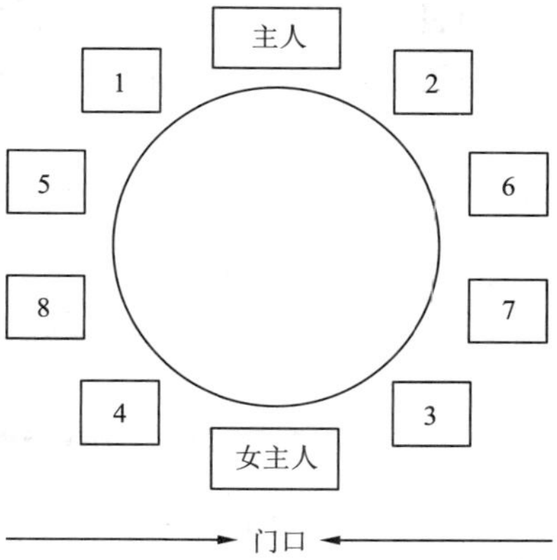

图 11-14

2. 西式宴会座次排列

西式宴会在安排席位时与中式宴会不同，席位是男女穿插安排，女主人坐上座，主宾在女主人右侧就座，主宾夫人在男主人右侧就座（见图 11-15、图 11-16）。

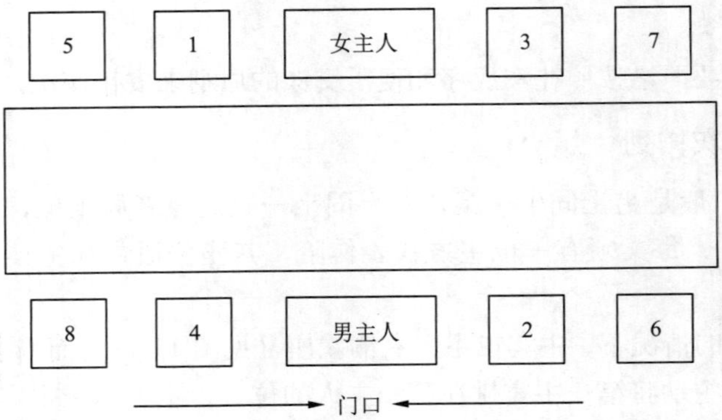

图　11-15

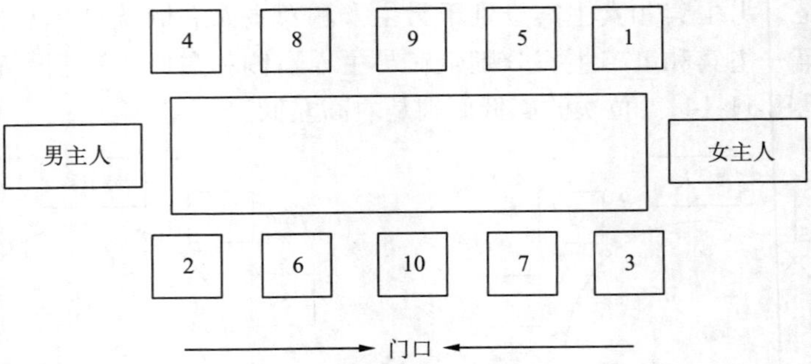

图　11-16

二、中西餐具使用，讲究习俗规范

(一) 中餐餐具的使用规范

1. 筷子

筷子是中餐中使用最多的餐具。使用筷子用餐时要注意下面几个问题：

(1) 握筷姿势正确。一般用右手握筷子。握筷子的位置要适中，不可握得过高或过低（见图 11-17）。

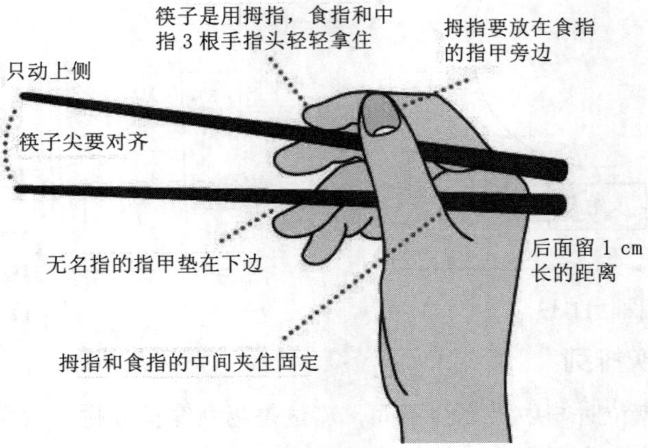

图　11-17

(2) 筷子的使用禁忌：

① 在和人交谈时，把筷子当成指挥棒，一边说话一边挥舞。

② 在等待就餐时，拿筷子敲碗或茶杯，或一手拿一根筷子随意敲打。

③ 把筷子放进嘴里吸吮，或舔食筷子上残留的食物。

④ 直接把筷子插在有米饭的碗里。

⑤ 拿起筷子犹豫不决，对着菜肴来回巡视，或用筷子在盘子里搅拌，挑拣食物。

⑥ 前面的食物还在嘴中，就紧接着取食，中间不停顿，不吃饭。

⑦ 用筷子夹取食物时，汤汁一路流淌。

⑧ 中途截住主人给夹的菜。

⑨ 用筷子挠痒、剔牙，或是夹取菜肴、食物之外的东西。

⑩ 把筷子当叉子，去叉取食物。

⑪ 把筷子横放在碗（见图 11-18）、盘，尤其是公用的碗、盘上。

⑫ 有公筷不用，直接用自己的筷子取食。

图 11-18

2. 碗

在正式场合用餐时，碗的使用要注意四不能：

① 不能端起碗来进食，尤其是不要用双手。

② 不能直接以嘴吸食碗内的食物，或将其直接倒入口中。

③ 不能把暂且不用的碗当作骨碟或烟灰缸，朝里乱扔东西。

④ 不能把碗倒扣过来放在餐桌上。

3. 勺子

勺子主要用于舀取食物，取回的食物要立即食用或放在自己的碟子里，不能再把它倒回原处。舀取时注意不能太满，以免食物溢出弄脏衣物。如果舀取的食物汤汁较多，可在盘子上方稍作停留，待汤汁不滴时，再往回移。当遇到需要使用母匙的汤菜时，一定要记得不要用自己的勺子直接取菜，更不要把勺子放入口中舔食。勺子暂时不用时，不能把它直接放在餐桌上，或插在食物中“立正”，而应放在自己的碟子上。

4. 食碟

食碟的作用是暂放取食的菜肴和盛放食物残渣。用来暂放食物时，碟中的菜肴不要一次性放太多，或几种菜肴重叠堆放，既不好看，也不好吃。吃剩的残渣和骨刺要用筷子夹放到食碟前端，不能直接吐在餐桌上或丢在地上。

5. 水杯

水杯可以盛放开水、果汁、汽水等饮料，但不能盛酒。需要注意的是，喝进嘴的东西不能再吐回水杯。

6. 湿毛巾

在比较正式的中餐宴会中，服务员会为每位用餐者上两块湿毛巾。用餐前上的那块是用来擦手的，不能用来擦嘴或抹汗，擦完手后应把它放回盘子里，由服务员收走。而宴会结束前上一的那块湿毛巾只能用来擦嘴，不能拿去擦脸。

（二）西餐餐具的使用规范

1. 刀叉

使用刀叉（见图 11-19）时，应左手用叉，右手用刀。

图 11-19

刀的正确拿法是将刀柄的顶端置于手掌之中，以食指按在刀柄背上，拇指抵住柄的一侧。切食物时尽量避免刀撞击盘子发出声响。只用叉时，可用右手拿。交谈时，不能手持刀叉挥舞，也不要一手拿刀或叉，另一手拿餐巾擦嘴，更不可一手拿酒杯，另一手拿叉取菜。如遇中途有事离开一会，应将刀叉在垫盘上放成八字形，切记，一定要刀口朝内，刀尖朝下，以示你还要继续使用这道菜（见图 11-20）。如果是吃完一道菜或不想再吃某道菜，则应将刀叉平行摆放在菜盘上，等待服务员撤走（见图 11-21）。

图 11-20

图 11-21

2. 汤匙

用汤匙舀汤的正确方向是由内向外朝餐桌中心方向舀取，这样汤汁滴落，才不会溅到自己的身上。喝汤时，不能将汤匙整个放入口中，不要使劲吮，避免发出不雅的声响；喝完汤后，应将汤匙匙心朝上，匙柄靠右侧，置于盘内。

3. 餐巾

餐巾的作用有两个，一是用来擦拭嘴巴，二是可预防调味汁滴落，弄脏衣物。

用餐时，不能把餐巾塞在领口，或当围兜围在脖子上，更不能系在腰上。正确的做法是，将餐巾对折放在腿上。如果中途离席，可把餐巾叠好放在椅子上，或者是用盘子或刀子压住餐巾的一角，让它从桌沿垂下。用餐完毕，先将腿上的餐巾拿起，随意叠好，放在餐桌的左侧，再起身离座。如有主宾或长辈在座，一定要等他们拿起餐巾折叠时才能跟着动作。

三、迎宾赴宴，精心周全

（一）宴请者礼仪

一次成功的宴请，需要宴请者熟知并遵循宴请礼仪。

1. 落实准备工作

宴会开始前，宴请者应落实好场地布置、卫生清洁、餐具摆放等情况，做好迎客准备。

2. 热情迎宾，引领入席

宾客到达时，主人及接待人员应热情迎接，并引领宾客到休息厅暂作休息。如果来宾迟到，主人应主动为来宾解围。

主宾到达后，由主人陪同进入休息厅与其他客人见面，然后一道入席。进入餐厅时，男主人陪着主宾，其他客人随后入席，女主人走在最后，如果没有女主人，则由主方的第二陪客走在最后。

3. 致辞敬酒，亲切交谈

正式宴会的致辞，一般在刚入席时进行。致辞内容力求简短，表明设宴的目的和要求，表达谦虚和敬意。宴会过程中，大家可相互自由交谈，主人则要注意交谈时兼顾宾客，交谈选择大众、愉悦、趣味的话题，以增加就餐气氛，加深彼此感情。席间敬酒时，要热情、大方，但忌向客人强行劝酒、逼酒，甚至酗酒，应量力而行，适可而止。

4. 斟酒上菜，有序进行

在宴会上，一般从第一主宾开始，逆时针方向围绕餐桌依次给客人斟酒。中餐宴会中，按照冷盘、热菜、汤、甜食、水果的顺序依次上菜。中餐宴会的主菜上桌时，一般先由服务员报出菜名并介绍其风味特色后，主人才举筷邀请宾客品尝。

西餐宴会一般按照面包、汤、菜肴、甜品、咖啡或红茶的顺序上菜。

5. 适时结束，重视送客

主人要适时掌握宴会结束时间，宴会不宜过长或过短，一般在客人吃完水果后，主人可以宣布宴会结束，并对客人的光临再次表示感谢。宴会结束后，主人应将客人送出宴会厅，与客人告别。

（二）赴宴礼仪

宾客在宴会上的表现，直接展现了其个人修养和礼貌礼节。

1. 精心准备，适时到场

接到邀请后，应尽早答复对方能否赴宴，一旦接受邀请决定赴宴时，就应牢记宴请的时间和地点。了解前往路线及所需要时间，以保证能按时到达。赴宴当天要精神饱满，穿着得体，仪表整洁，以示对主人和其他来宾的尊重。

2. 问候致谢，用餐文雅

到达宴会场所，应向迎接的主人表示谢意和问候，然后按安排的席位入座，坐姿要端庄、自然。在主人致辞完毕后，经主人招呼后，方可进餐，进餐时要注意用餐礼仪。宴会中，可与邻座适当交谈，但切忌长篇大论或高谈阔论。

3. 真诚致谢，礼貌告别

宴会中途一般不离席。在宴会结束后，如果是主宾，应该先于其他客人告辞。而作为一般客人，应在主宾告辞后及时向主人告辞。告别前要向主人表达谢意。如果主人送至车前，在道别的时候，客人在车内坐好后要将车窗摇下来与主人告别致意。

如果主人备有小纪念品，应欣然收下并说些赞扬礼品的话。在宴会结束后的一两天内，可以给主人打个电话致谢，也可以送印有“致谢”字样的便函或名片来感谢主人的盛情款待。

第三节 用餐敬酒礼仪

一、宴席用餐，举止文明

在用餐过程中，举止应庄重文明。公共场所不随便脱掉上衣，挽起袖子或松开领带。

入座后，坐姿要端正，椅子要离餐桌不远不近，双脚平稳踏地，脚不能向前伸出，不要跷二郎腿及抖动。双手手肘部分或肘部可轻轻按在餐桌的边缘，但手不能随意搭放在邻座的椅背上。

进餐时，吃到不洁或难吃的食物，不可直接吐出，应用筷子从嘴里托出，放入骨碟。尽量避免在餐桌上咳嗽和打喷嚏，如忍不住，可用手或餐巾把嘴遮住。就餐中不宜抽烟，如需抽烟，须先征得邻座的同意。吸烟时，不能叼着烟讲话或把烟喷到对方脸上，更不能把食皿当烟灰缸。

用餐结束，尽量不要当众剔牙。一定要剔牙时，用另一只手掩住口部，剔出来的东西，不要随手乱弹，随口乱吐，也不能当众观赏或再次入口。剔牙后，不要长时间叼着牙签，更不要用来扎取食物。

二、敬酒宾客，礼节到位

酒在宴请中常常会用到，作为迎宾送客、聚朋会友的一种交际媒介，它起到传递信息，交流情感，促进彼此沟通的作用。

敬酒，是指在正式宴会上，由主人向来宾提议，提出某个事由而饮酒。在饮酒时，通常要讲一些祝贺、祝福类的话，有时主人和主宾还要发表一篇专门的祝酒词，因此，敬酒也称为祝酒。祝酒词力求简短，正式祝酒词以控制在 5 min 内为宜。

（一）斟酒规范

敬酒前，一般由主人或服务人员来斟酒。斟酒要从位高者开始，按顺时针依次进行。斟酒时，右手持酒瓶，商标要让客人看清楚，从客人的右边直接往杯子里倒。斟酒时注意，瓶口不能碰到酒杯，白酒和啤酒可以斟满，其他洋酒则不用斟满。

别人斟酒的时候，宾客要端起酒杯致谢，必要的时候应该起身站立。如果不需要酒了，可以把手挡在酒杯上，说声“不用了，谢谢”，也可以回敬以“叩指礼”，即以右手拇指、食指、中指捏在一起，指尖向下，轻叩几下桌面表示对斟酒的感谢。

在正式场合，斟啤酒和葡萄酒时，不能手持酒杯，并且要注意啤酒泡沫要与杯口齐平，不能有溢出。

（二）敬酒时机

在敬酒时间的选择上，主要考虑不影响宾客用餐。

正式敬酒一般是在宾主入席后，用餐开始前，由主人先向来宾集体敬酒，敬酒时还要说规范的祝酒词。

普通敬酒只要是在正式敬酒之后就可以开始了，各个来宾和主人之间或者来宾之间可以互相敬酒，但要注意选择对方方便的时候去敬酒，如果对方正在咀嚼食物，或正在跟别人热情交谈，或正向其他人敬酒，这时就不方便去敬酒。

（三）敬酒顺序

敬酒前需要仔细斟酌敬酒的顺序，一般情况下，按年龄大小、职位高低、宾主身份来定先后。和不熟悉的人在一起喝酒，要先打听一下对方的身份或是留意别人对他的称呼，当不清楚对方的身份和职位高低的时候，可按统一的顺序敬酒，以免出现尴尬。比如可从自己身边开始按顺时针方向敬酒，或是从右到左、从左到右进行敬酒等。

如果同时向某一个人敬酒，应该等身份比自己高的人敬过之后再敬。

（四）敬酒的举止要求

主人或来宾如果是在自己的座位上向集体敬酒，则要站起身，面带微笑，手拿酒杯，端酒时身要直，腰要挺，面朝大家敬酒并说祝酒词。敬酒态度要热情、大方。

当主人或来宾敬酒、说祝酒词的时候，宾客应该停止用餐，安静倾听，当有人提议干杯的时候，所有人应起身并端起酒杯，互相碰一碰。按国际惯例，敬酒不一定要喝干，如因各种原因不能喝酒，也要拿起酒杯在唇上碰一下，以示敬意。

来宾和主人之间或者来宾之间相互敬酒时，可以说一两句简单的祝酒词或劝酒词。当别人向你敬酒时，要把酒杯举到双眼的高度，待对方说了祝酒词或“干杯”之后再喝。喝完后，还要手拿酒杯和对方对视一下，这一过程才结束。

当有人向自己热情敬酒时，不要东躲西藏，更不要把酒杯翻过来，或将他人所敬的酒悄悄倒在地上。通常拒绝他人敬酒有三种方法：一是主动说明不饮酒原因，以其他酒水象征代替。二是当敬酒者为自己斟酒时，用手轻轻敲击酒杯的边缘，这样做的意思就是“我不喝酒，谢谢。”三是让对方在自己面前的杯子里稍许斟一些酒，然后轻轻以手推开酒瓶。按照礼节，杯子里的酒是可以不喝的。

敬酒要适可而止，不能强行劝酒、逼酒、灌酒，或者偷偷地在他人的饮料里倒烈性酒。在中国，敬酒的时候还要注意因地制宜、入乡随俗。例如，我国一些地区特别是东北、内蒙古等北方地区，敬酒的时候往往讲究“端起即干”，在他们看来，这种方式才能表达诚意、敬意。而对于有的民族或地区则不允许敬酒，甚至不能上酒。

（五）干杯礼仪

干杯是指饮酒时，以某种方式劝说或是建议对方与自己同时饮酒。干杯往往需要喝干杯中的酒。干杯者通常在干杯时还要相互碰一下酒杯，所以干杯又被称为碰杯。

当有人提议干杯时，可以用右手拿酒杯起身站立，也可用右手拿起酒杯后，再以左手托扶其杯底，微笑目视自己的祝福对象，同时说祝福或感谢的话。如感谢领导的指导，祝双方合作成功、对方工作顺利、生活幸福、身体健康、节日快乐等。

干杯前，可以象征性地和对方碰一下酒杯，注意不要用力过猛。碰杯时，出于敬重之意，应该让自己的酒杯低于对方的酒杯，如果是领导，则不要放得太低，给别人留点空间。如果与对方距离太远，也用酒杯杯底轻碰桌面，也可以表示和对方碰杯。

三、不纠正别人的过失

在宴会中不宜对食物评头论足，或进行批评。与人交谈时，即使对方说话不准确或者有误，也不要妄加评论。如果有人在用餐时出现失误，注意不要在公众面前当面纠正，以使对方难堪，下不了台。

说话做事遵守“敬人”原则，站在对方的角度考虑问题，才能展现自己良好的素养和风度。例如，清朝末年，总理大臣李鸿章出访欧美，在德国参加当时首相俾斯麦举办的一个宴会，可能李鸿章是第一次面对如此正式且礼仪繁多的西方宴会，结果他顺手就将桌子上的一碗飘着玫瑰花瓣的水仰首一干而尽。如此举动让俾斯麦大感困惑，这可是用做洗手用的水啊，为不让李鸿章感到难堪，他只好把自己面前的那碗洗手水端起来给喝了。看到俾斯麦如此举动，在座的宾客也只好将自己面前的洗手水喝下。

四、离别告退，小有学问

（一）用餐过程中离席

用餐过程中最好不要离席。如确有事情须离开时，一定要向邀请你来的主人说明情况，并致歉，不可一声不吭就自行离开。同时注意，千万别和认识的每个人一一告别，更不要一一询问他人要不要一块走。只要悄悄地和身边的两三个人打个招呼，然后离去便可。

如果用餐途中需上厕所，说话的时候要含蓄一点，用词要注意文雅和礼貌。不要直接说去上厕所或去洗手间之类的话，最好是说：“对不起，我有事失陪一下。”或“对不起，我出去打个电话。”以免引起别人的不适和反感。

（二）宴会结束时离席

在宴会结束时，如果已经和主人打过招呼要离席，应该马上就走，不要口里说走，身子却坐着不动。离席时不要拉着主人聊个没完，占用主人过多时间，影响其照顾别的客人。

作为主人，在与客人道别时，有四个忌讳：

第一，忌讳不挽留。不管接待什么客人，不要客人一提出告退，主人就马上起身相送，会给人以逐客之嫌。因为有些客人本意还不想走，但又怕打扰主人，便以“告辞”进行试探，因此主人一定要婉言相留。

第二，忌讳早起身。如果客人执意要走，主人要等客人起身后再起身。

第三，忌讳抢伸手。送客时，主人不要抢在客人前面伸出手，应在客人伸手后再伸出手与客人握手送别。

第四，忌讳有迎无送。送客可以送出门外或送到楼下，不要在对方刚上车，或步行还不很远的时候，送别者一转眼就不见了。更不要在客人走时无动于衷，只点点头或摆摆手，这都是不礼貌的。

思考应用

1．客人不慎打翻酒水应如何处理？

2．班级拟举行毕业聚餐，请你确定好相关事宜后，制作一份正式的请柬邀请相关人员参加。

3．请安排一个40人的中餐宴会的桌次与席位。

4．案例分析：企业实习结束后，秦浩、孙莉等人计划请所在班组的陈师傅吃饭，以感谢师傅半年以来的帮助。秦浩等人商议好之后，决定在轩竹饭店预订一个包间，时间定在本周二下午五点，一切准备好之后请陈师傅时却被告知没有时间，于是将时间改在周三下午五点。

当天，五点时仍有两个同学迟迟未到，电话联系才得知他们找不到地点，于是秦浩将具体地点及路线一一告知，直至五点半，两人才姗姗来迟。二人到达后口渴难耐，立即坐下喝水，这时，师傅等人都有些不快。秦浩看见后立刻将陈师傅请至进门第一个座位。席间，孙莉将杯子高高举起，答谢陈师傅。师傅最后有几句话要交代大家，李明却看到了自己十分喜爱的汽锅鸡，于是招呼众人一起吃。快到结束时，张婷手机铃声《死了也要爱》响起，她抓起一看，原来是妈妈打来的，她怕有急事，立即离席接起……

讨论：秦浩等人在组织请客的过程中犯了哪些错误？正确的做法应该是怎样的？

礼仪热点

☆ 老王错在哪里了

老王的儿子英国留学归国，还带了位洋媳妇回来。为了讨好未来的公公，这位洋媳妇一回国就诚惶诚恐地张罗着请老王一家到当地最好的四星级饭店吃西餐。用餐开始了，老王为在洋媳妇面前显示出自己也很讲究，就用桌上一块“很精致的布”仔细地擦了自己的刀、叉。吃的时候，学着他们的样子使用刀叉，既费劲又辛苦，但他觉得自己挺得体的，总算没丢脸。用餐快结束了，吃饭时喝惯了汤的老王盛了几勺精致小盆里的“汤”放到自己碗里，然后喝下。洋媳妇先是一愣，紧跟着也盛着喝了，而他的儿子早已是满脸通红。

第十二章 次序礼仪

学习目标

通过本章学习，应该达到以下目标：

知识目标：掌握主席台礼宾次序、会见会谈礼宾次序、生活中的次序常规和交通工具次序常规等次序礼仪的理论知识。

能力目标：在相关工作中能够正确地按照次序礼仪规范的要求去实现人际沟通的目标。

素质目标：在各种情况下，都能理清次序的使用规范。

核心概念

主席台　国内会议　涉外会议　会见会谈　签字仪式　交通工具　日常生活礼宾次序

次序礼仪是在社会交往中，特别是在重要的礼仪场合中，为体现参与者的身份、地位、年龄等的差别，而给予特别的尊重，或者为了体现所有参加者一律平等，而按照一定的惯例和规则对出席者进行排列的礼仪规范。

在涉外交往中，礼宾次序依照国际惯例与本国的习惯做法，对应邀而至的众多国家、团体或个人的尊卑顺序，进行合乎礼仪的排列。如果安排不当或不符合国际惯例，则会引起不必要的争执和交涉，甚至会影响到两国之间的关系。礼宾次序，看起来只是个先后排列的事，一旦出了问题，就是大事。所谓“外事无大小”，就是这个意思。因此，在组织社交活动时，对次序礼仪应给予高度重视。

第一节　主席台礼宾次序

一、国内会议活动主席台位序排定

（一）基本原则

① 前为上、中为上原则。这是第一原则，也是国际通用原则。

② 左为尊原则。古人坐北朝南，左为东，右为西，以东为首，以西为次。

③ 远门为上，面门为上。指的是远离房门为上，良好视野为上。

以左为尊的原则可追溯到中国古代。供奉祖宗牌位的太庙，是建在皇宫的东侧。清东陵的 15 座陵寝是按照“居中为尊”“长幼有序”“尊卑有别”的传统观念设计排列的。清世祖顺治皇帝的孝陵位于南起金星山，北达昌瑞山主峰的中轴线上，其位置至尊无上，其余皇帝陵寝则按辈分的高低分别在孝陵的两侧呈扇形东西排列开来。孝陵之左为圣祖康熙皇帝的景陵，次左为穆宗同治皇帝的惠陵；孝陵之右为高宗乾隆皇帝的裕陵，次右为文宗咸丰皇帝的定陵，形成儿孙陪侍父祖的格局，突现了长者为尊的伦理观念。这个原则大约从东汉至隋唐、两宋时期形成，元代改为右为上，明代复改为左为尊，沿袭至今。

在我国，从古至今，“尊左”还是“尊右”不是一成不变的，有年代和地域的区别，至今仍存在争议。因此，不能简单地认为我国是“以左为尊”。在座次安排上，首先要看会议的性质。政务会议、国企内部的大型会议，一般仍然遵守“左为上”的原则；其他商务、社交、涉外活动一般遵循“以右为尊”的国际惯例。

小型会议，一般指参加者较少、规模不大的会议，全体与会者均应排座，不设立专用的主席台。

大型会议一般是指与会者众多、规模较大的会议。会场上应设主席台与群众席，前者必须认真排座，后者的座次则可排可不排。大型会场的主席台，一般应面对会场主入口。主席台座次的排列要求：前排高于后排、中央高于两侧、右侧高于左侧（商务会议）、左侧高于右侧（政务会议）主席台必须排座次、放名签，以便领导同志对号入座，避免上台之后互相谦让。

（二）具体适用

（1）当领导同志人数为奇数时：1 号领导居中，2 号领导排在 1 号领导左手边，3 号领导排右手边，其他依次排列，如图 12-1 所示。

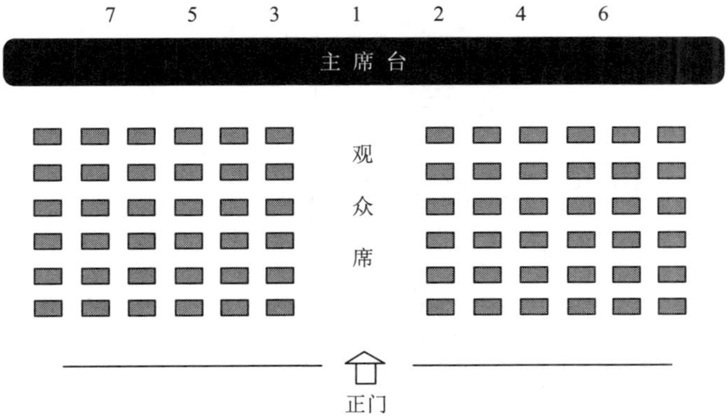

图 12-1

（2）当领导同志人数为偶数时：1 号领导、2 号领导同时居中，1 号领导排在居中座位的左边，2 号领导排右，其他依次排列，如图 12-2 所示。

（3）如多排就座，则前排高于后排，主要领导安排在第一排。后排座位也如第一排排列，如图 12-3 所示。

（4）如果是报告会，主席台的座次一般是采取报告人和主办单位负责人相间排列或各单位负责人相间排列的方式进行安排。

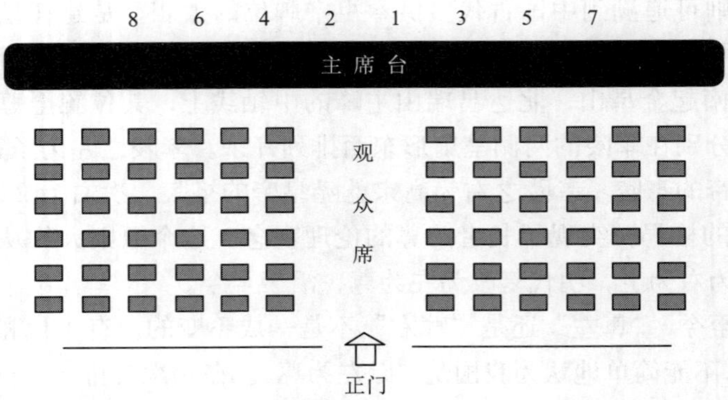

图 12-2

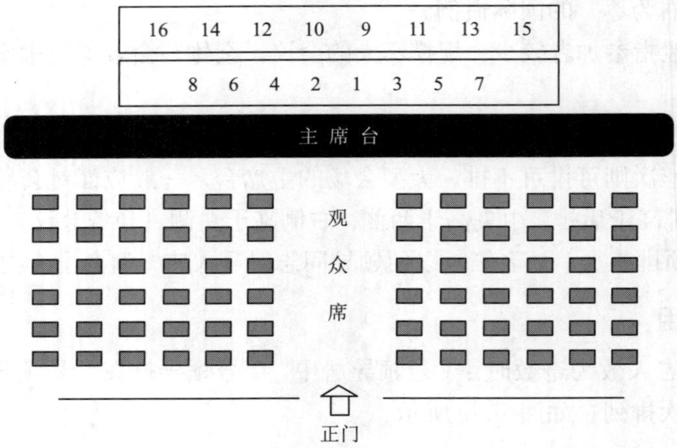

图 12-3

一般来说，主席台位置要面门设置。主席台位次居中为上，以左为上，前排为上。主持人可在前排正中，也可在前排最右侧。发言席设在主席台正前方，或在其右前方。

二、涉外会议活动主席台位序排定原则

（1）前排为上、居中为上原则。

（2）以右为上原则。即以右为上，以左为下；以右为尊，以左为卑；以右为客，以左为主。但这个原则一般只在涉外场合适用，如图 12-4 所示。

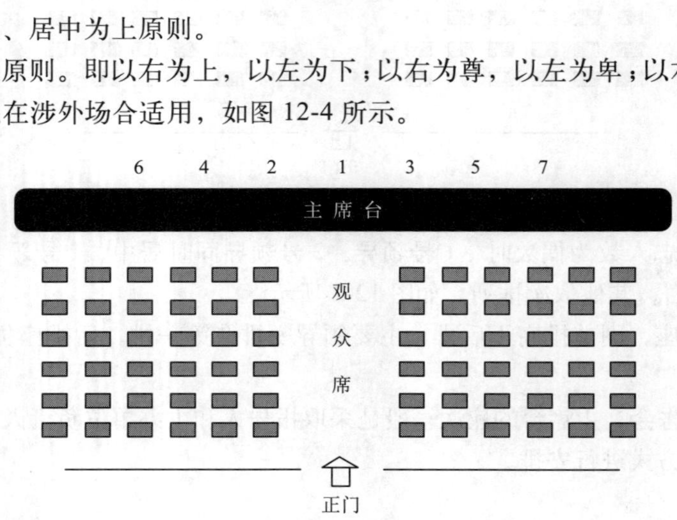

图 12-4

三、观众席位序排定

（1）自由式择座。不进行统一安排，而由大家自由择位而坐。

（2）按单位就座。它是指与会者在群众席上按单位、部门或者地区、行业就座。它的具体依据，既可以是与会单位、部门的汉字笔画的多少、汉语拼音字母的前后顺序，也可以是其平时约定俗成的序列。按单位就座时，若分为前排后排，一般以前排为高，以后排为低；若分为不同楼层，则楼层越高，排序便越低。

观众席排定如图 12-5、图 12-6 所示。图 12-5 所示为以面对主席台为基准，自前往后进行横排，图 12-6 所示为以面对主席台为基准，自左而右进行竖排。

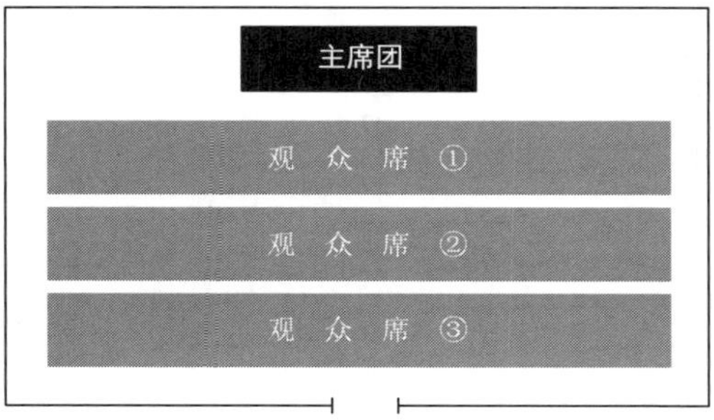

图 12-5

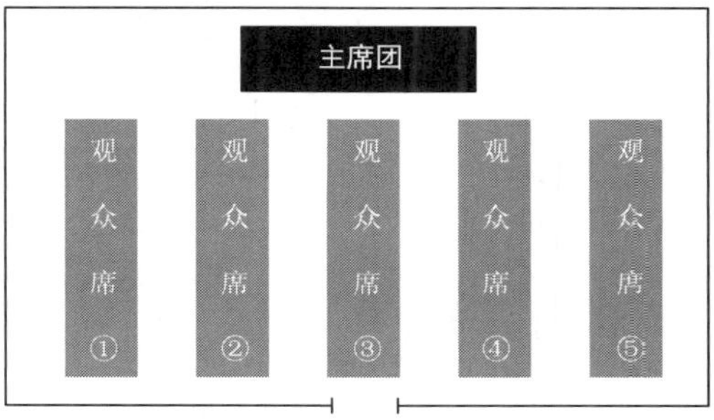

图 12-6

四、关系对等的排序

（1）按姓氏笔画排列。

（2）按字母顺序排列。

（3）按回执抵达的时间先后排列。

第二节 会见、会谈及签字仪式的常规次序

一、会见会谈位序排定

会见指参与会晤的宾主双方身份、地位相仿。根据会见中双方交谈所涉及的内容分，可分为礼节性会见、政治性会见、事务性会见三种。会谈指双方或多方就某些重大问题正式交换意见或磋商。

1. 会见位序的安排

会见通常安排在会客室或办公室，大多是宾主对称地各坐一边。某些国家元首会见还有其独特礼仪程序，如双方简短致辞、赠礼、合影等。我国习惯在会客室会见，客人坐在主人的右边，译员、记录员安排坐在主人和主宾的后面。其他客人按礼宾顺序在主宾一侧就座，主方陪见人在主人一侧就座。座位不够可在后排加座。

布局可为弧形或方形；座次安排时遵循“面门为上，主方在左侧，客方在右侧”的原则；会见外宾，有翻译、记录员时，坐于主人和主宾身后，如图 12-7 所示。

图 12-7

2. 会谈座位的安排

会谈多以双边为主，也有多边会谈，几个人的会谈不另设会场，座位安排同会见。较多人的会谈需设专门会场，通常用长方形、椭圆形或正方形会议桌。

双边谈判：使用长桌或椭圆形桌子，宾主分坐于桌子两侧。若谈判桌横放，面门位置属于客方；背门位置属于主方，如图 12-8 所示。

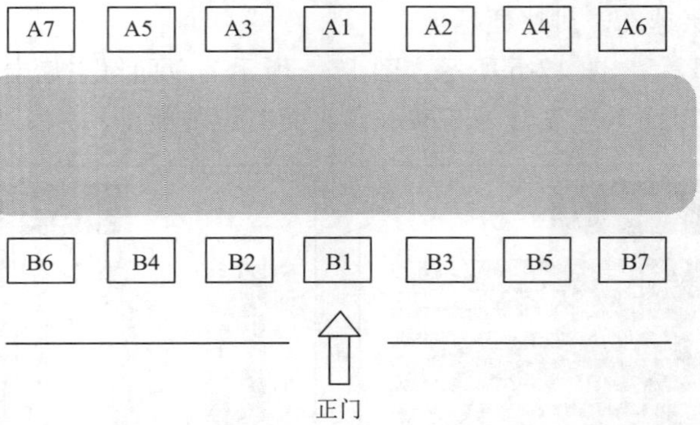

图 12-8

A—上级领导或外宾席；B—主方席

当 A 为外宾时，A3 与 B3 分别为客方与主方译员。

若谈判桌竖放，以进门方向为准，右侧为客方，左侧属主方，如图 12-9 所示。

谈判时，主谈人员应在自己一方居中而坐，其他人员遵循右高左低的原则，按照职位的高低自近而远地在主谈人员两侧就座。翻译人员就坐在仅次于主谈人员的右边位。

多边会谈多使用圆桌，或是将桌椅摆成一个圆圈；四方会谈，以方桌为宜，以避免座次安排上尊卑、主次把握不当而影响会谈的效果，如图 12-10 所示。

图 12-9

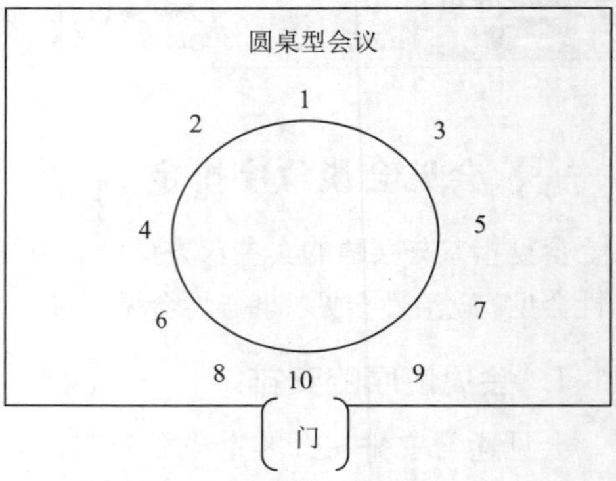

图 12-10

二、签字仪式位序排定及仪式礼节

1. 签字仪式位序排定

签字仪式，通常是指订立合同、协议的各方在合同、协议正式签署时所正式举行的仪式。举行签字仪式，不仅是对谈判成果的一种公开化、固定化，而且也是有关各方对自己履行合同、协议所做出的一种正式承诺。

举行签字仪式时，在力所能及的条件下，一定要郑重其事，认认真真。其中最为引人注目的当属举行签字仪式时座次的排列方式问题。一般而言，举行签字仪式时，座次排列的具体方式共有三种基本形式，它们分别适用于不同的具体情况。

(1) 并列式。并列式排座是举行双边签字仪式时最常见的形式。它的基本做法是：签字桌在室内面门横放。双方出席仪式的全体人员在签字桌之后并排排列，双方签字人员居中面门而坐，客方居右，主方居左，如图 12-11 所示。

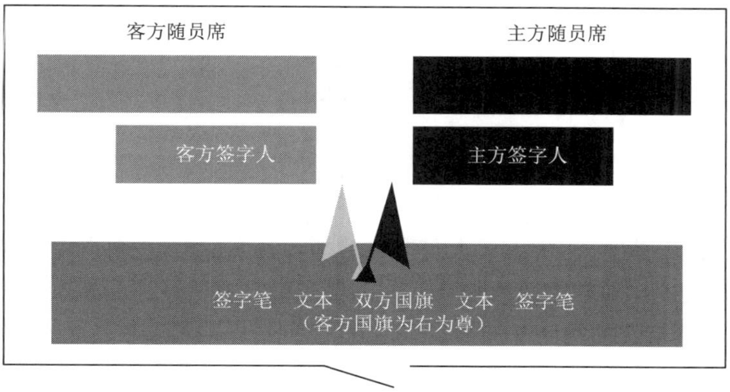

图 12-11

(2) 相对式。相对式签字仪式的排座，与并列式签字仪式的排座基本相同。二者之间的主要差别，只是相对式排座将双边参加签字仪式的随员席移至签字人的对面，如图 12-12 所示。

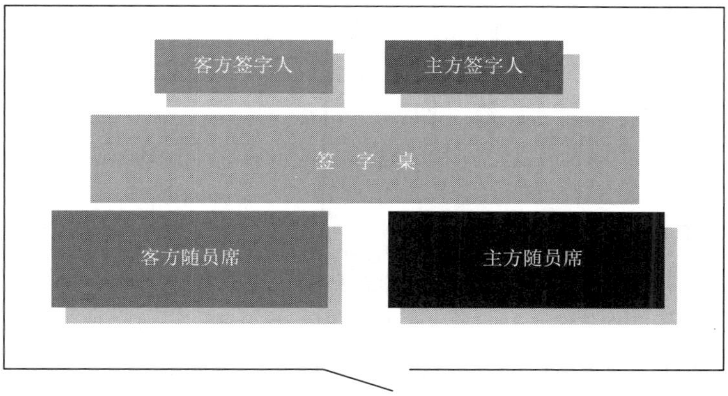

图 12-12

(3) 主席式。主席式排座，主要适用于多边签字仪式。其操作特点是签字桌仍须在室内横放，签字席仍须设在桌后面对正门，但只设一个，并且不固定其就座者。举行仪式时，所有各方人员，包括签字人在内，皆应背对正门、面向签字席就座。签字时，各方签字人应以规定的先后顺序依次走上签字席就座签字，然后即应退回原处就座，如图 12-13 所示。

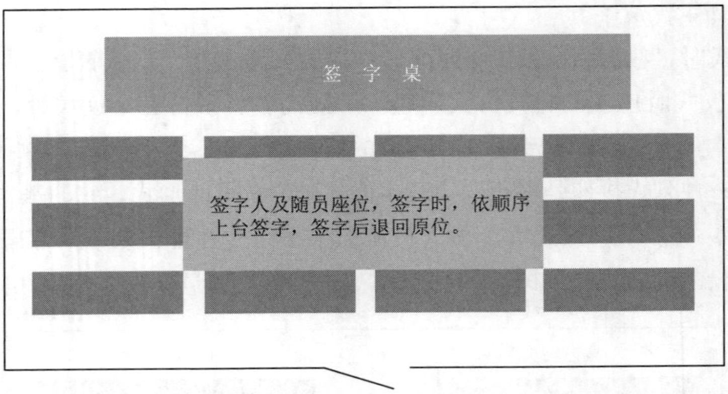

图　12-13

2. 签字仪式礼节

在具体操作签字仪式时，可以依据下述基本程序进行运作：

第一步，宣布开始。此时，各方有关人员应先后步入签字厅，在各自既定的位置上正式就位。

第二步，签署文件。通常的做法是，首先签署应由己方所保存的文本，然后签署应由他方所保存的文本。依照礼仪规范，每一位签字人在己方所保留的文本上签字时，应当名列首位。因此，每一位签字人均须首先签署将由己方所保存的文本，然后再交由他方签字人签署。此种做法，通常称为“轮换制”。它的含义是：在文本签名的具体排列顺序上，应轮流使有关各方均有机会居于首位一次，以示各方完全平等。

第三步，交换文本。各方签字人此时应热烈握手，互致祝贺，并互换方才用过的签字笔，以作纪念。全场人员应热烈鼓掌，以表示祝贺之意。

第四步，饮酒庆贺。有关各方人员一般应在交换文本后当场饮上一杯香槟酒，并与其他方面的人士一一干杯。这是国际上所通行的增加签字仪式喜庆色彩的一种常规性做法。

第三节　生活中常规次序

一、行走位序排定

并行时，若两人并排行走，则右边的位置较尊贵；三人并行，则在中间较尊贵；四人并行，中央高于两侧，内侧高于外侧，一般让客人走在中央或内侧。

单行行进时，前方高于后方，如没有特殊情况的话，应让客人在前面走。

引导时，自己走在客人左前二三步，侧转 130° 向着客人的角度走；用左手示意方向；要配合客人的行走速度；保持职业性的微笑和认真倾听的姿态；如来访者带有物品，可以礼貌的为其服务；途中注意引导提醒，拐弯或有楼梯台阶的地方应使用手势，并提醒客人“这边请”或“注意楼梯”“有台阶，请走好”等。

二、上下楼位序排定

一般而言，上下楼梯要单行行进，没有特殊情况要靠右侧单行行进，这样有急事的人可以从左边急行道通过。

一般情况下，上楼是尊者在前，但如果尊者不熟悉楼层建筑，则应在引导者后；如果与女性尊者上楼，不管是男士还是服务员应走在女士的前面，避免上楼时，后者的视线恰好落在女士的臀部上，这会让女士感到尴尬，属于失礼行为。

下楼时，尊者在一人之后，这是出于安全的考虑，如图 12-14 所示。

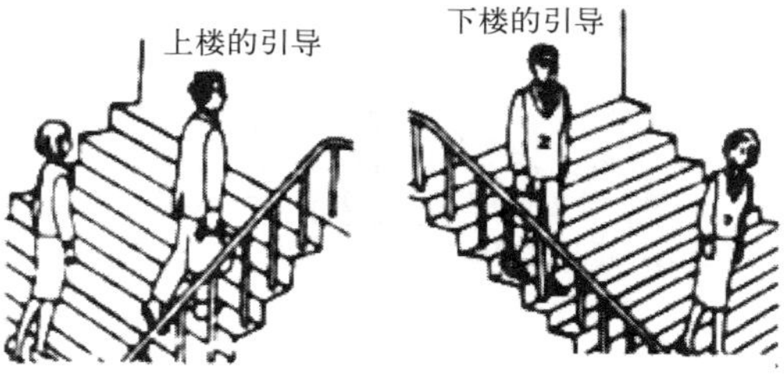

图 12-14

陪客人上楼梯时，客人走前面，陪同者紧跟后面；下楼梯时，陪同者走前面，并将身体转向客人。楼梯中间的位置是上位，但若有栏杆，就应让客人扶着栏杆走；如果是螺旋梯，则应该让客人走内侧。上下楼梯时，要提醒客人："请小心。"

三、进出电梯位序排定

在客人之前进入电梯时，一手按住"开"的按钮，另一只手示意客人进入电梯；进入电梯后，按下客人要去的楼层数，侧身面对客人，可做寒暄；到目的地时，按住"开"的按钮，请客人先下。

与不相识者同乘电梯，进入时要讲先来后到，出来时则应由外而里依次而出，不可争先恐后。与熟人同乘电梯，尤其是与尊长、女士、客人同乘电梯时，则应视电梯类别而定：进入有人管理的电梯，应主动后进后出。进入无人管理的电梯，则应当先进去后出来，这样做是为了控制电梯。

电梯里的位置，最次的是操作按钮的位置，操作按钮里面的位置被看作是最尊贵的上座位置，其次是它旁边的位置，再其次是在有按键旁边的位置，如图 12-15 所示。

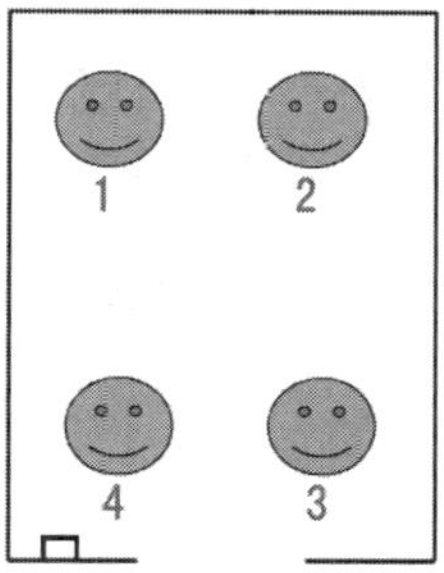

图 12-15

四、照相位序排定

合影时的排位，一般讲究"居前为上"、"居中为上"和"以左为上"。具体来看，它又有单双数的分别。习惯做法通常是主方人员居右，客方人员居左，"以左为尊"。

排位原则：前排高于后排，中间高于两侧，右方高于左方。单数照相排定，如图 12-16 所示。双数照相排定，如图 12-17 所示。

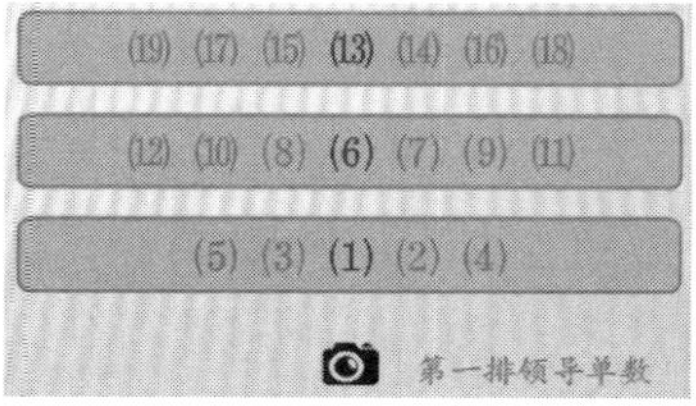

图 12-16

图 12-17

在涉外场合合影时，应遵守国际惯例，讲究“以右为尊”，即主人居中，主宾居主人右侧，其他双方人员分主左宾右依次排开。简而言之，就是讲究“以右为上”。合影一般由主人居中，主人右侧为第一主宾的位置，左侧为第二主宾，双方其他人员相间排列，两端的位置不要留给客方，由主方人员把边。第一排人员的安排既要考虑人员的身份，又要考虑场地的大小，能否摄入镜头，如图 12-18 所示。

图　12-18

第四节　交通工具常规次序

一、小轿车位序排定

在比较正规的场合，乘坐轿车时一定要分清座次的尊卑，并在自己合适之处就座。而在非正式场合，则不必过分拘礼。

座次礼仪规则可概括为“四个为尊，三个为上”。“四个为尊”是客人为尊、长者为尊、领导为尊、女士为尊，此四类人应为上座；“三个为上”是方便为上、安全为上、尊重为上，以这三个原则安排座次，其中“尊重为上”原则最重要。

1. 轿车的三种“上座”

(1)“社交场合的上座”：主人开车的情况，上座为副驾驶座。这个位置能和主人方便地交谈。如果这时你坐在后排，就有把主人当成你司机的嫌疑，如图 12-19 所示。

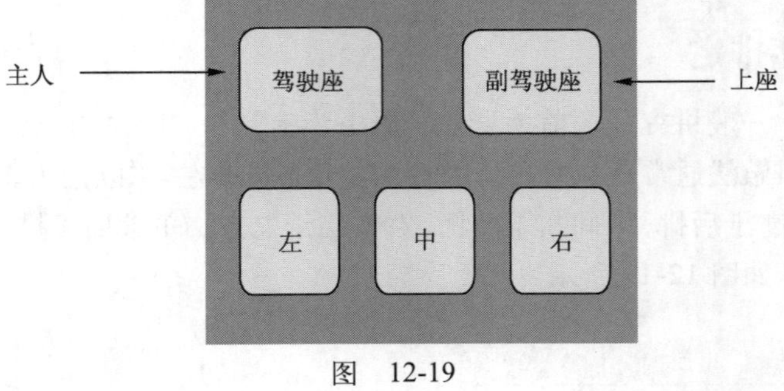

图　12-19

(2)“公务接待的上座”：开车的人是专职司机。上座是后排右座。这跟我国道路行驶规则有关。后排比前排舒服，后排右座比后排左座上下车方便。训练有素的司机开车到酒店一停车，后排右座一定正对着门。这个位置的人下车、上车非常方便。而副驾驶的座位是“随员座”，所以酒店的门童都不会给副驾驶员座开门，如图 12-20 所示。

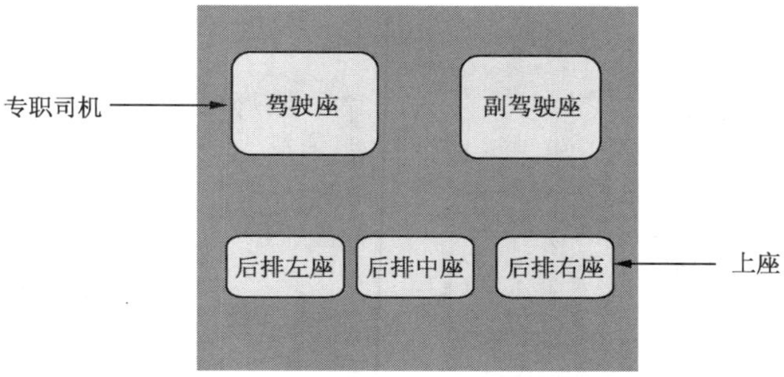

图　12-20

（3）“安全上座”：即司机后面的座位。高级将领、高级领导、包括一些专家人士，不管方向盘在哪里，他都喜欢坐在司机后面。因为那个位置最安全。最不安全的位置是副驾驶座。因此坐在开车主人的旁边，也叫“舍命陪君子”，如图 12-21 所示。

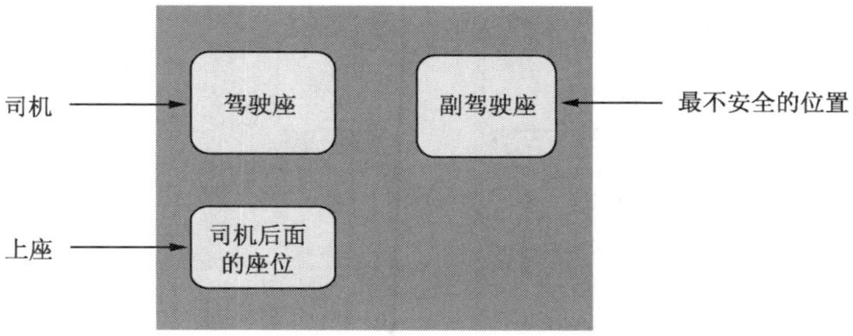

图　12-21

2. 轿车位次礼仪

（1）由司机驾驶时，以后排右侧为首位，左侧次之，中间座位再次之，前座右侧为末席 [见图 12-22（a）和图 12-23（a）]。

（2）由主人亲自驾驶时，以驾驶座右侧为首位，后排右侧次之，左侧再次之，而后排中间座为末席，前排中间座则不宜再安排客人 [见图 12-22（b）和图 12-23（b）]。

（3）主人夫妇驾车时，则主人夫妇坐前座，客人夫妇坐后座，男士要服务于自己的夫人，宜开车门让夫人先上车，然后自己再上车。

三排七人座轿车、三排九人座轿车位次如图 12-24、图 12-25 所示。

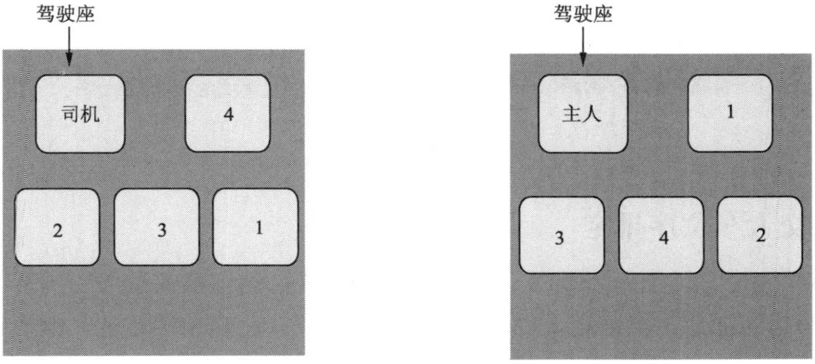

(a)　　(b)

图　12-22

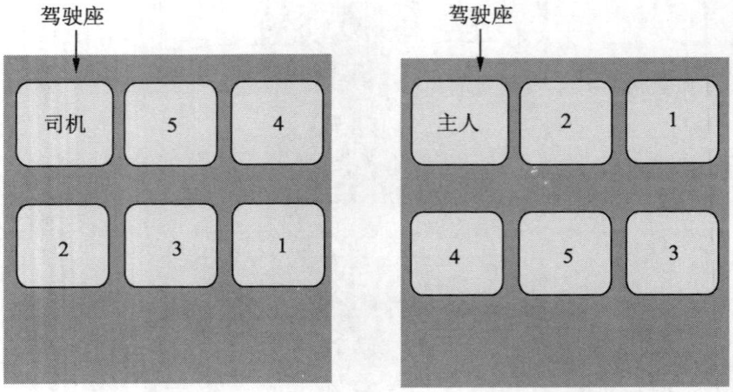

(a)　　(b)

图　12-23

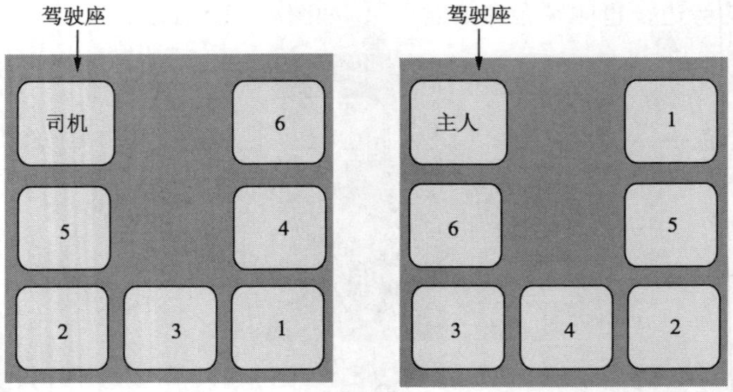

(a)　　(b)

图　12-24

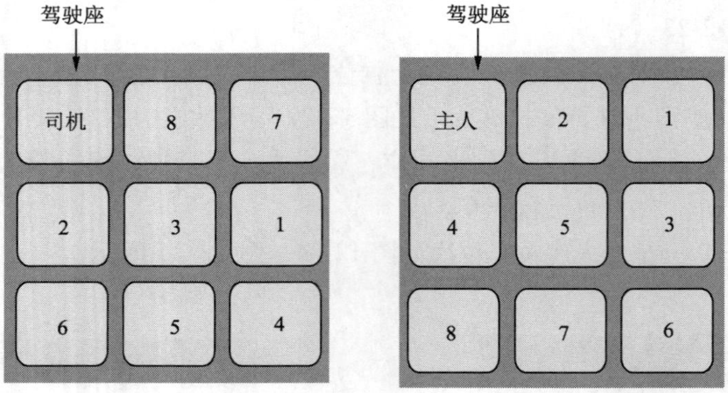

(a)　　(b)

图　12-25

二、公交大车位序排定

乘坐公共汽车、旅行车、面包车时，基本的规矩是：临窗的座位为上座，临近通道的座位为下座。乘车规则是：前座高于后座，右座高于左座，距离前门越近，座次往往越高，如图 12-26 所示。

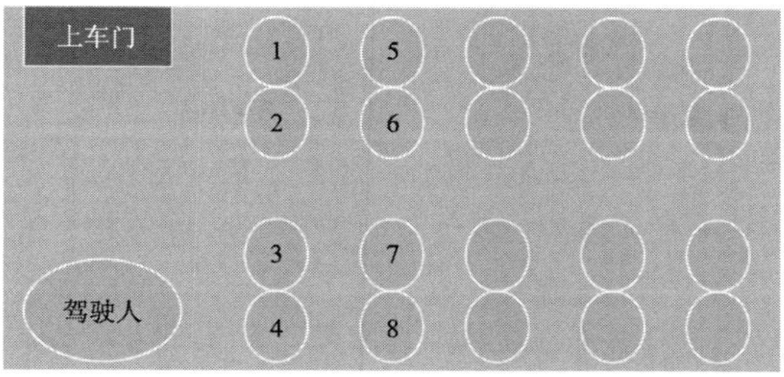

图 12-26

在乘坐公用交通工具时，选择座位要加以注意。

（1）对号入座。长途的公共汽车，一般按座售票，乘坐者应对号入座。乘这种车时，不要乱坐座位，也不要找人换座位。

（2）不对号入座。有的公共汽车不对号入座，通常讲究就座时先来后到，坐这种车时，不要与人争抢座位，更不要为座位与他人发生口角。

（3）主动让座。遇到老人、病人、残疾人、孕妇、抱孩子的人时，应主动让出自己的座位，当他人为自己让座时，应立即道谢。

（4）留出特殊座位。不少公共汽车的前门或中门附近，都有老、弱、病、残、孕专座。这些座位即使空着，不符合条件的也不应坐。

（5）不随处乱坐。公共汽车上除座位外，比如窗沿、地板、扶手、发动机等处，均不能就座。挤坐他人座位，也是不雅之举。

三、火车、轮船位序排定

1. 火车位序排定

火车上的座位尊卑顺序是：

（1）舒适之处为上，卧铺＞座席，软席＞硬席，空调车厢＞非空调车厢。

（2）方便之处为上，内侧＞外侧，下铺＞中铺＞上铺。

（3）面向前方为上，视觉舒服。

（4）临窗之座为上，视野开阔，空气清新。

2. 客舱内的位次

轮船是水上交通的现代化工具，乘坐时，要做到：确保安全，上下有序，活动有忌，禁止离船，逃生有法。上下轮船的顺序：先来后到，依次排队。上船时自己后行，下船时自己前行。

（1）垂直方向上方的舱位舒适。

（2）同一水平面的舱位舒适度：单人间＞多人间＞通铺。

（3）同一档次舱房：距离通道出口近的位次高。

（4）多人客舱：卧铺＞座席，软席＞硬席，空调席＞非空调席。

（5）多人客舱：距舱门远＞距舱门近。

思考应用

1. 合影时的位次应怎样排列?

2. 运输管理学院2016年假期社会实践表彰大会，邀请了学院党总支书记、学院院长、副院长、教研室主任、年级辅导员出席，假如你是学院学生会秘书长，你应该怎样事先安排主席台的座次?

3. 学校要求班级以“家庭教育与学校”为主题，召开一次家长会，可以选4名学生代表参加会议，请你布置一下家长会的会场，方便家长、老师、学生交流，设计一张会场座位示意图。

4. 王芳是一位品学兼优、精明干练的女大学生。毕业后被一家外资企业看中了，在一次和外方总经理出差到上海途中，由外方总经理亲自驾车，王芳坐在了轿车的后排座位，外方总经理看到此情景有点不悦。当到达入住的酒店时，王芳因为预定的事情与前台服务员发生争执，出差回来，王芳被炒了鱿鱼，但是她一时想不通为什么会被炒鱿鱼?

礼仪热点

☆ 德国人的礼貌习惯

在德国的公共场合，凡是有门的地方，总会有这样的现象：走在前面的人，进去后总要回头看后面有没有人进门。如果有，他就扶着门让后面的人进去，后面的人进去后，也总是要向扶门的人说声“谢谢”，没有人进门后一甩门扬长而去的举动。令人感动的是，所有的人都这样做。

德国的公共场所都有电梯或扶手梯，每一次在扶手梯上都惊奇地发现：无论人多人少，无论结伴而行的人还是情侣，没有并排站在扶手梯上的。德国人上楼、下楼时站在右侧，空出左边的位置，以便让有急事的人从左侧先行。虽然它不是一项法律，只是人们的生活习惯，但这一现象到处可见到：男士走在左侧，同行的女士走在右侧，以防车辆撞上女士；也有小辈走在左侧，长辈走在右侧，主人在左、客人在右。所有这些习惯，都是为了方便照顾对方。

第三篇

轨道交通服务礼仪

第十三章

轨道交通服务礼仪概述

学习目标

通过本章学习，应该达到以下目标：

知识目标：掌握服务礼仪的概念、作用、基本原则等理论知识，了解服务人员的礼仪修养和素质要求。

能力目标：培养服务的礼仪意识；养成尊敬他人的习惯；锻炼履行服务礼仪的意志；养成遵从服务礼仪的行为。

素质目标：按照服务人员的素质要求，培养和具备良好的礼仪修养。

核心概念

服务礼仪　作用　基本原则　礼仪修养　素质要求

近年来，随着我国城市化进程加速，中国高速铁路也随之迅猛发展，使得中国成为世界上高速铁路发展最快、系统技术最全、集成能力最强、运营里程最长、运营速度最快、在建高铁规模最大的国家。铁路的快速发展，为人们带来了更为便利的出行和资源之间的快速流动，促进了人员的交流往来与经济的快速发展。

轨道交通企业作为窗口行业，客运人员与乘客具有面对性、高接触性的服务特点，客运服务人员的礼仪服务知识和礼仪规范水平直接影响乘客对服务质量的评价。做好轨道交通服务礼仪，应当以人性化服务为特色，以礼仪化服务为标准，这是现代轨道交通企业的核心竞争力之一，它不仅有利于员工提高个人的内在修养，而且能够提升轨道交通企业的形象。作为轨道交通行业工作人员，应当了解现代服务礼仪的相关知识，才能更好地做好服务。

第一节　服务礼仪的作用与基本原则

现代服务礼仪，指的是服务人员在现代服务岗位上应严格遵守的行为规范和准则。它是服务人员在服务活动中，用以维护企业或个人形象，对服务对象表示尊重和友好，令服务对象满意的行为规范，是一般礼仪在服务活动中的具体表现。其行为规范主要包括服务人员在服务关系中应有的仪容仪表和言谈举止。在铁路系统中，服务礼仪就是运营企业员工在工作岗位上通过言谈、举止等对乘客表示尊重和友好的行为规范。

一位北京下岗女工被乘务员们的热情服务感动后，问乘务员："你们天天干扫地的活，不觉得委屈吗？"乘务员告诉她："社会分工不同，你乘我们的车，我们就要为你服务，等我们再去你那时，可能就是你为我们服务了。"结果，这个女工的思想发生了深刻的变化，主动减少了自身的角色冲突，下车前她在留言簿上写道："你们对旅客热情服务的态度教育了我，让我找回了自身价值，找回了自信。我一定振作精神，重新开始，干出个样子来。"

一、服务礼仪的作用

1. 提升服务人员自身的素质

礼仪在行为美学方面指导着人们不断地充实和完善自我，并潜移默化地熏陶着人们的心灵。比尔盖茨曾说："企业竞争，是员工素质的竞争。"加强服务礼仪培养，有助于提高服务行业从业人员的个人素质和自身的职业竞争力。

2. 调解服务工作过程中的人际关系

在服务交往过程中，尊重是相互的。一般来说，人们受到尊重、礼遇、赞同和帮助就会产生吸引心理并增进友谊；反之，会产生抵触、反感、甚至敌视的心理。服务礼仪是服务关系和谐发展的调节器、润滑剂，注重服务礼仪有助于促使服务各方保持冷静，缓和、避免不必要的服务矛盾冲突和情感对立，从而使人们之间的服务交往获得成功。因此，服务礼仪有助于满足客人的心理需求，使从业人员与客人之间能够更好地进行服务交流与沟通，有助于妥善处理服务纠纷问题。

3. 塑造服务型企业良好的服务形象

当今社会礼仪、形象就是对外交往的门面和窗口，良好的企业形象可以给企业带来良好的经济效益和礼仪效益。在现代企业管理中，企业特别注重员工的内在素质和外部形象，要求每一位员工都要有强烈的形象意识，认识到个人形象代表企业形象。个人的行为就是本企业典型的活体广告，是企业形象、文化、员工修养素质的综合体现，只有具备良好的服务礼仪才有利于企业形象的提升。

让顾客满意，为顾客提供优质的产品和服务，是良好企业形象的基本要求。服务的过程不仅是商品货币的交换过程，也是人的情感交流的过程。一句亲切的问候，一次理解的微笑，犹如春风吹暖顾客的心，缩短了与顾客的距离。在一定意义上，规范化的礼仪服务，能够最大限度地满足顾客在服务中的精神需求。

服务礼仪展示了企业的文明程度、管理风格、道德水准，从而塑造了良好的服务型企业的服务形象。

4. 提高服务企业产品竞争的附加值

现代市场竞争是一种形象竞争。对于服务性行业，高素质的员工提供的高质量的服务有助于企业创造更多的经济效益和社会效益，同时有利于提升企业的文化内涵和品牌效应。因此，每一位员工的礼仪修养无疑会起着十分重要的作用。

许多企业如今已经达成共识，他们认为：企业活力 = 商品力 + 服务力。在产品本身差异化越来越小的今天，服务的特色已越来越成为许多企业的核心竞争力之一，而服务礼仪不仅可以强化企业的道德要求，还可以树立优质服务的企业形象。虽然服务是无形的，但是可以体现在服务人员的一举一动、一笑一言之中。因此，服务礼仪是企业无形的广告，在提高服务质量的同时，可以树立良好的企业形象，提高企业产品竞争的附加值。

二、服务礼仪的基本原则

1. 尊重的原则

孔子说："礼者，敬人也"，这是对礼仪的核心思想的高度概括。所谓尊重的原则，就是要求我们在服务过程中，要将对客人的重视、恭敬、友好放在第一位，这是礼仪的重点与核心。因此在服务过程中，首要的原则就是敬人之心常存，掌握了这一点，就等于掌握了礼仪的灵魂。在人际交往中，只要不失敬人之意，哪怕具体做法一时失当，也容易获得服务对象的谅解。

2. 真诚的原则

服务礼仪所讲的真诚的原则，就是要求在服务过程中，必须待人以诚，只有如此，才能表达对客人的尊敬与友好，才会更好地被对方所理解，所接受。与此相反，倘若仅把礼仪作为一种道具和伪装，在具体操作礼仪规范时口是心非，言行不一，则是有悖礼仪的基本宗旨的。

3. 宽容的原则

宽容的原则就是要求服务人员待人以宽，豁达大度，忍耐性强。要发现别人的长处，要有气量，不过分计较、追究对方的差错过失。具体表现为一种胸襟，一种容纳意识和自控能力。

4. 适度的原则

适度就是把握分寸，认真得体。在给乘客提供服务时，为了保证取得成效，必须注意技巧，要注意调节与他人的距离，保持一个适当的尺度。

在提供服务时，"适度"即指感情适度、举止适度、谈吐适度。既热情友好，尊重他人，殷勤接待，又要自尊自爱，端庄稳重，落落大方，体现平等公正，不卑不亢；既要彬彬有礼，又不能低三下四；既要热情大方，又不能轻浮、奉承。

5. 乘客至上的原则

不拒绝顾客的要求。意味着对乘客提出的任何正当、合理的要求，都应想方设法尽最大努力去满足。确实没有办法满足的，也不能简单对乘客说"不"字。这时可以用替代的方式满足乘客的需要。若确定无法满足，则应委婉礼貌地提出建议。一个服务人员在任何情况下都应为不能满足乘客的需求而深感歉意。

不干扰顾客。顾客在接受服务时有权要求自己的清静和自由不受干扰，如果顾客对服务的享用是以不断被打扰为代价的，那么这种服务就失去了意义，因此，不干扰顾客或零度干扰是服务提供者努力追求的一个服务目标。

不冒犯顾客。顾客在与服务人员打交道的过程中能否顺畅、愉快，很大程度上取决于服务人员是否懂得去保护顾客的自尊心。无论顾客提出多么不合理的要求，服务人员只能礼貌拒绝，不能失去应有的礼貌，不能责怪、埋怨，要克制、忍耐。

顾客是企业的生存之本、发展之源，没有顾客的支持，一切都无从谈起，因此，只有为顾客提供了令人满意的服务，服务组织和人员才有生存和发展的机会。顾客的需求、满意是至高无上的。

第二节 服务人员的礼仪修养

一、亲和的微笑

“一张迷人的笑脸，其价值胜过千万学识”，服务人员的专业知识很难马上反映在服务绩效中，但是一张迷人的笑脸却能使服务质量得到很大的提高。热情的笑脸让顾客有宾至如归的感觉，给顾客留下良好的第一印象。

亲和的微笑可以树立良好的形象，易于被乘客接纳，以提高服务质量；可以使乘客消除陌生感和恐惧感；可以与乘客建立良好的沟通渠道和客户关系，化解服务矛盾。

微笑是服务人员的第一项工作，甜美的微笑能拉近与顾客之间的距离。没有笑容就没有良好的人际关系。面对顾客目光友善，微笑真诚、亲切，表情自然，眼睛要礼貌正视对方，不可左顾右盼、心不在焉。跟顾客有目光接触时要送上微笑，脸上有笑，眼睛更要有笑。

微笑的四大要领是：发自内心、有快乐的心情、有宽广的胸怀并能够进行感情沟通。要懂得包容顾客的一些无理要求，用真诚的微笑打动顾客，尽量满足顾客的要求。遇到无理的顾客要晓之以理，动之以情地和客人进行沟通。

二、舒心的问候

问候是服务人员在日常工作中根据时间、场合、对象用不同的礼貌语言向宾客表示关心的行为。问候得当可以迅速表现出自己的心意与诚意，可以在最初接触时给乘客留下好印象。

服务人员见到乘客时，应主动打招呼。一般来说，先打招呼的人会在后面的谈话交流和服务中掌握主动。

三、整洁的仪表

服务人员每天都要接触成千上万的乘客，乘客对铁路服务第一印象的产生首先来自服务人员的仪容仪表。

良好的仪容仪表，是企业树立良好形象的手段，是尊重服务对象的需要，反映了服务企业的管理水平和服务质量。

服务人员的仪表一定要做到整洁和朴素。整洁朴素的仪表可以拉近和乘客的距离，能弥补某些服务方面的不足，带给乘客清新、健康的印象。反之，不好的仪容仪表往往会令人生厌，即使有热情服务和一流设施也不一定给乘客留下好印象。

四、得体的语言

语言是为乘客服务的第一工具，它对做好服务工作有着十分突出的作用。得体的语言会让乘客倍感亲切。

例如有一货主投诉：今天下午到行李房取货，工作人员说："货已转到二货场。"问："二货场在哪？"工作人员说："你到地图上自己查去！"这位工作人员的语言比较生硬，应引起我们的反思：旅客是我们请来的客人，我们不能这样对待请来的客人。

服务人员要善于察言观色，语言交流要针对乘客实际，要从言谈举止中迅速把握乘客的心情，要明白乘客的弦外之音，了解乘客的愿望。要尽量站在乘客的立场上说话办事，判断乘客的心理和服务需要。

除此以外，服务人员需要用委婉的语气表达否定的意思。拒绝乘客时，使用否定句的影响是很强烈的，会给乘客留下不愉快的印象。

第三节 服务人员的素质要求

一、心理素质要求

处变不惊的应变力，是服务人员非常重要的素质。所谓应变力是对一些突发事件的有效处理。铁路服务人员，每天面对许多不同的乘客，许多乘客会给你带来一些真正的挑战。比如有的乘客因为对列车服务不满，拿着瓶子砸柜台，有的乘务员可能一下就吓哭了，赶紧打电话报警，而这种做法是欠妥的，这时一定要处变不惊，稳妥地处理这件事情。

情绪的自我掌握和调节能力。优秀的服务人员，在面对乘客投诉的时候，要保持同样的热情度，不能跟乘客发生口角，要能够用良好的心态去面对，这是一种良好的心理素质。如铁路12306的客服人员，每天都有可能接到投诉电话，听到一些难听的话，如果受影响，就会把第一个客户的不愉快转给下一个客户。

二、品格素质要求

忍耐与宽容是面对无理客户的法宝，是一种美德。要有包容心，包容和理解客户。客户的性格不同，人生观、世界观、价值观也不同。真正的客户服务是根据客户本人的喜好使他满意。

拥有博爱之心，勇于承担责任。博爱之心是指"人人为我，我为人人"的思想境界，在应聘服务人员面试时，有专门聘用拥有博爱之心的人。而出现问题的时候，服务人员不应该推卸责任，而应当承担起责任，并把问题化解掉。

谦虚是做好服务工作的要素之一。服务人员不能在客户面前炫耀自己的专业知识以体现客户知识的不足，不能在服务时卖弄，不能把客户当成傻瓜。

三、技能素质要求

① 良好的语言表达能力。这是实现沟通的必要技能和技巧。

② 丰富的行业知识及经验。丰富的行业知识及经验是解决客户问题的必备武器，服务人员不仅要能跟客户沟通、赔礼道歉，也要能够解释客户提出的问题，如果服务人员不能成为业内人士，不是专业人才，有些问题就解决不了，客户最希望得到的是服务人员的帮助。

③ 对客户心理的洞察力。做好铁路服务工作，还需要有对客户心理活动的洞察力。思维要敏捷，洞察顾客的心理活动，及时调整服务方向，提供上乘的服务。

服务无止境，用心对待每一位乘客，将微笑送给每一位乘客，使乘客拥有一段快乐的旅程。

思考应用

1．什么是服务礼仪？其基本原则是什么？

2．列举服务人员的礼仪素养。

3．列举服务人员的素质要求。

4．案例分析：阅读本案例，说一说摔跤冠军不逞能的原因是什么？

有位客运员是省摔跤比赛冠军、全国亚军，有一天，他在出站口检票，遇到3名乘客无票，其中一名男子拒绝补票，扬言哥们儿几个坐车从来就没补过票，别跟我过不去。这位曾是摔跤冠军的客运员压下火气，耐心地向他们讲解规章，依然坚持请他们补票，不料这3人冲上前来，就给他一顿乱拳，然后就跑了，许多人冲着他喊："揍他们！"他分开人群，走到3名男子身边："还得请你们按规章补票！"望着周围聚拢过来的旅客，3个人终于不情愿地掏出了钱。他将票塞到他们手里："欢迎下次乘坐铁路列车。"站上的领导听说了这件事，给这位摔跤冠军颁发了委屈奖。他说："这奖包含着荣誉，也包含着苦涩。"

礼仪热点

☆ 服务人员的服饰颜色有"学问"

服务人员的服装颜色一般都喜欢采用红色，它象征着温暖和热情，适合饭店的服务风格。黑色服装显得高雅、庄重，客人受到身着黑色服装服务人员的接待和服务时，深感自己是一位高贵的客人。绿色也是常被采用的服装颜色，它使客人感到年轻，具有活力，特别是老年客人喜欢服务人员身着绿色的服装。白色服装也是被大多数客人所喜欢的，他们见到身穿白色服装的服务人员，感到饭店和周围的一切都很洁净、怡人。

☆ 穿着体现了个人形象，也代表国家形象

中山装要扣齐纽扣，特别是风纪扣，要穿黑皮鞋，给人一种庄重的感觉。在这一点上周总理为我们做出了榜样，电影《周恩来》中，有这样一组镜头，周总理主持最后一次国庆招待会的时候，尽管病重脚已浮肿，他仍穿皮鞋，由工作人员代他扣风纪扣。这代表着国家的尊严。

第十四章 铁路车站服务礼仪

学习目标

通过本章学习，应该达到以下目标：

知识目标：了解铁路服务礼仪的基本要求，理解铁路各服务岗位的服务程序、标准与礼仪要求。

能力目标：能够运用铁路日常的服务礼仪，达到常规的铁路员工的服务礼仪要求。

素质目标：培养学生热爱铁路服务工作、认真负责、细心的工作态度。

核心概念

服务礼仪基本要求　　售票服务　　客运外勤服务

铁路客运车站是城市的窗口，客运服务则是车站联系旅客的纽带。铁路车站客运服务人员是指在客运车站的售票窗口、进站通道、候车室、旅客站台等处为旅客提供直接服务、维持车站秩序和保障旅客安全的工作人员。客运工作人员的主要职责是指客运人员对车站旅客购票、乘降、出站的安全服务所承担的责任。铁路车站的客运服务始于售票窗口，并从安检进站、候车室候车、检票进站延伸至站台，终止于出站口，具有点多面广的特点。因此，车站服务礼仪对于提升服务质量，展示铁路形象，满足旅客需求有其重要意义，这就要求铁路客运服务人员具备高度自觉地服务意识，在为旅客服务时要有良好的态度，要热情、礼貌，微笑服务。牢记自己代表的是铁路的形象，绝不能抱着无所谓的态度。车站服务礼仪包括售票处服务礼仪和客运外勤服务礼仪两大方面。其中客运外勤服务又包括进站口服务、候车厅服务、问询处服务、站台服务、出站口服务等。

第一节　车站客运服务礼仪要求

在车站客运服务中，客运工作人员要以礼待人。在职业道德修养、文化知识修养、心理素质修养和行为习惯修养方面，提高自己的水平，提高自己的自我控制能力，勤学苦练，自觉调整，养成良好的行为习惯。

一、仪容仪表礼仪

良好的仪容仪表是车站服务形象的表现，车站服务工作的特点是直接面向旅客为其提供服务，来自四面八方的旅客对其服务的工作人员会留下直接而深刻的印象。良好的仪容仪表会产生积极的宣传效果，在一定程度上，车站服务人员的仪容仪表反映了一个组织或团体的服务形象和管理水平。能满足旅客视觉美方面的需要，同时又使他们享受到优质的服务，自己的身份地位得到应有的承认，求尊重的心理也会得到满足。

车站服务人员必须注重个人的仪容仪表和风度，这是由其工作性质决定的。要求工作时精神饱满、仪容整洁、举止大方、表情自然。

铁路总公司于2015年公布了新的《铁路旅客运输服务质量规范》，其中规定了车站客运服务人员仪容仪表的具体规范。车站客运服务人员的形象直接代表了车站甚至铁路在旅客心目中的印象，工作人员应严格按照规范来要求自己。

在客运服务的工作中，客运工作人员要保持面部和双手的清洁，指甲修剪整齐，长度不超过指尖2 mm，身体外露部位无文身。女性客运服务人员应淡妆上岗，保持妆容美观，不浓妆艳抹，不染彩色指甲。车站客运工作人员在上岗前应自检仪容，避免因疏忽大意而影响自身甚至影响铁路的形象。女性客运工作人员切忌当众补妆。

车站客运工作人员要注意保持头部的干净整洁。头发干净整齐、颜色自然，不理奇异发型，不剃光头。男性客运工作人员两侧鬓角不得超过耳垂底部，后部发尾不长于衬衣领，不遮盖眉毛、耳朵，不烫发，不留胡须；女性客运服务人员在工作期间头发不能超过肩部，长发需用规定的发套扎起，刘海长不遮眉，短发亦不能过短，长度不短于两寸。

车站客运工作人员应按要求着规定的统一服装，衣扣拉链整齐。女性工作人员着裙装时，丝袜统一，无破损。系领带时，衬衣束在裙子或裤子内。外露的皮带为黑色。佩戴的外露饰物应款式简洁，限手表一只、戒指一枚，女性还可佩戴发夹、发箍或头花及一副直径不超过3毫米的耳钉。不歪戴帽子，不挽袖子和卷裤脚，不敞胸露怀，不赤足穿鞋，不穿尖头鞋、拖鞋、露趾鞋，鞋跟高度不超过3.5 cm，跟径不小于3.5 cm。

在服务态度上，客运车站服务人员要诚恳、热情、和蔼、耐心。仪容仪表除了外在的修饰，还需要内在涵养提升，当为旅客服务变成一种发自内心的付出时，就会外在表现为良好的服务态度。在良好的服务态度构成中，微笑是最容易温暖和打动人心的关键构成因素，微笑可以和有声的语言及行动相配合，起到“互补”作用，充分表达尊重、亲切、友善、快乐的情绪。微笑服务更是优质服务中不可缺少的内容。

车站客运工作人员在为旅客提供服务的过程中，应时刻面带微笑，做到脸笑、眼笑和心笑的统一。与旅客交流时首先就应露出微笑，而且决不能因为旅客的反应而被动地改变微笑的面孔。

二、仪态礼仪

在行为举止上，客运车站服务人员要表现得动作优雅，举止端庄。

客运工作人员应遵循基本的仪态规范，做到行如风、站如松、坐如钟。除此之外还应在职业道德修养、文化知识修养、心理素质修养和行为习惯修养方面，努力提高自身的水平，提高自我控制能力，勤学苦练，自觉调整，养成良好的行为习惯。在服务旅客的过程中，客运服务工作人员要以礼待客、一视同仁。

三、沟通礼仪

由于铁路客运服务工作直接与旅客接触，与旅客之间的沟通是不可避免的，在与旅客交流沟通的过程中，客运服务工作人员应使用礼貌用语。礼貌用语是服务性行业的从业人员在接待宾客时使用的礼貌语言。俗话有言“良言一句暖三冬，恶语伤人六月寒”，在为旅客提供服务的过程中，礼貌用语是对旅客的尊重，它不仅体现服务工作人员自身的修养，还能让旅客有宾至如归的感觉。礼貌用语是车站客运服务人员用来与旅客进行信息沟通的重要的交际工具，是衡量服务质量优劣的重要标准。

在服务用语上，客运车站服务人员在与旅客沟通过程中应遵循适时、机智和宽容三大原则，做到谈吐文雅、语言轻柔，语调亲切甜润，音量适中，讲究语言艺术。服务语言要求使用普通话，服务语言表达规范、准确，口齿清晰。

1. 客运服务人员常用的服务用语

(1) 十字礼貌用语

客运工作人员在与旅客打交道过程中，要用到“请、您好、谢谢、对不起、再见”等十字服务用语。

(2) 称谓用语

对旅客称呼应得体。统一称呼时为“各位旅客”，个别称呼时为“同志”“小朋友”“先生”“女士”等。

(3) 欢迎用语

旅客进入车站，应对旅客的到来表示欢迎“欢迎您来到 ×× 站！”

(4) 道别用语

与旅客道别时，可对旅客说“再见”“欢迎下次再来乘车”。

(5) 询问用语

询问用语包括“您好，请问我可以帮你做点什么？”“很抱歉我没有听清您的话，请您再说一遍好吗？”等。

(6) 道歉用语

“对不起，请您原谅！”“非常抱歉，让您久等了！”。

2. 服务忌语

在服务旅客的过程中应使用敬语、谦语和文雅用语，这既反映了客运工作人员本身的修养，也能让旅客有被尊重之感。

在与旅客的交流沟通过程中，切忌粗俗不雅的用语，不讲脏话、粗话，不讲怪话。俗话说“恶语伤人六月寒”，带恶意的、骂人的话会伤害到旅客，切不可以旅客无礼在先为借口而使用庸俗、下流的话。

第二节 售票服务

售票窗口虽小，却是车站服务的前沿阵地。曾经有过统计，旅客对于售票窗口的评价 90% 在于售票员的态度，伴随着电脑售票的应用，对售票窗口的服务提出来新的要求，售票员必须不断学习，提高自身技能，才能更好地为广大旅客提供服务，虽然售票员与旅客只交流几句简单的问题和使用几个简单的动作，但也要讲究售票艺术和礼仪规范。

一、售票员服务礼仪规范

售票员应着规定的服装。工作服要经常清洗，保持清洁整洁，必须佩戴工号牌，做到仪表整洁，仪容端庄。

（1）旅客购票时，要主动热情，态度和蔼，面带笑容。

（2）工作时，精神饱满，思想集中，不与同事闲聊。

（3）售票时，做到准确无误，对旅客表达不清楚的地方，要仔细问清楚以免出错。

（4）业务熟练工作有序，讲究效率，有些车站根据售票窗口操作流程，可以形成三言两语的语言规范，即讲好开头语，坚持标准语，用好结束语，做到服务开头有问候声，服务结束有道别声。我们每个车站都可以从中总结规律和经验，让车票又快又好地到达旅客手中。

二、售票作业规范

铁路微机售票系统自从1995年投入使用以来，经过不断的改进和完善，微机售票系统已经升级到第五代，这也意味着铁路客票管理和发售工作的现代化程度越来越高，对售票作业进行标准化作业规范，可以提高铁路客运经营水平和服务质量。微机售票、退票作业的规范程序如下：

1.“六字”售票法

问：问清到站、日期、车次、座别、张数、经由，并告诉旅客是否停车。

输：输入旅客购票要求，告诉旅客票种、张数、应收票款。

收：收取票款，确认币面，摊平复点复唱，将票款放于桌面上，键入实收款数，按制票键制票。

取：取出打印好的软纸票，取出找零款，复核票面、张数及找零款。

交：将软纸票和找零款一起递交给旅客，同时报唱到站、张数、找零款数。

清：票款按面值放入抽屉内，按键恢复售票状态。

2.“五字”退票法

看：看清票面是否有效。

输：用扫描仪进行认证，输入票号。

核：核对票面记载项目，确认应退票款。

盖：加盖“退”字戳记，收回已退车票。

交：将应退票款和报销凭证一并递交旅客，并唱报，按键恢复退票状态。

第三节 客运外勤服务

客运外勤服务包括组织旅客进出站、候车厅旅客组织、问讯处服务和站台服务等方面，客运外勤服务主要在客运值班员的领导和组织下由铁路客运员具体完成。

候车厅是车站的门面和窗口，宽敞明亮、整洁干净的候车大厅会给旅客一个愉悦的心情，而良好规范的服务礼仪可让旅客产生赞赏的、信赖的心情，其服务水平的高低是旅客对车站服务产生印象和做出评价的重要依据。现阶段，随着客流量的大量增长，乘客文化层次差异的扩大，给站厅服务增加了新的难度。如何提高站厅服务质量，减少乘客投诉的发生已经成为现阶段亟待解决的问题之一。

一、进站口服务

客运站进站口主要进行携带品的安全检查和旅客身份的实名制验证，是外勤服务的第一道关口，其服务质量的优劣直接影响旅客对车站的总体印象。

1. 统一着装

穿着规定统一制服，帽徽和职务标志佩戴一致，服装干净，衣扣、领带、领结整齐，符合《铁路旅客运输服务质量标准》的要求。

2. 举止文雅，礼貌待客

工作人员在检查携带品之前，应主动说“谢谢您的配合”，并主动伸手去帮旅客把包放到检测仪上或抬到桌子上。携带品检查过后应向旅客表示感谢“给您添麻烦了，祝您旅行愉快，再见。”

在客流高峰期，客运工作人员应协助旅客进行携带品的安全检查，并婉转地提示旅客加快速度，并提醒后一位做好准备，避免出现拥挤忙乱的现象。

在与旅客面对面进行携带品须知的宣传时，应做到态度友好亲切，声音温柔平和，并多使用“请”“对不起”“谢谢”等礼貌用语；不能蛮横粗野，更不能大喊大叫。

进行实名制验证时，应面带微笑，热情友好地对旅客说“您好，麻烦您出示您的车票和身份证件。”在检验通过之后，应对旅客说“谢谢您的配合，祝您旅行愉快，再见！”查验车票要双手递接，切忌随手摔扔。实名制的验证过程中有可能会遇到不配合的旅客，这时候态度可稍微严肃，但不可过于强硬，以免造成不愉快甚至冲突。

3. 站在旅客立场为旅客服务

在对旅客的携带品进行安检时，如发现违禁品，应向旅客做好解释工作，详细地告知旅客哪些属于违禁品，禁制带进站、带上车。对夹带违禁品的行李进行开箱检查时，应避免当众开箱，应把包拿到一边。因为一旦查出来会让旅客感到难堪，伤害旅客的自尊，有时会引起旅客的逆反心理。

4. 服务用语谦卑、得体

进站口的安全检查和实名验证工作因操作起来比较烦琐、耗时，必然会给旅客（尤其是赶时间的旅客）带来一定的麻烦，尽管所有的工作流程均是按照铁路的规章进行的，客运工作人员也应主动向旅客道歉，并对旅客的配合表示谢意。

二、问讯处服务

问讯处一般设在候车大厅的中部，主要为旅客答疑解惑，为旅客旅行带来便利。客运工作人员在为旅客提供问询服务时，应做到语言自然流畅、举止规范文雅、态度和蔼，进行礼仪引导时应做到不卑不亢，为旅客提供便利的同时，增添车站的服务魅力。问讯处的客运工作人员要做到以下几项：

1. 服务规范

（1）上岗前须对仪容仪表进行自我检查，做到仪表整洁干净、仪容端庄大方，精神饱满，符合《铁路旅客运输服务质量标准》的要求。

（2）在问询服务工作中要始终保持站立姿势，且做到“站如松”。站立时不可含胸驼背，肩斜腿曲，亦不可身体歪斜；工作中不能伏在桌子上，更不可倚墙靠背。

（3）在回答旅客问题时，应始终面带微笑，思想集中，不可精神涣散，天马行空。

2. 热情待客

（1）对旅客要一视同仁，热情大方地接待每一位旅客的问询，切忌过分亲热，过分热情会让旅客产生心理疙瘩，甚至有损自身形象。

（2）与旅客打交道过程应注意察言观色，用语简洁、明了，并充分利用肢体语言进行情感表达，更好地与服务对象交流。

（3）问询服务过程不得与旅客争辩，更不能使用粗俗的言语谩骂旅客，避免举止鲁莽。

3. 正确引导

（1）引导手势正确规范。为旅客进行引导时，正确的做法是：手掌伸平，五指自然收拢，掌心向上，小臂稍向前伸，指向你要去的地方。切忌伸出一个手指头，指指点点。

（2）如需离开咨询台为旅客进行引导时，应走在旅客的左前方，距离旅客 0.5 ~ 1.5 m，引导姿势一般采用前摆式。

（3）为旅客引导的过程应注意服务用语的明确、规范，明确、规范的服务用语能让旅客有受人尊重的感觉。常用的引导词有："请往这边""注意脚下"等。客运引导服务过程中，为了提高引导的效率，一方面应逐步推广使用先进的电子引导装置，来自动完成客运服务过程。体现一种"无声服务"的氛围，营造一个温馨、安静的车站服务环境。另一方面，我们更应增强服务人员的自身素质，努力掌握礼仪规范，不断提高服务档次，提高综合服务水平，以体现我们的礼仪引导的魅力。

三、候车服务

候车室是供旅客等候乘车的场所，一般需要凭乘车票或者站台票进入候车室（一般是开车时间 2 小时以内的车票），根据车次的不同，一般在开车时间前 10 ~ 30 min 检票进站。旅客在车站停留的大部分时间都在候车室，候车室客运服务工作人员（客运值班员和客运员）主要负责候车室秩序维持、车票的查验和检票设备的维护工作。具体如下：

1. 客运值班员

客运值班员是班组的组织者和统筹者，在候车室应做到以下工作：

（1）进行候车室定时巡视，掌握旅客候车动态及重点旅客信息。做到巡视认真、信息掌握准确。

（2）作为班组工作的组织者，应及时检查客运员作业的执行情况，指导客运员按作业标准，处理客运相关业务及旅客投诉。做到按章办理、及时处理。

（3）组织客运员按时上岗，按规定时间进行检票作业，一般始发列车检票时间不晚于开车前 30 min，开始、停止检票时间的设置应适应客流量和站场条件，进站口有提前停止检票时间的提示。开始检票或列车到站前，通告车次、停靠站台等检票信息。做到准时上岗，不误剪、不漏剪。

（4）当候车室内发生旅客人身伤害、突发疾病的伤、病人员时，应及时联系医疗机构；造成旅客死亡或涉及违法犯罪的，应及时报告（通知）公安机关。

2. 客运员

(1) 听从客运值班员的安排，根据分工在各自岗点为旅客提供候车服务。

(2) 在候车室（区域）入口处引导旅客候车。引导工作应保证有序进行、态度应亲切、用语礼貌文雅。

(3) 应加强候车室的巡视工作，服务在旅客周围，掌握旅客候车动态和重点旅客情况，做到细致入微服务。

(4) 严格按照作业标准进行相关作业，为旅客答疑解惑，积极受理旅客的投诉。做到首问首诉负责，耐心解答问询。

(5) 按广播预告，及时上岗组织检票作业，提醒旅客列车停靠站台。按规定时间停止检票。做到上岗准时、检票认真，不漏剪、不误剪；同时要维护自动检票设备，组织旅客通过检票闸机。

(6) 妥善处理候车室（区域）内突发情况，及时上报。做到沉着果断，措施得当。

(7) 遇列车晚点时，做好宣传、解释工作，主动帮助旅客解决困难，稳定旅客情绪。做到耐心解释，妥善处理。

四、站台服务

站台一方面是旅客离开车站登乘列车的最后场所，另一方面也是旅客结束旅程的过渡区。由于站台紧挨着线路，线路上旅客列车的启动和进站停车都会给站台的服务造成一定的影响，做不好可能会酿成事故，所以站台的服务工作应在保证安全的大前提下，由客运值班员统一指导开展，做到各司其职，服务规范。

1. 客运值班员

(1) 客运值班员是班组工作的组织者，负责组织班组客运员列队上岗，应及时清理站台，检查立岗情况，做好站台的乘降组织，耐心的解答旅客问询，并做到分工明确，组织有序。

(2) 在列车出发和到达进行迎送时，应间距适当，足踏白线，面向列车，目迎目送，应以列车进入站台开始，开出站台为止。

(3) 客运值班员负责站车交接工作。在与列车长办理重点旅客及客运业务交接时，应做到交接清楚，手续齐全。

(4) 对站台上发生的突发事件，做到快速反应、密切配合，妥善处理。

(5) 组织班组客运员列队撤岗，行动一致。

2. 客运员

客运员是站台旅客服务工作的具体实施和执行者，在服务工作过程中应听从客运值班员的指挥，不可特立独行，一意孤行。

(1) 列车停靠站台前 5 min 列队上岗，清理站台，做好接车准备。做到按时上岗、站台无障碍物及闲杂人员。

(2) 列车进站后，按分工在上车车门处立岗，面向旅客进站方向，提示登车安全，协助重点旅客上车，劝告送客人员不要上车，组织旅客有序上、下车时，不能强拉硬拽。组织乘降过程做到分工明确，安全有序。

(3) 开车铃响，组织站台上的人员退到安全线以内；列车启动后，防止随车奔跑，确保站台上人员的安全。

（4）听从客运值班员指挥，列队撤岗，行动一致。

【案例】

某年6月18日22点，由哈尔滨开往满洲里的K7057次列车即将驶入昂昂溪站，车站客运值班员小于在对候车旅客例行巡视时，发现一名脸色憔悴的女性旅客在不断地颤抖，不由得关心地问："您需要帮助吗？"女旅客不耐烦地回答："关你什么事！"。"嗨，这世界上真是什么人都有啊！"一名男旅客在抱不平。女旅客尖声叫道："想找不自在是不是？"男旅客被吓得连忙溜走了。小于尽管内心感到非常的委屈，依然有礼貌地向那名旅客说了声："对不起。""哼！"女旅客狠狠地白了她一眼。

客运员按照服务惯例对旅客进行了问询，遭到了旅客的拒绝，这本是服务工作中常见的情况，事情到这里本该告一段落了，可是值班员小于不远不近地随着女旅客进入了站台，又登上了天桥。只见女旅客的脚步越来越慢，扶着墙壁大口地喘着气，突然一头栽倒在一名旅客的"拉杆箱"上，引起一片尖叫。小于迅速冲上前去，将女旅客平放在地面上，女旅客挣扎着要推开她的手，小于说："对不起，我是客运员，我必须帮助你。"此时女旅客昏厥，并开始不断地抽搐。"让开！让开！"小于的同事挤进了人群，打开了急救箱。小于立即从急救箱中取出速效救心丸给该名女旅客喂服。3 min后，女旅客开始有了意识，并能慢慢讲话。原来这名旅客姓杨，家住富拉尔基，今年38岁。由于父亲刚刚去世，再加上在遗产分割中内心纠结，导致情绪失常。小于正是从这名旅客的精神状态和胳膊上的"孝"字，分析出她可能有突发心脏病的危险，进而对其进行了监护应急救护，才挽救了旅客的生命。这件事情是偶然事件，但是多年的客运工作经历让小于具备了察言观色和处置突发伤病的能力，是对职业的热爱和对职责的坚守才让她在旅客身处危险时挺身而出，从而挽救了旅客的宝贵生命。

五、出站服务

出站口是客运车站送别旅客的最后场所是旅客运输合同的终止地点。客运工作员应以高度自觉地服务意识，以方便旅客为原则，严守最后一道关口，有序组织旅客出站，具体要求如下：

（1）引导和组织旅客有序地通过自动闸机或人工检票口迅速出站，不产生对流。

（2）做好出站验票工作，正确为旅客办理补票补价业务。

（3）对违反铁路相关规定携带物品的旅客，按章程办理运费补收业务。

（4）在办理相关补价补费手续过程中要态度友好，注意方式方法，巧用服务用语，切忌蛮横待客，态度恶劣，恶语伤人。

六、班后交接

客运站的服务工作采取倒班制，班组之间的交接工作在车站服务工作中也非常的重要，如交接不清，容易耽误工作，影响车站的服务质量。

1. 客运值班员

（1）交班前，检查服务区域设备备品、卫生保洁质量、物品定位摆放等情况，核实重点旅客信息。及时审阅处理旅客留言簿，对设备故障等情况及时报告并办理交接。

(2) 做到重点旅客信息翔实，重点事项交接清楚。

(3) 召开班后总结会，填写值班日志。

2. 客运员

交班前，检查服务区域设备备品、卫生保洁质量、物品定位摆放等情况，核实重点旅客信息。

演礼训练

(一) 训练内容

1. 仪表仪容修饰训练。

(1) 整装操。

(2) 女生练习化职业淡妆。

(3) 男生练习系打领带。

2. 仪态举止训练。

站姿、坐姿、走姿、微笑、引导手势。

(二) 训练目的

1. 仪表、仪容礼仪规范要求。

2. 符合标准操作仪态举止规范。

3. 培养气质，打造职业形象。

(三) 训练模式

1. 自我训练方式。

2. 团队训练方式。

(四) 训练评价

1. 个人与团队之间互相评议。

2. 老师点评，记载成绩。

思考应用

1. 简述售票服务的六字售票法。

2. 对于重点旅客，车站客运工作人员在服务工作中应做好哪几方面的工作?

3. 实践应用：旅客在验票中发现车票丢失，应如何处理?

4. 实践应用：今天你微笑了吗?

请同学回去收集你身边的微笑表情，微笑可来自家人、朋友、同学、路人（老年人、小孩子、青年人等），大家做一个微笑集合图或者是视频，要求不少于8个微笑。

5. 案例分析：请问下面这位服务员在用语上有哪些不合规范的地方?

在G80次列车上，午餐时间，来自台湾省的旅游团在10号车厢用餐，当餐车服务员发现一位70多岁的老人面前的空饭碗时，就轻步上前，柔声说道："请问老先生，您还要饭吗？"那位先生摇了摇头，服务员又问道："那先生您完了吗？还需要什么吗？"

老先生冷冷一笑，说："小姐，我今年 70 多岁了，这辈子还没落到要饭吃的地步，怎么会要饭呢？我身体还硬朗着呢，不会一下子完的。"

礼仪热点

☆ 世界微笑日

第一次世界大战后，战争给世界各国人民带来巨大的灾难和痛苦，欧洲捷克斯洛伐克红十字会提出倡议每年举行三天的"红十字休战日"活动，以借机宣传红十字会的人道主义思想，增进各国人民的相互了解、友谊和合作。这个倡议历经波折，1948 年，国际红十字会正式确定：以国际红十字会创始人亨利・杜南的生日——5 月 8 日为世界红十字日，也即"世界微笑日"。

☆ 微笑服务的结果

一天，一位陌生的顾客走进豪华的银行营业大厅，要求换一张崭新的面值 100 元的钞票，准备当天下午作为礼品用。该银行每天的营业额高达数亿元，公务十分繁忙。

但是，接待这位陌生顾客的银行职员微笑着听完这位顾客的要求后，请他稍候，立即先在一沓沓钞票中寻找，又拨了两次电话，15 min 后终于找到了一张这样的钞票，并把它放进一个小盒子里递给这位陌生顾客，同时附上了一张名片，上面写道："谢谢您想到了我们的银行。"

事隔不久，这位偶然光顾的陌生顾客又来了，这次来是到这家银行开个账户。在以后的几个月中，这位顾客所在的那个律师事务所在该银行存款 2 500 万元。

☆"火车头奖章"获得者大连站职工吕玉霜

大连站职工吕玉霜是"火车头奖章"获得者。正是因为具有正确而高尚的情感倾向，才能十几年如一日为旅客排忧解难，为他人奉献爱心。

1985 年，吕玉霜由客运服务员岗位走上问询处岗位。当她看到自己面前旅客那一张张充满企盼神情的面孔时，她暗下决心：不能让一个旅客在我这个窗口听到一句"不知道"或不明确的回答。为此，她苦练基本功，一有时间就写或背。每天晚上在家里，她把孩子和丈夫当成旅客，任凭他们父子俩考问。在短时间内，她把全国的主要干线、停车站，软、硬卧及普通票价、列车到开时间等倒背如流，熟记在心。不仅如此，她还将大连市内及郊区的主要企事业单位、高等院校、医院、部队、酒店及风景区的地址、行走路线牢记心中。保证旅客高兴而来，满意而去。吕玉霜常说的一句话是，平凡不等于平庸，为旅客排忧解难，为他人奉献爱心，是我最大的快乐。

第十五章

列车乘务服务礼仪

学习目标

通过本章学习，应该达到以下目标：

知识目标：掌握列车乘务服务礼仪的基本要求，理解普通列车与动车列车的乘务服务工作。

能力目标：具有运用服务礼仪的知识、技巧处理相关服务问题的能力。

素质目标：自觉用列车客运乘务服务礼仪的标准，培养自己达到相关职业岗位的要求。

核心概念

乘务服务礼仪　　普速列车　　动车组列车

第一节　列车客运乘务服务基本要求

列车客运乘务员是旅途中直接与旅客接触并为旅客服务的铁路客运服务人员，是距离旅客最近的服务岗位。铁路客运服务质量的提升，很大程度上取决于列车客运乘务服务质量的提升。对列车客运乘务人员在服务礼仪和作业标准上进行的规范要求和训练，成为提升乘务服务质量的关键。

一、仪容礼仪要求

列车客运乘务人员在仪容上总体要求为：仪容整洁，着装统一，整齐规范。

（一）仪容整洁

客运乘务员应保持面部、双手的清洁，身体外露部位无文身。指甲修剪整齐，长度不超过指尖 2 mm，不染彩色指甲。

女性客运乘务人员应淡妆上岗，整体妆容以精神、素雅为标准，不浓妆艳抹。整个乘务过程应保持妆容美观，具体要求如下：

① 唇线与口红的颜色一致；眉毛修剪整齐，眉笔和眼线为黑色或深棕色；眼影的颜色与制服一致；使用清香、淡雅型香水。工作中保持妆容美观，端庄大方。补妆及时，在洗手间或乘务间进行。

② 头发干净整齐、颜色自然，不理奇异发型、不剃光头。男性两侧鬓角不得超过耳垂底部，后部不长于衬衣领，不遮盖眉毛、耳朵，不烫发，不留胡须；女性发不过肩，刘海长不遮眉，

短发不短于两寸。

（二）着装统一

所有的客运乘务人员必须佩戴职务标志，胸章牌（长方形职务标志）戴于左胸口袋上方正中，下边沿距口袋 1 cm 处（无口袋的戴于相应位置），胸章牌包含单位、姓名、职务、工号等内容。菱形臂章佩戴在上衣左袖肩下四指处。此外，按规定应佩戴制帽的工作人员，应在执行职务时戴上制帽，帽徽在制帽折沿上方正中，如图 15-1 所示。

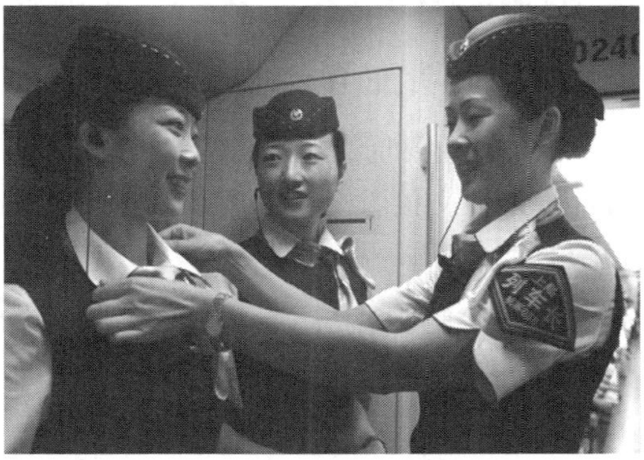

图 15-1

换装统一，衣扣拉链整齐。女性乘务人员着裙装时，丝袜统一，无破损。系领带时，衬衣束在裙子或裤子内。外露的皮带为黑色。佩戴的外露饰物款式简洁，限手表一只、戒指一枚，女性还可佩戴发夹、发箍或头花及一副直径不超过 3 mm 的耳钉。不歪戴帽子，不挽袖子和卷裤脚，不敞胸露怀，不赤足穿鞋，不穿尖头鞋、拖鞋、露趾鞋，鞋跟高度不超过 3.5 cm，跟径不小于 3.5 cm。

（三）面部表情

表情自然，态度和蔼，举止得体，庄重大方。在为旅客服务过程中要始终保持微笑。

二、仪态礼仪要求

坐立、行走姿态端正，步伐适中，轻重适宜。在旅客多的地方，先示意后通行；与旅客走对面时，要主动侧身面向旅客让行，不与旅客抢行。列队出（退）勤（乘）时，按规定线路行走，步伐一致，箱（包）在同一侧。

立岗时应姿势规范，精神饱满。站立时，挺胸收腹，两肩平衡，身体自然挺直，双臂自然下垂，手指并拢贴于裤线上，脚跟靠拢，脚尖略向外张呈“V”字形。女性可双手四指并拢，交叉相握，右手叠放在左手之上，自然垂于腹前；左脚靠在右脚内侧，夹角为 45° 呈“丁”字形。

列车进出站时，应在车门口立岗，面向站台致注目礼，以列车进入站台开始，开出站台为止。办理交接时行举手礼，右手五指并拢平展，向内上方举手至帽檐右侧边沿，小臂形成 45° 角，如图 15-2 所示。

图 15-2

三、沟通礼仪要求

列车客运乘务人员在服务旅客的过程中，首语要使用普通话，应表达准确，口齿清晰。服务语言表达规范、准确，使用“请、您好、谢谢、对不起、再见”十字礼貌服务用语。对旅客、货主应称呼恰当，统称为“旅客们”“各位旅客”“旅客朋友”，单独称为“先生、女士、小朋友、同志”等。

旅客问讯时，面向旅客站立（列车办公席工作人员办理业务时除外），目视旅客，有问必答，回答准确，解释耐心。遇有失误时，向旅客表示歉意。对旅客的配合与支持，表示感谢。

四、文明细节要求

列车进出站时，应在车门口立岗，面向站台致注目礼，以列车进入站台开始，开出站台为止。办理交接时行举手礼，右手五指并拢平展，向内上方举手至帽檐右侧边沿，小臂形成45°角。

清理卫生时，清扫工具不触碰旅客及携带物品。挪动旅客物品时，应先征得旅客同意。需要踩踏座席、铺位时，戴鞋套或使用垫布。占用洗脸间洗漱时，应礼让旅客。

夜间作业、行走、交谈、开关门要轻。进包房应先敲门，离开时，应倒退出包房。

不高声喧哗、嬉笑打闹、勾肩搭背，不在旅客面前吃食物、吸烟、剔牙齿和出现其他不文明、不礼貌的动作，不对旅客评头论足，接班前和工作中不食用有异味的食品。

餐车对旅客供餐时，不在餐车逗留、闲谈、占用座席、陪客人就餐。

第二节 普速列车乘务服务

普通旅客列车的乘务由客运乘务、车辆乘务和乘警组成，客运乘务直接服务旅客，是列车乘务的核心。列车客运乘务人员应充分发挥自身的积极性、主动性、创造性，以高度自觉的服务意识，良好的服务态度为旅客提供优质的服务。

旅客旅行大部分时间是在列车上渡过的，做好列车的服务工作，最大限度地满足旅客在旅行中的物质和文化生活方面的需要是乘务人员的主要任务。服务工作的好坏直接影响到铁路的声誉。因此乘务员必须树立全心全意为人民服务的思想，讲文明、有礼貌地为旅客服务。

列车服务工作包括车厢服务、列车广播和餐茶供应工作。

一、车厢服务

始发站剪票前乘务员应做好各种准备工作，坚守车门扶老携幼，迎接旅客看票上车。开车后，乘务员按作业过程进行工作，服务中态度主动、热情、语言文明，表达得体、准确，行动稳重、大方、作风谦虚谨慎，方法机动灵活，处理问题要实事求是。及时通报站名，组织旅客安全乘降。

二、列车广播服务

列车广播的主要任务是介绍铁路安全、旅行常识及沿线的名胜古迹；正确及时的作好站名及中转换乘通告。按时转播中央人民广播电台的新闻和报纸摘要节目以及宣传党的路线、方针、政策；为活跃旅客的旅行生活适当播放一些文娱节目和录像；为保证旅客身体健康作好列车卫生宣传工作。列车广播员应根据旅客心理及客流特点对乘务中各区段、各区间的播音内容做出详细安排，经列车长审查批准，按计划执行。

三、列车饮食供应服务

铁路旅客饮食供应业务，是铁路设置的国营零售商业。其基本任务是保证广大旅客在旅行中的饮食需要，保证饮食卫生，不断提高服务质量，为旅客旅行及国际友人友好往来服务。

为加强饮食供应工作，客运（列车）段应成立旅行服务的专业机构，实行专业管理，财务单独核算，并应由一名主要领导负责分管这项工作。

饮食供应工作要认真执行"全面服务、重点照顾"的原则，尊重少数民族和外籍旅客的饮食习惯、禁忌避讳。同时，要认真贯彻执行《食品卫生法》，加强食品采购、保管、加工、销售等环节的管理，严防食物中毒。

餐车应根据列车运行时间，实行一日三餐的供应方法，以具有特色的快餐为主，适当供应单炒菜，有条件可供冷饮、夜宵及其他商品。

第三节 动车组乘务服务

动车组是由动力车和拖车或全部由若干节动力车固定地连挂在一起组成的车组。动车乘务组由客运乘务、司机、公安乘警、随车机械师、餐车服务人员和保洁员组成。客运乘务由 1 名列车长和 2 名列车员组成。动车重联时，16 辆动车组由 1 名列车长和 4 名列车员组成，客运乘务是动车组列车上旅客服务工作的核心，起着统筹指挥作用。

近些年来，我国铁路旅客运输飞速发展，截至 2022 年底，全国高铁营业里程达到 4.2 万公里。目前全路开行的旅客列车中动车组列车占比超过六成，且比例呈不断上升的趋势。动车组列车比例的不断增大，使动车乘务员的数量也急剧上升，动车乘务服务工作应在普速列车乘务工作的基础上，以更高的标准来规范指导日常工作。

在动车列车服务过程中，应努力塑造积极热情的第一印象。"先入为主"的第一印象对于人的心理都产生的重要影响，所以迎宾服务作为旅客正式踏上旅程、接受列车提供服务的第一步，显得非常重要。

一、迎宾的仪容形象

列车乘务员上岗时应穿着统一的制服，佩戴职务标志，淡妆上岗。迎宾的仪容仪表可简要的归纳为：发必齐，须必剃，甲必剪，妆必淡，衣必整，帽必正，鞋必净。

二、迎宾的语言声调

迎宾时要讲普通话。语调应亲切，音量要适中。这个时候可以让"十字"礼貌用语大显身手，同时，"别客气""请稍等""您慢点""请出示车票""请不要带危险品上车""请注意脚下"等基本用语也应当常挂在嘴边，恰当地使用敬语、谦语、雅语，有时可收到想不到的效果，另外"喂""哎""老头""老太太"等粗言粗语、高声喊叫应当杜绝，因为无论何时，暖人心田的温言软语都比呼来喝去更容易让人接受。

三、迎宾的举止行为

站立是列车迎宾工作中最基本的举止，也是最重要的举止，所以对站姿的要求丝毫马虎不得。试想，如果在车门立岗时七歪八倒地抓耳挠腮、叉腰抖腿、手插裤兜，给旅客一副不修边幅的形象，那么即使你其他的工作做得再好，旅客对你的评价也会大打折扣。

四、列车广播要热情洋溢

很多乘务员都有这样的感慨：列车就是一个小小的社会，乘务员作为这个小社会的组织者和服务者，致好迎宾词，做好列车广播关系到列车服务工作能否为大家所认同和接受。

迎宾词通常包括问候、车次、方向、自我介绍、提醒和服务内容等。使用“欢迎您乘坐本次列车”“祝您旅途愉快”“祝您一路平安”等欢迎词和祝福词，会使旅客感受到你的热情。对旅客称“我是乘务员小正，有幸能为您服务！”旅客会感到很亲切；开水供应、空调温度等服务内容的介绍，会使旅客产生舒适感；具有特色的服务承诺和作业标准介绍，可增强旅客对你的信任感。

在致迎宾词和广播时，千万不可面无表情地背诵，根据情况可以适当调整顺序、强调重点，或改变表达方式，做到用词恰当、语言清晰、词义明了、表达准确。照本宣科式的背诵，会让旅客感到你在被迫完成某个作业程序，难免会对你服务的诚意产生怀疑。

广播声音高低要根据情况而定。车厢内人多嘈杂时，要适当提高声音；车厢比较静时，就不必高声致辞。声音的高低以确保绝大多数旅客都能听到为度，女乘务员的声音应清脆明快、细腻甜美，男乘务员则要洪亮有力、简洁干练。

优雅的姿态是有教养、充满自信的完美表达。动车组列车广播大多在车厢通道，要调整好心态，沉着自信，面带微笑给旅客一种可亲的感觉。

五、犯规的“上帝”仍然是“上帝”

车票是旅客乘车的凭证，是铁路与旅客的运输合同，也是铁路盛情相送的“请柬”。

某旅法学者说过这样一桩轶事：巴黎的地铁上，乘务员在查票中，走到一位先生面前时，先生似乎睡了。“先生，您的票呢？”乘务员轻问，没有回音。“先生，您的票呢？”声音大了些，可先生仍然双目紧闭假睡，乘务员等了一会见仍没动静，只好耸耸肩，对车厢里的人宣布：“他冬眠了！”周围乘客发出会心的微笑。

乘车买票天经地义，不容置疑。人们的微笑，是赞许乘务员对人的尊重。国情不同，我们不能照搬法国同行的做法，但对人的尊重却是相通的。

查票前要事先做好广播宣传或口头宣传，“旅客们，现在开始查验车票，请大家把车票准备好，谢谢！”提醒当中传递着一份善解人意的关怀。

查票的时机要在适当时候，以免影响旅客休息。

注意查票时的语言，要亲切礼貌，“请”字当头，如“请出示您的车票”“请收好您的车票，谢谢”，切忌“查票啦，把车票拿出来”“为什么不买票”“补票去”等生硬、冷漠的语气。

在查票时往往会碰上不理不睬、不配合的旅客，无论他出于什么原因，你都不能计较，可略提高音量，态度和蔼地说：“先生（女士）请出示您的车票，如果您没有来得及买票，可以办理补票手续。”只要你据理说事，态度和蔼，旅客会出示车票的。

切不可有“终于让我逮着你了”的心态，得理不让人，要有理说理，就事论事，绝不能把话题引向该旅客的品格、修养上，进行人身攻击，犯规的“上帝”还是“上帝”。

例如：×× 次列车从廊坊站开出，列车员小丁在核对车票时发现 6 号车厢有名旅客有逃票的嫌疑。因为这名旅客被查到已越站时虽声称自己要办理延长票，却再三拖延不补。

列车长小钱赶到后，凭经验感觉这位旅客想长乘短补，钻铁路的空子，但话留余地、礼让三分，小钱婉转地问：“先生是否因公临时改变行程？”

该旅客连声说是，并爽快地把票办理到了前方站济南西站。

当济南西站开车后，列车员再次巡视车厢、核对车票时，旁边一个熟悉的身影起身离开了座位。

这一举动没有瞒过查票的列车员。直到跟随到 8 号车厢厕所门口那名越站旅客才尴尬地面对着列车员。

“先生，为什么又越站了？”列车员小丁严肃地问道。

他百般辩解，但仍拒绝补越站票。

列车长小钱过来后，将该旅客引导至周围没有其他旅客的地方悄声对旅客说：“先生，您好！是不是您的行程又出现了改变？如果是这样每站开出您都需要补票到下一站，那每次都会产生 2 元手续费，这可比一次性买票贵不少，您是去杭州站吗？”

那旅客见车长识破了自己的意图，却每次说话都给自己留有余地，不伤面子，不好意思地笑着把票补全了。

列车到达杭州东站，那位旅客临走前对列车员小丁说，你们车长给面子，工作有手段，我补得高兴，以后坐车再也不为难你们了。

服务工作一定要认真细致，要通过察言观色、耐心询问，详细了解旅客的需求和困难，及时提供帮助。在帮助他人的时候，也能从中感受快乐。

演礼训练

（一）训练内容

乘务（动车组）服务岗位大练兵：

1. 出乘整装演训。
2. 迎送乘客与车厢细微服务演训。
3. 查票补票服务演训。

（二）训练目的

1. 领会乘务（动车组）服务岗位要求。
2. 强化服务意识，培养职业态度与职业精神。
3. 练就服务能力，为未来职业工作打下基础。

（三）训练模式

1. 以创作小品情景短剧表演方式训练。
2. 以项目完成方式训练。

（四）训练评价

1. 团队代表发言，说说创作的主题思想。

2．老师点评总结，记载成绩。

思考应用

1．列车客运乘务服务礼仪的基本要求有哪些？

2．普速列车与动车组列车乘务服务的内容各有哪些？

3．实践应用：某晚6时46分，广州开往北京的T90次列车正点发出，只见一名旅客拿着食物紧追着大喊大叫。这名漏乘的客人姓张，当晚欲乘T90次到石家庄出差，进站后张先生上车找到铺位安顿好行李，掏出手机一看，还有点时间，就下车到站台买食物。买完东西一转回身，发现列车已启动。张先生拿出手机一看，发现手机上的时间比站台上大钟的时间慢了3 min。

正在值班的值班员了解情况后，通过电话与T90次列车长取得联系，请列车长将张先生的行李和车票交给郴州站客运值班员，并请郴州站帮助把张先生的车票改为乘当晚从广州开往长春的T124次列车到石家庄。联系好后，又带张先生找到T124次列车长，说明情况。

当天晚上7时04分，张先生乘上T124次列车，在最短的时间里得以顺利北上。

请概括这位值班员的做法有哪些值得称道的地方。

4．案例分析：一旅客买了两张当日到天津的车票，其中一张是给当日由广州过来的旅客买的，准备接上该旅客后一同到天津，不料广州过来的列车晚点，在晚点车到达前，开往天津的车已发车。接站的旅客很着急，奔走往返于客运、售票间，说找不到管这事的人，问了两边的工作人员没人管这事，很恼火。

请说说应当如何帮旅客解决该问题？

礼仪热点

☆ 服务贵在用心

××次列车正点从南京南站开出，列车员小吴开始巡视车厢、整理行李架，当她来到8号车厢时，一位亚裔男士叫住了她，这位男士不会中文，小吴便用英文试着与他交流，但该男士仍然一脸茫然地耸耸肩，表示听不懂。小吴又试着用日语问他："您好，是否需要帮忙？"该男士一下激动起来，边说边比划："我叫山下健太，来自日本的北海道，中文听不懂，英语也不会，不知道到达北京的时间，所以……我……没有办法通知朋友来接车。"小吴在学校是英语课代表，日语虽然也会，但不是她的强项，很多用语不会表达，但小吴知道，日文和中文虽然发音不同但许多字是互通的。于是，她拿出纸笔和山下健太"交谈"起来，告诉他到站的时间、车厢设备介绍等，并祝他旅途愉快，山下健太笑出了声，恭恭敬敬写下"谢谢，你好，漂亮，真棒！"八个汉字。伙伴们都夸小吴做事用心，效率高。在一次车队组织的创先争优演讲比赛中，她说道："人一生当中，有三分之一的时间是在寻找东西，但很多时间都浪费在找不到的东西上，因为我们从小就养成了随手乱放的习惯。效率贵在用心，就是把东西放在固定的地方，比如，皮箱右面的口袋是放车票的，左面的口袋是放笔记本的，中间的隔层是放钥匙的，重要的文件则放在第二层……联系到列车服务、标准化作业，其实道理是一样的。"她的演讲得到大家的赞扬与认可。

☆ **人性化服务**

某日，重庆开往广州的列车由于躲避过往列车，在中途停车等待。由于天气闷热，列车的气氛立即变得非常憋闷，有些旅客按捺不住着急的心情，开始抱怨起来，甚至有的乘客骂骂咧咧。

经验丰富的列车长见此情况预计等待的时间不会很短，如果让旅客单调无聊地等下去，可能会因情绪不佳引发矛盾。这时她灵机一动，立即召集所有列车员开会，希望通过和旅客良好的沟通化解矛盾，列车员们积极响应号召，为这个列车的特殊服务出谋划策。随后，列车长带领组员们尝试着用更人性化更互动的方式与旅客们进行沟通，真诚主动地关注旅客的感受和需求。

首先，列车乘务组真诚面对旅客，如实地传递给旅客列车临时停车的原因及等待时间，回答每位旅客的问题。列车长特意打破常规，没有用严谨格式的语言广播信息，而是用平实、通俗的语言如拉家常一样的向旅客及时的通报最近的信息，解释延误原因，此举立刻拉近了列车组和旅客之间的距离，更赢得了旅客的理解。

而后列车乘务组即兴在列车开展了一个小活动，请旅客品尝列车员调制的“自助饮料”，并猜出是由哪几种果汁混合而成的。旅客表现出极大的兴趣和参与的热情，枯燥无聊的等待立刻变得精彩纷呈，有单独品尝的，也有和朋友、家人一起喝一起猜的，获得奖品的旅客还兴致勃勃的表演了小节目。漫长的等待时间就在一片欢声笑语中悄悄溜走了。当列车长广播还有 5 min 列车就重新开动时，旅客才意识到他们在列车上等了近 3 个小时了。当列车组向旅客们表达真诚的谢意时，列车里早已是掌声一片！

第十六章 城市轨道交通车站客运服务礼仪

学习目标

通过本章学习，你应该达到以下目标：

素质目标：培养学生热爱城市轨道交通服务工作、认真负责、细心的工作态度。

知识目标：明确车站客运服务的主要内容，了解车站票务服务、客运服务、安检服务等各服务岗位的服务程序及服务礼仪要求。

能力目标：能够利用相关服务技巧处理乘客常见服务问题，达到常规的城市轨道交通员工的服务礼仪要求。

核心概念

城市轨道交通车站　　票务服务　　客运服务　　安检服务

第一节 城市轨道交通车站客运服务的基本要求

城市轨道交通车站是面向社会的一个窗口，干净整洁、美观大方的车站站容和热情周到、礼仪规范的车站服务是城市轨道交通服务水平的重要体现。

车站客运服务人员每天面对着成千上万的乘客，一举一动、一言一行都体现着城市轨道交通的形象。除了车站环境干净整洁、列车安全正点运营外，客运服务人员的言行举止是构成城市轨道交通一流服务质量的关键要素。因此，车站客运服务人员应从仪容仪表、着装、行为举止服务用语等方面严格要求自己，提高城市轨道交通的服务水平。

一、仪容仪表

为了树立良好的服务形象，车站服务人员必须注重个人的仪容仪表和风度，这是由其工作性质决定的。具体要求见表 16-1。

表 16-1　仪容仪表要求

分　　类	基 本 要 求	常 见 错 误
发型	1．整齐利落、清洁清爽； 2．发长过肩的女性必须佩带有发网的头饰，将头发挽于发网内，且发网的最低位置不得低于衣领，头花端正； 3．男性要剪短发，具体要求为“前发不附额，侧发不掩耳，后发不及领”； 4．戴帽子时，应将刘海放入帽子内侧，帽徽应朝正前方，不得歪戴	1．烫发、染发过度明显夸张； 2．留怪异发型或漂染怪异发色； 3．女员工长发遮挡脸部； 4．男员工留长发、鬓角遮挡耳部
面容	1．女性上岗应着淡妆，保持清洁的仪容，避免使用味道浓烈的化妆品； 2．男性应保持脸面洁净，不可留胡须； 3．适时保持亲切的笑容	1．化浓妆或怪异妆； 2．工作时化妆； 3．使用味道浓烈的化妆品； 4．男员工留胡须
口腔	1．保持牙齿、口腔清洁； 2．定期除掉牙齿上的尼古丁痕迹； 3．去除吸烟过多而引起的口腔异味	工作前食用葱、蒜、韭菜等带有刺激性气味的食物
指甲	1．时刻保持指甲干净整齐，经常修剪； 2．只可涂肉色和透明色指甲油	1．指甲过长； 2．使用指甲装饰品
饰品	1．可以佩戴的配饰有：风格简约的手表、婚戒（戒指不可过宽）、一对耳钉（女士）； 2．佩戴纯色镜架和无色镜片眼镜； 3．饰品应自然大方，不可过度明显夸张	1．佩戴有色框架眼镜； 2．男员工佩戴耳部饰物

知识链接

五分钟化妆法（淡妆）

对于很多人来说，早晨的时间是最宝贵的，五分钟化妆法可以让人们在最短时间内化好妆，充满自信地迎接新的一天。

第一分钟清洁润肤：用性质温和的洗面奶清洗完脸后，在脸部拍打爽肤水或涂上润肤露。

第二分钟施遮瑕膏：遮瑕膏主要遮盖黑眼围和脸上的瑕疵，一般乳液式的遮瑕膏使用起来相对节省时间。用海绵蘸上遮瑕膏从内眼角推向外眼角，也可涂在最宜红的嘴角和鼻翼两侧，然后再全面涂上粉底。

第三分钟施粉底霜：涂抹干粉或散粉，涂抹散粉后整个妆容会明显变得突出，如果想节省时间可以不涂抹粉底，直接使用湿粉扑在干净的脸面上，也有涂上粉底的效果。

第四分钟画眼线：选择眼线液和眼线笔，从睫毛根部水平式地向外擦出，上眼线可以画满上眼睑，下眼线只在下眼睑的二分之一处或三分之二处，由内向外一笔快速擦出。若想使眼睛看起来更明亮，可以涂抹一点眼影在眼角上。

第五分钟涂口红：最好选择颜色较浅的唇彩或唇膏。

二、着装要求

城市轨道交通客运服务人员的饰品要整洁大方，并与城市轨道交通的工作性质相协调，具体着装要求见表 16-2。

表 16-2 着装要求

分　类	基 本 要 求	常 见 错 误
制服	1．干净无褶皱； 2．领口、袖口要保持整洁干净，衬衫放在裤子里侧； 3．裤袋限放工作证等扁平物品或体积微小的操作工具，避免服装变形； 4．季节更替时，应按规定更换制服，不得擅自替换	1．缺扣、立领； 2．在套装和衬衫的胸袋内放入钱包、硬币等物品； 3．卷袖、挽裤
鞋袜	1．穿着制服时应按规定穿黑色或深色的皮鞋，鞋面保持干净，黑色皮鞋配深色袜子； 2．女员工着裙时，长袜颜色应选择与肌肤相贴近的自然色或暗色系中的浅色丝袜； 3．皮鞋应定期清洁，保持干净光亮	1.穿极度磨损的鞋及露脚趾、脚跟的鞋； 2．穿图案过多的袜子和浅色袜子
工牌	1．挂绳式工号牌照片和字面应明向乘客，工号牌绳放在制服外侧； 2．非挂绳式工号牌应佩戴在制服左上侧兜口的正上方位置，工号牌左下角应抵住西服兜口边缘，并与地面保持水平； 3．佩戴党（团）徽时，应将党（团）徽佩戴于工号牌中上方	1．胸牌上有装饰物； 2．胸牌有损坏

三、行为举止要求

客运服务人员的行为举止体现了员工个人的文化素养和工作状态，用符合自身角色的标准仪态，更能为乘客接受，具体要求见表 16-3。

表 16-3 行为举止要求

分　类	基 本 要 求	常 见 错 误
站姿	1．上身挺胸收腹，头正目平，双肩平齐，双手自然下垂或体前轻握，下身应保持双腿直立，脚跟并拢； 2．女士站立时，双脚成“V”字形或“丁”字形，双手相握叠放于腹前或双手下垂放于裤缝边； 3．男士站立时，两脚分开与肩同宽，双手下垂放于裤缝边或叠放于腹前或放在背后	1．叉腰，抱膀，抖腿或把手插在衣袋内； 2．站立时依靠在墙或其他物体上
坐姿	1．正面对准窗口，目光正视乘客，身体挺直，两腿自然弯曲； 2．男士双腿可以稍微分开； 3．女士双腿必须靠近并拢	1．趴着，打瞌睡； 2．用手托腮，侧身斜靠桌子； 3．前俯后仰，把腿放在椅子上
步态	1. 上身正直，挺胸收腹，两肩自然放松，双臂自然摆动； 2. 与乘客相遇时，应主动点头示意并侧身避让	1. 大摇大摆、勾肩搭背； 2. 嬉戏打闹，左顾右盼
手势	1．为乘客指引时，手掌稍微倾斜，掌心向上，五指并拢，前臂自然上抬，用手掌指路； 2．指示方向时，应目视目标方向	1．五指分开； 2．用手指指点乘客
目光	1．与乘客交谈或传递物品时，应坦然亲切，双眼正视乘客； 2．与乘客视线接触时，应点头微笑表示尊敬	1．俯视乘客； 2．目光注视乘客时，总是盯着一个部位

四、服务用语要求

语言是为乘客服务的第一工具，城市轨道交通客运服务人员与乘客的交流主要是借助语言进行的，它对做好服务工作有十分突出的作用，具体要求见表 16-4 和表 16-5。

表 16-4　服务用语要求

分　　类	基 本 要 求	常 见 错 误
问候用语	1．主动向乘客问好，常用的问候语有“您好”“早上好”“下午好”“晚上好”； 2．面带微笑，注视乘客	1．一言不发； 2．使用“喂”“嘿”等不礼貌的语言
应答用语	1．当乘客询问时，应双眼注视乘客，面带微笑：“您好，请讲！”； 2．向乘客致歉时应说：“实在对不起！这是我工作上的失误！”“给您添了许多麻烦，实在抱歉，请多多原谅！”等； 3．受到乘客表扬时：“这是我们应该做的，请多提宝贵意见。” 4．当未听清楚顾客的问话时说：“很对不起，我没听清楚，请重复一遍好吗？”	1．在回答乘客问题时，边走边回答； 2．冷言冷语，漠不关心
接听电话用语	1．接听电话时要主动报出站名、岗位及自己的姓名：“××（车站），××（岗位），××（姓名），您好！”； 2．询问对方时应使用敬语：“您好，请问您是哪里？” 3．在电话转接或中途需要暂时中断时应说：“对不起，请您稍等。” 4．当对方找的人不在时，应礼貌地询问对方的姓名，是否有事转告，并认真做好记录	1．语气生硬，漫不经心； 2．问一句，答一句
广播用语	1．必须使用普通话，语速中等，语调平缓，音量适中，不可使乘客受到惊吓； 2．吐字清晰，内容简洁明了	1．声音刺耳； 2．漏播、错播

表 16-5　乘客服务的常见用语

正确做法	不正确做法
您好！	一言不发
好啊！没问题	好吧
不好意思，麻烦您重复一遍	什么呀
麻烦您，请您	您应该
对不起，我会立即处理	不是我的问题，您找其他人看看
麻烦您等一下，我会尽快为您办理	我现在真的很忙
我帮您看看	您可以去看指示牌
再见	拜拜

第二节　乘客服务中心服务

乘客服务中心（简称客服中心）担负整个车站的票务工作，是车站最繁忙的场所之一，其服务水平的高低直接影响整个车站的服务质量。

一、乘客服务中心服务的基本职责

（1）执行相关规章制度，做到有令必行，有禁必止。

（2）承担整个车站的售补票工作和一卡通充值服务，保证票款的正确和安全，并在规定的时间开关售票窗口。

（3）帮助乘客换取福利票、兑换零钱，负责处理票务问询的相关工作，热情接待乘客，按规定妥善解决乘客提出的问题。

（4）对无法进出站的乘客票卡进行分析，并按规定处理乘客的无效票和过期票。

二、乘客服务中心服务的基本要求

（1）必须佩戴工号牌，做到仪表整洁、仪容端庄。

（2）工作时，应精神饱满思想集中，不与同事闲聊。

（3）售票时应做到准确无误：对乘客表达不清楚的地方，应仔细询问清楚，以免出错。在任何情况下，车票、收据与找赎应同时交给乘客，并提醒乘客当面点清找赎钱款。

（4）仔细聆听顾客的询问，耐心听取乘客的意见；在乘客说话时，保持眼神接触，并且点头表示明白或给予适当回应。

（5）业务熟练，工作有序、高效。

（6）对于来到客服中心的乘客，应主动问好，耐心并有礼貌地向他们收集信息，了解乘客的需要，解决乘客遇到的问题，如未听清乘客的需要，必须有礼貌地说："对不起，麻烦您再讲一遍。"

三、票务服务

1. 售票服务的具体流程

在乘客购买单程票卡时，售票员应该严格执行"一迎、二收、三唱、四操作、五找零、六告别"的程序，具体流程见表16-6。

表16-6　乘客服务中心售票流程

程　序	内　容
一迎	1．面带微笑迎接乘客： "您好，请问您去哪儿？" "需要几张票？" "共×××元。" 2．不能面无表情，无精打采
二收	1．面带微笑向乘客说："您好，收您×××元。" 2．接过票款后，进行验钞。 3．不能一言不发
三唱	1．重复乘客要求的购票张数和车票类型； 2．重复票款金额： "到×××车站单程票×××张，共×××元。"

续表

程　序	内　容
四操作	在 BOM（半自动售票机）上选择相应功能键，处理车票
五找零	1．清楚说出找赎金额和车票张数； 2．将车票和找赎的零钱一起礼貌地交给乘客； 3．提醒乘客当面点清
六告别	“请您慢走”

想一想

如果售票员在售票的过程中，有乘客过来问路，应该如何处理？

和站台、站厅的站务员不同，票务员的主要工作是票务服务，如果有乘客问询相应乘车路线或换乘方案时，我们应该灵活处理：

（1）视情况判断，如果当时排队乘客较多，可以要求其他同事帮忙或指示乘客前往适当的查询地点；

（2）如排队乘客很少，应耐心告知，不要使用“可能、大概”等不确定的话语；

（3）当自己不熟悉时，不能主观臆断地告之乘客，应该告诉乘客：“对不起，我不清楚，我帮您询问其他工作人员。”如果最后还是不清楚，应礼貌地向乘客进行解释。

2. 售票服务的常见问题处理

（1）乘客给付的纸币出现残缺

当乘客给付的纸币出现残缺时，应按照以下规定处理：

① 不接受缺损四分之一以上的纸币。

② 不接受辨认不清面值的纸币。

③ 除上述两种情况外，所有人民币都应该按规定收取(再小的零钱也要接受，不论数量多少)。

④ 如乘客给付的残钞按规定不能接受时，站务人员应在拒绝收取的同时，礼貌地向乘客解释原因：“对不起，您给我的纸币××××，麻烦您换一张，谢谢合作。”

（2）乘客给付的是假钞

当发现乘客给付的是假钞时，应尽量避免让乘客感到难堪：

① 不告诉乘客是假钞，只要求乘客重换：“不好意思，请您换张纸币。”

② 如果提示无效，应向乘客解释原因：“不好意思，您给我的纸币不能被设备识别，麻烦您换一张，谢谢合作。”

③ 如果乘客拒绝更换纸币以致干扰到正常服务时，可以报告值班站长或请求公安协助。

④ 如遇到数量较多的假币，应立即报告值班站长或请求公安出面处理。

（3）找不开零钱时

当遇到找不开零钱时，不要直接建议乘客去另外的窗口买票或充值。

① 应礼貌地询问：“对不起，请问您有零钱吗？”

② 如果乘客没有零钱，应向乘客表示抱歉：“对不起，这里的零钱找完了，请您稍等，我们马上备好零钱或麻烦您到对面的票亭兑换。”

（4）当乘客在客服中心窗口前排起长队时

当发现乘客在客服中心窗口前排起长队时，要对乘客作适当的安排：

① 对等待已久的乘客或感觉不耐烦的乘客要说："对不起，请您稍等，我们会尽快办理。"

② 如果需要较多的时间接待其他乘客，可以向其他同事请求帮助。

③ 假如排队的乘客中有投诉时，应先说："不好意思，让您久等了，我会尽快帮您处理。"

（5）发现有乘客插队时

当发现有乘客插队时，应用礼貌但又坚定的语气告诉他："麻烦您先排队，我们会尽快为您服务的。"

（6）当乘客要求退票时

① 要说明车站的制度，并向乘客表示抱歉："对不起，按照规定，我们不能帮您退票。"

② 向乘客解释单程票卡不能退票。

③ 如要办理储值票退票，则需要到指定的储值票发放点办理。

知识链接

北京地铁的票务政策

第一条：成人带领一名身高不满 1.2 m 儿童乘车时，儿童免票。按照"儿童在前，成人在后"刷卡通过闸机，一名成人只能携带一名免票儿童。

第二条：在车站 A 购买的单程票不能在车站 B 使用，票卡必须是当日当站使用，单程票卡，原则上不接受退票服务。

第三条：因单程票卡不能识别无法正常出站时，乘客应当持单程票卡到补票处免费换取出站票。

第四条：因使用或保管不当造成单程票卡明显损坏，乘客应当支付单程票卡成本费 3 元后领取出站票。

第五条：凡翻越闸门、围栏等违规进、出车站付费区者，按本市有关规定补足十倍乘车费用后，领取出站票出站。

（7）当乘客告诉你售票机发生故障时

① 应该说："多谢您的通知，我们会尽快办理。"

② 必须立即处理或通知相关人员处理，使乘客觉得事件受到关注。

（8）当遇到情绪反应较大的乘客或难以处理的个案时

① 将乘客带往办公区休息室等地方。

② 在处理过程中应有不少于两个人在现场。

③ 倾听乘客的需求。

④ 不要一味地否定乘客的表述，即便是乘客的表述存在问题。

⑤ 如果在处理过程中发现无法独自处理此事，需及时联系上级主管，取得帮助，应明确告知乘客，表示对此事的重视。

想一想

在处理票务事务的过程中，当乘客恶语相向或用带有侮辱性的语言时，我们应该如何处理？

四、一卡通（储值票）充值服务

1. 一卡通充值服务的基本流程

在进行一卡通充值时，应严格遵守"一迎、二收、三确认、四找零、五告别"的程序。

2. 一卡通服务常见问题处理

（1）当乘客需要的某些一卡通服务在车站无法办理时

① 首先给乘客适当的安抚，向乘客表示抱歉：“对不起，目前车站无法办理此项业务。”

② 向乘客解释车站没有办理此项业务的权限。

③ 如果乘客办理退卡，告知乘客可以到指定的网点办理退卡，并告诉乘客离本车站最近的网点位置。

（2）当乘客的一卡通无法刷卡进站时

① 查询乘客一卡通的基本信息，判断无法进站的原因。

② 如果一卡通余额不足，则礼貌地提醒乘客充值或购买单程票卡进站：“您好，您的票卡余额不足，请您充值后使用，谢谢合作。”

③ 如果乘客已有本次进站记录，可以告知乘客一张卡只能一人使用，避免出现一卡多人进站的问题。

④ 如果一卡通无上次出站记录，则补写出站信息，扣除相应的费用，并提醒乘客出站时也需要刷卡。

⑤ 如果一卡通消磁则礼貌地提醒乘客购买单程票卡进站，并建议乘客可以到指定网点办理换卡手续。

（3）当乘客的一卡通无法刷卡出站时

① 查询乘客一卡通的基本信息，判断无法出站的原因。

② 如果一卡通没有进站记录，则询问乘客上车的车站，补写进站记录。

③ 如果一卡通消磁，可以建议乘客到指定网点办理换卡手续，由工作人员带领出站。

想一想

一卡通无法进站的原因有哪些？

五、发售福利票、处理坏票及其他票务问询服务

（1）主动问候乘客：“您好，请出示您的证件。”

（2）“请您稍等。”双手接过乘客的相关证件，核对乘客所持有的免费证件是否有效。

（3）如实填写《福利票换领记录》，并要求乘客签字确认。

（4）“请您收好，慢走。”将福利票双手递给乘客。

小贴士

如遇到持有《残疾证》的盲人乘客，在向其发放福利票时，也需要向其一名陪同人员发放一张福利票。

知识链接

换取福利票的相关规定（北京）

1．根据北京市政府相关规定，以下人员可持证换领福利票：

（1）离休干部持《离休证》；

（2）残疾军人持《残疾军人证》，伤残人民警察持《伤残人民警察证》；

(3) 现役士兵(含武警士兵)持(士兵证);

(4) 盲人持《残疾证》;

(5) 其他可换领福利票的人员及所持证件,以票务收益室通知为准。

2. 乘客的单程票卡不能正常出站时

(1) 要先安抚乘客,表示道歉。

(2) 简单查询票卡的基本信息,如果无法识别,则免费换取出站票。

3. 如果乘客因使用不当造成单程票卡明显损坏时

(1) 应适当地安抚乘客:"很抱歉,您的票卡已经损坏,无法正常刷卡。"

(2) 要求乘客支付单程票卡的成本费,向乘客耐心解释车站的规章制度。

(3) 帮助乘客换取出站票出站。

第三节 站厅服务

车站站厅是车站的门面和窗口,其服务水平的高低是旅客对车站服务产生深刻印象和作出评价的重要依据。现阶段,随着客流量的增长、乘客文化层次差异的扩大,给站厅服务增加了新的难度。如何提高站厅服务质量、减少乘客投诉的发生已成为现阶段亟待解决的问题之一。

一、站厅服务的基本职责

(1) 执行相关规章制度,做到有令必行,有禁必止。

(2) 密切注意站厅乘客动态,发现有违反地铁规定(如精神异常、醉酒的乘客等)的要及时予以制止。

(3) 帮助乘客、回答乘客问询,特别注意帮助老、弱、病、残等有困难乘客。

(4) 引导乘客正确操作票务设备,巡视车站自动售检票设备的运行情况协助票箱、钱箱的更换或清点工作。

(5) 负责巡查站厅、出入口,保证设备设施的正常运行。并做好相关巡查记录,发现安全隐患时应及时报修,发现有故意损坏地铁设备的应及时制止,并上报。

二、站厅服务的基本要求

(1) 必须佩戴工号牌,做到仪表整洁仪容端庄。

(2) 工作时,精神饱满、思想集中,不准闲聊。

(3) 发现乘客携带超长、超大、超重物品时,应禁止其进站,并做好相应的解释工作。

(4) 遇到乘客不能进出站现象,要礼貌地引导乘客到客服中心进行票卡分析。

(5) 遇到漏票现象,要态度平和地要求乘客去客服中心进行补票,切不可与乘客争吵或讽刺挖苦乘客。

(6) 留意地面卫生,发现积水垃圾、杂物等应及时通知保洁人员处理,同时设置警示牌,防止乘客摔倒。

(7) 负责站厅、出入口的客流组织工作,防止乘客过分拥挤,必要时采取相应的限流措施。

(8) 遇到老人、儿童等需要帮助的乘客,要适当留意,协助他们尽快出站。

三、安全检查服务

1. 安全检查服务的基本流程

安全检查（以下简称安检）作为与乘客安全息息相关的一项工作，必须严格、规范执行。安检人员也应该以规范的服务流程完成安全检查工作，具体流程见表 16-7。

表 16-7　安检服务流程

程　　序	内　　容
一迎	检查之前，应主动提示："您好，请接受安检，谢谢您的合作。"
二操作	检查时，应主动伸手去帮助乘客把包放到检测仪上或抬到桌子上
三告别	检查之后应向乘客表示感谢："给您添麻烦了，请您慢走。"并帮助乘客把行李从监测仪上拿下来

2. 安检服务常见问题处理

（1）发现乘客携带超长、超重物品时

① 提醒乘客："对不起，您不能携带超长（超重）的物品进站。"

② 耐心地解释地铁相关规定，建议乘客改乘其他交通工具。

③ 如遇到态度强硬、固执的乘客，首先让乘客了解：他的情况很难处理，如果乘客认为东西太重，不愿意出站，可以寻求其他同事帮助乘客。

④ 如果乘客坚持搭乘，则可要求警方协助。

（2）发现乘客包内有违禁品时

① 把包拿到一边进行详细检查，避免当着所有乘客的面检查包内违禁品，让乘客感到难堪。

② 耐心地解释地铁相关规定，向乘客详细指出哪些物品属于违禁品。

③ 如遇到态度强硬、固执的乘客，可以寻求其他同事帮助乘客。

（3）出现客流高峰时

① 委婉提醒乘客加快速度，并提醒后一位乘客做好准备，避免出现拥挤忙乱的现象。

② 如果乘客过多，可以采用手持检测仪进行检查，以加快安检的速度。

知识链接

北京地铁违禁品规定

第一类枪支、军用或警用械具类（含主要零部件）。具体如下：

① 公务用枪和民用枪：手枪、步枪、气枪、猎枪、麻醉注射枪等。

② 其他枪支：样品枪、道具枪、发令枪、打火机枪、仿真枪等。

③ 军械、警械、警棍等。

④ 国家禁止的枪支、械具：钢珠枪、催泪枪等。

⑤ 上述物品的仿制品。

第二类爆炸物品类，主要包括以下几种：

① 弹药：各类炮弹和子弹等。

② 爆破器材：炸药、雷管、手雷、导爆索、打火机等。

③ 烟火制品；礼花弹、烟花、爆竹等。

第三类管制刀具，主要包括以下几种：

① 比首、三棱刀（包括机械加工用的三棱制刀）。

② 带有自锁装置的弹簧刀。

第四类易燃易爆品，具体如下：

① 汽油、柴油、松香油、油纸、过氧化氢等。

② 2 kg 以上白酒、氢气球。

第五类毒害品。主要包括氰化物、汞（水银）、剧毒农药等剧毒化学品以及硒粉、生漆等。

第六类蚀性物品。主要包括盐酸、氢氧化钠、氢氧化钾等以及硫酸、酸、蓄电池等。

第七类放射性物品。主要有放射性同位素等放射性物品。

第八类国家法律、法规规定等其他禁止乘客携带的物品。具体如下：

① 禁止携带超长（1.8 m 以上）、笨重物品（如自行车、洗衣机、电视机、台式计算机显示器、电冰箱、组合音响等物品）乘车。

② 禁止携带动物以及妨碍公共卫生、车辆通行和危害乘客安全（如玻璃及易碎玻璃品）等物品乘车。

四、自助售票服务

1. 乘客初次使用自动售票设备时

（1）耐心指导乘客如何使用自动售票设备，尽量让乘客自己操作，注意避免直接接触乘客财物，以免发生不必要的纠纷。

（2）耐心指导乘客如何刷卡进站，并提醒乘客要妥善保管票卡，出站票卡需要回收。

2. 当乘客使用售票设备出现卡币时

（1）检查设备状态，如显示卡币，则按规定办理。

（2）如显示正常，则由站务人员指导乘客购票。若卡币，则按规定为乘客办理；若无卡币，向乘客解释："对不起，经我们核查，目前机器没有出现故障，按照规定我们不能为您办理，请您谅解和合作。"

知识链接

如何使用自动售票设备购票

（1）选择目的车站和购票张数。

（2）投入对应数量的硬币或纸币。

（3）单击"确定"按钮，在下方出票口处取出票卡及找零硬币。

五、进出站服务

1. 当乘客初次使用车票时

（1）耐心地告诉并指导乘客："请您在 ×× 区域刷卡，出站时回收票卡，请妥善保管，谢谢您的合作。”

（2）必要时协助乘客使用票卡。

2. 当乘客携带大件行李时

（1）礼貌地与乘客沟通，建议其使用直梯：“您好，您的行李较多，为了您的安全，请使用直梯，谢谢您的配合。”

（2）引导其从宽机进站。

3. 当发现成人、身高超过 1.2 m 的小孩逃票或违规使用车票进站时

（1）应立即上前制止，并要求其到售票处买票：“对不起，您的孩子身高超过了 1.2 m，请您买票，谢谢您的配合！”

（2）若乘客故意为难工作人员，可以找公安配合。

（3）若发现违规使用车票的乘客，可按法制程序执行，必要时找公安配合。

小贴士

如果有儿童进站，则礼貌地提醒乘客按照“儿童在前，成人在后”的原则刷卡通过闸机，或建议乘客抱起孩子进出闸机。

知识链接

我国香港特别行政区地铁的贴心服务

在香港地铁，把量身高用的尺子，做成卡通的模样，能吸引小朋友的注意力，小朋友可以自觉过来测量身高，为车站工作人员提供了方便，真正体现了地铁的人性化服务。

想一想

下列哪些情况下，地铁工作人员可以拒绝乘客进站呢？

（1）拒不接受安检的乘客。

（2）携带违禁物品的乘客。

（3）乞讨人员、小摊小贩等。

4. 当来客无法刷卡进站时

（1）先了解情况，礼貌地向乘客询问是否已经刷卡。

（2）如了解情况后，仍不能解决，则指引乘客前往客服中心办理。

（3）礼貌地用手掌指示前往的方向。

（4）若情况许可，最好能陪同乘客前往解决问题，以免乘客重复提出问题和要求。

5. 当乘客出站卡票时

（1）查看机器的状态，发现确实卡票，则按规定办理。

（2）找到车票后，向乘客询问该车票的信息，确认车票是否为该乘客的，并做好相应的解释工作。

（3）若车站计算机没有报警，打开闸机也没有找到车票，请 AFC（自动售检票系统）维修人员到现场确认。如情况属实，对乘客做好解释工作。

六、特殊乘客（老、幼、病、残乘客）进出站服务

1. 老年乘客进出站

（1）礼貌地建议年老的乘客搭乘直梯或走楼梯。

（2）如果乘客坚持，则由站务人员陪同老人一起搭乘自动扶梯，并送至站台。

2. 年幼乘客进站

（1）年幼乘客需在大人的陪同下才允许其进站，提醒乘客遵循儿童在前、大人在后的刷卡进站原则。

（2）遇到带有婴儿车的乘客可以提醒其从直梯进出站。

3. 遇身体不适的乘客

（1）遇身体不适的乘客，要及时上前询问情况。

（2）带乘客去休息室或综控室休息，并帮乘客倒水。

（3）如果乘客稍作休息之后，仍无好转，可以征求乘客的意见是否需要帮忙叫救护车或通知家人。

4. 残疾乘客进出站

（1）如果有直梯，应帮助残疾乘客乘坐直梯进出站。

（2）如果没有直梯，则安排并帮助乘客乘坐残疾人专用电梯。

第四节 站台服务

站台服务是车站服务的重要组成部分，在早晚高峰时，站台上来往乘客较多，稍有疏忽，就有可能发生安全事故，尤其是在乘客上下车时容易混乱，工作人员和乘客之间也容易发生纠纷。因此，站台服务需要将安全理念和服务技巧相结合。站台服务主要包括：乘客候车服务、乘客安全服务、重点乘客服务、问询引导服务、乘客广播服务、乘客秩序维护等。

一、站台服务的基本职责

（1）执行相关规章制度，做到有令必行，有禁必止。

（2）注意站台乘客的候车动态。在没有设置屏蔽门的站台应提示乘客站在黄色安全线以内候车，及时提醒特殊乘客注意安全（如对不便乘坐扶梯的乘客应提醒其走楼梯），提醒乘客不要依靠屏蔽门等。

（3）车门或屏蔽门关闭时，应确认其工作状况。发现未关闭好时，应及时向综控室报告，并负责处理屏蔽门故障。

（4）帮助乘客，回答乘客问询。

（5）特别注意帮助老、弱、病、残等有困难乘客上下车。

（6）负责站台设备的安全。

二、站台服务的基本要求

（1）必须佩戴工号牌，做到仪表整洁、仪容端庄。

（2）工作时，精神饱满、思想集中，不准闲聊。

（3）保持站台环境清洁，注意站台设备的工作状况，如发生故障，应及时维修，以免引起乘客的不便。

（4）注意乘客安全，个别乘客站在安全线以内时，应给予适当提醒。协助乘客安全进出车厢，维持站台秩序，方便开关车门。

（5）留意站台上乘客的需要，如看到乘客有任何困难（身体不适、行动不便等），应主动上前了解情况，并尽量提供帮助，必要时可以向其他同事请求协助。

（6）遇到特殊事件时，能正确及时地进行站台广播。

想一想

站台设备主要包括哪些？当这些设备发生故障时，站务员应该如何处理？

三、乘客候车服务

1. 当乘客站在黄色安全线以外候车时

（1）应及时提醒乘客：“为了您的安全，请在黄色安全线以内候车。”

（2）如果乘客没有退后，应立即上前制止该乘客的行为。

2. 当乘客采用蹲姿候车时

（1）应及时上前了解情况，看乘客是否有身体不适。

（2）如没有，应提醒乘客：“为了您的安全，请勿蹲姿候车。”

3. 当乘客身体不适时

（1）应主动上前询问情况，并指引其到候车椅上休息。

（2）如果情况严重，则通知车站综控室处理。

4. 当乘客在站台上吸烟时

如发现乘客在站台上吸烟，应立即上前制止，并有礼貌地解释：“对不起，为了安全，车站内不允许吸烟，请您灭掉烟头，谢谢您的合作。”

5. 当乘客企图冲上正在关门动作中的列车时

如果乘客企图冲上正在关门动作中的列车，应阻止乘客（避免和乘客有直接碰触）并有礼貌地提醒：“请勿靠近车门，下次列车将于 ×× 分钟进站，请等候下班列车。”

6. 当乘客在站台上逗留时

若发现有长时间逗留在站台不出站的乘客，应主动上前询问情况，避免发生逗留的乘客跳轨等紧急情况发生。

7. 当乘客有物品掉下轨道时

（1）站务员应立即提醒并安抚乘客：“为了您的安全，请勿私自跳下轨道，请您放心，我们工作人员会尽快为您处理。”

（2）告知乘客将于运营结束后下轨道拾回物品，请乘客留下联系方式，第二日到车站领回物品。

8. 当乘客坐轮椅上下车时

（1）主动上前了解情况。

（2）使用渡板帮助轮椅乘客上下车。

四、问询引导服务

有的乘客在候车时，往往是骑马找马，到了站台站在指示牌前，也会焦急地问站务员“请问到 ×× 站坐哪个方向的车？”“请问到 ×× 从哪个出口出站？”作为站务员，一定不能不耐烦，应该耐心地详细解答。具体细节如下：

（1）用手掌指示方向。比较标准的引导手势是：手掌伸平，五指自然收拢，掌心向上，小臂稍向前伸，指向乘客要去的方向，不要伸出一个手指头，指指点点。

（2）解答时使用敬语。“您可以往 ×× 方向。”

（3）乘客表示感谢时应礼貌回答“不用谢”或“这是我们应该做的”。

（4）如果乘客提出的问题，站务员无法给出确切答案，需要向乘客解释，提示乘客需要到附近再核查一下。不要直接回答“不知道”，也不要回答一些误导性或错误信息给乘客。

练一练

站务人员的日常工作中，很多情况下都需要为乘客指路，为乘客指示方向的手势有哪些注意事项？

应注意以下几点：

（1）手臂要从腰边顺上来，五指并拢，打手势时切忌五指张开或表现出软绵绵的无力感。

（2）手臂伸直，高度应超过自己的胸部。

（3）视线随之过去，很明确地告诉乘客正确的方位。

（4）待乘客离去后，再将手臂收回。

五、乘客广播服务

遇到特殊事件时，站务员需要正确及时地进行站台广播。

1. 语音广播

站务员应尽量使用语音广播，并注意如下事项：

（1）广播是否清晰准确。

（2）音量大小是否过大 / 过小。

（3）广播是否适时地重复。

（4）广播是否在适当的地点播出。

2. 人工广播

人工广播一般在应急或特殊情况下采用。应注意以下事项

（1）先提醒乘客注意：“乘客请注意，××××。”

（2）用简洁的语言告知乘客发生的具体事件。

（3）对给乘客带来的不便表示歉意。

（4）对乘客的配合表示感谢。

（5）语速适中，口齿清楚，语调清晰。

想一想

当你从闭路电视系统看到有小孩在站台上追逐打闹，你应该如何广播？

第五节 城际轨道交通列车基本服务

乘客经过车站短暂停留后，其旅行过程中主要时间是在列车上渡过的。一般来说，乘客会因旅途中发生的各种问题产生焦虑情绪，这就要求乘务人员将更加细致的服务融入每个细节之中。

一、迎送乘客服务

（1）乘客上、下车时，需要在车门前立岗接待乘客，并主动点头问好、再见："您好，欢迎乘车。""期待您下次乘车，再见。"

（2）上、下车乘客较拥挤时，应礼貌地提醒乘客："您好，请您按顺序上、下车，谢谢。"不可大喊大叫训斥乘客。

（3）当遇到老年乘客或行动不便或行李较多的乘客时，应主动提供帮助。

二、车厢服务

1. 引导乘客入座

很多乘客乘车经验较少，上了车以后会因为人多拥挤或找不到自己的位置而心情烦躁，客运服务人员应该进行必要的引导。当乘客找不到自己座位时：

（1）要主动上前提供帮助："您好，您的座次号是多少？"

（2）引导乘客对号入座："我带您到座位上好吗？请跟我来。"

（3）如果有乘客坐错位置了，需要礼貌地提醒："您好，麻烦您核实一下车票的座位号，谢谢。"或"您好，我可以看一下您的车票吗？"绝不能直接埋怨乘客。

（4）如果车站售票出现重号，造成一方无座位时，首先需要代表企业道歉，请求乘客的原谅，并及时解决乘客的座位问题，必要时可以将乘客引导到餐车。绝不能置之不理，更不能推卸责任："这是车站的问题，你们自己协调，我没法解决。"

2. 送水服务

（1）客运服务人员送水时，要注意安全，不要烫伤乘客。

（2）倒水前，需要征求乘客的意见，问其是否需要。

（3）倒水时，不要握着杯口，这样会让乘客感觉很不卫生。

（4）给中式茶杯倒水时，杯柄与乘客的右手边成 45°角。

（5）不要倒得过满，防止开水溅出烫伤乘客。

（6）倒完水后，要将乘客的杯子放到原来的位置，以防乘客拿错水杯。拿水杯时，应该手握住水杯把(无把手水杯应拿水杯下部 1/3 处)，一手轻托水杯底部。

（7）如果不小心将水溅到乘客身上或物品上时，应立即擦拭干净，并向乘客道歉。

3. 保洁服务

列车的环境能直接反映列车的服务档次。车厢卫生就是列车服务的脸面，除了列车在出库前要对车厢做彻底的保洁外，在运行途中更需要客运服务人员付出艰辛的劳动来保持车厢的整洁。

（1）需要清扫卫生时，应征得乘客的同意。需要乘客协助时，要说："请您抬抬脚，我将这里给您擦干净，谢谢。""打扰了，请您把茶杯挪一下，我帮您把餐桌清理干净，谢谢。"

（2）当乘客的行李影响清洁工作时："您好，我需要清洁一下地面，请把您的行李挪动一下好吗？"

（3）当乘客对车厢内的卫生不满意时，客运服务人员要立即道歉："对不起，今天列车超员，打扫卫生不方便，请您谅解，我马上清扫干净。"

（4）当见到乘客随地扔果皮等杂物时，要耐心地提醒："请您把杂物放在清洁袋中，我马上帮您清理，谢谢您的合作。"切忌训斥和教育乘客。

清扫厕所和洗面间时，不要敲门催促乘客，要耐心地等乘客用完后再清扫。

4. 提醒服务

（1）提醒亲友下车

开车之前，乘客总想和送别的亲友在车厢内多说几句，多聚一会儿，这是人之常情，我们需要给予理解。对于亲友，可以告知车辆出发的时间，并且在开车之前的几分钟礼貌地提醒亲友下车："对不起，列车马上就要起动了，请您下车，谢谢您的合作。"切忌不耐烦或大喊大叫。

（2）提醒乘客保管好随身物品

乘客在车厢门口上车时容易出现拥挤现象，这时最容易发生乘客行李物品丢失或者被盗窃的情况发生。此外，乘客上车忙于找自己的位置，因而也容易对随身物品有所忽视。这时，客运服务人员要及时提醒乘客："乘客您好，请注意保管好自己的随身物品，以免发生丢失。"同时，也要提醒乘客不要将贵重物品放在车窗的衣帽钩上，以防造成不必要的损失。

（3）提醒乘客下车

客运服务人员需要提醒乘客及时下车，尤其是在夜间行车时，如果有乘客在中途下车时，要提前轻声地唤醒乘客，避免打扰其他乘客休息。

（4）提醒乘客不要抽烟

乘客在旅途中都希望有一个良好的车厢环境，特别是在封闭式车厢内需要全列禁烟。如果客运服务人员对车厢内吸烟的个别乘客提醒不当，会引起不必要的纠纷。当有乘客抽烟时，可以先巧妙地暗示："您好，这里是无烟车厢。"以使乘客感觉到你维护了他的自尊。如果乘客仍然没有熄灭烟，可以礼貌地提醒："对不起，为了您和他人身体健康和旅行安全，请您下车后吸烟，好吗？"切忌训斥和教育乘客。

提醒服务远远不止这些，只要客运服务人员多一份责任心，多提醒一次，就会给乘客带来很多欣慰，减少很多不必要的麻烦。

想一想

列车还有哪些提醒服务呢?

5. 验票补票服务

(1)查验票时,要礼貌当先:“请出示您的车票,谢谢。”绝不能使用“查票了,把票都拿出来”等冷漠的语言。

(2)当有乘客睡着时,要轻声地唤醒乘客,或过后检票,切忌推、摇等接触乘客身体的行为。

(3)如遇到不理睬、不配合的乘客时,要礼貌地提醒:“请出示您的车票,如果您上车之前没有来得及买票,车上可以为您办理补票,以免在出站时给您带来麻烦。”

(4)在验票补票时,要建立在尊重乘客的基础上,决不能有“终于让我逮着你了”的心态。对于没有票的乘客,绝不能将话题引到乘客的品德、修养上。

三、餐车服务

1. 餐车服务的基本要求

(1)餐饮服务人员应服饰整洁得体,头发梳理平整,指甲修剪整洁,语言礼貌和气,精神饱满,步态轻盈,手脚利落,观察仔细,及时了解乘客需求,提供满意服务。特别是列车运行到部分线路发生微小晃动时,要求餐饮服务人员走路时脚步要稳、轻、灵,步幅不宜过大。

(2)乘客就餐时,餐饮服务人员要热情相迎,主动问候:“您好,欢迎您就餐。”按照习惯,要先引导女性入座,如果是一对夫妇或者一对恋人用餐,应该引导到比较安静的位置,对老年或者行动不便的乘客要主动搀扶;男、女独自用餐的乘客,一般不喜欢在中间的位置就餐。重要宾客应该引导到餐车的适当位置就餐,并且要面对列车前行方向。

(3)为乘客递送纸巾等物品时应双手递送。递送东西时,应站在乘客的正面与之成45°角的地方,双手递送;递送东西应到位,当对方接稳后再松手。

(4)乘客落座后应将餐饮单送上,征求点餐。乘客点餐时,服务员应站在乘客一侧,与乘客保持一定距离,腰部稍微弯下一点,手持餐饮单,认真倾听乘客点餐名称,并做到神情专注、有问必答、百问不烦、主动推销。

2. 餐车服务的基本流程

(1)点餐

① 餐饮单要在客人面前展开:“您好,请您先看下菜单。”

② 主动介绍饮料和餐食的种类。

③ 回答问询时侧身45°角站立于乘客侧前方,面向乘客,身体微欠,细心聆听。

④ 对饮料和餐食的种类要心中有数,掌握相关的知识、餐食的文化背景知识,妥善回答乘客的问询。

(2)送餐

① 送餐时应向客人表达:“您好,这是您点的×××,请慢用。”

② 热饮用具需要事先预热。

③ 杯垫、饮料、小吃、餐巾纸应按照乘客右手的方向按顺序依次直线铺开。

④ 注意不要用手碰触餐具的表面。

小贴士

端托盘时，双手端住托盘的后半部分，大拇指握紧托盘内沿，其余四指托住托盘底部，托盘的高度应在腰间以上胸部以下，托盘端平，微向里倾斜；托盘上放置的物品不应过高以不超过胸部为宜。

(3) 收餐具

① 收餐盘时，动作要轻柔，忌急躁，注意乘务人员应具备的姿态和表情。

② 防止餐盘内的杂物泼洒溅漏。

③ 回收餐桌布时，应当将餐桌布由里向外折叠好后再收走。

3. 餐饮服务细节

为乘客提供餐饮时还应注意一些细节问题，例如，为儿童提供热饮时需递给其监护人等。提供餐食服务时，主动介绍餐食品种，汤温度过高时，应及时提醒乘客；为乘客冲泡牛奶，需同时送上餐巾纸或湿纸巾；禁止将餐饮或杂物从乘客头顶上方掠过，旁边乘客协助递送时需及时向乘客致谢等。

演礼训练

1. 模拟现场，分组实施（乘客组、工作人员组、检查人员组），利用所学知识帮助处理下列问题：

场景 1：一乘客购票时使用一张假钞并拒绝更换。

场景 2：乘客认为票务员在售票过程中少找钱了，要求票务员返回少找的钱款。

2. 模拟站厅服务人员现场服务：

(1) 遇到小孩的检票服务。

(2) 为乘客指示方向或排队引导的服务。

(3) 安检服务。

思考应用

1. 列举乘客无法刷卡进站的原因。

2. 列举乘客无法刷卡出站的原因。

3. 在乘客服务中心服务中，哪些环节容易和乘客发生冲突？应该如何避免？

4. 在站厅服务中，哪些环节容易和乘客发生冲突？应该如何避免？

5. 在站台服务中，哪些环节容易和乘客发生冲突？应该如何避免？

6. 列举常见列车服务项目。

7. 简述餐车服务的具体流程和注意事项。

8. 案例分析

网易新闻：上海地铁 2 号线相继出现“超人”“鹿人”等“行为艺术”后，2008 年 10 月 17 日，2 号线上惊现“木乃伊”。17 日，网友称地铁 2 号线开到上海科技馆站时，突然上来个全身裹着白色纱布的形似“木乃伊”的人。该“木乃伊”一上车，很多人都拿出相机拍照。“木乃伊”时不时与乘客打招呼，甚至试图握手，把一位女乘客吓得用书遮面，大叫“快走开，太恐怖了！”。

期间，“木乃伊”还在一个空位上坐了一会。

（1）对于上述案例，该“木乃伊”的出现会给车站的日常工作带来哪些困难？会出现哪些安全隐患？

（2）作为车站工作人员，为了不影响其他乘客，可以拒绝该“木乃伊”进站吗？

（3）如果你是当班站务员，你如何处理？

礼仪热点

☆ 服务员化淡妆系丝巾　虹桥地铁车站服务接轨空姐服务

东方网记者王铭泽报道：作为来沪旅客进沪的“大门”，以80、90后服务员为主的虹桥火车站改革了服务方式，无论是服务员的形象还是车站服务质量全都接轨高铁和飞机。虹桥区域女服务员用彩虹条纹的丝巾代替灰色的领带，并化上淡妆，站务员也戴上白手套，规范执行每一次手势信号……

在日常服务过程中，地铁虹桥枢纽区域还新创比肩空姐的主动服务方式——“目视服务”：服务员们在服务过程中用眼睛说话，用眼睛发现乘客的需求，第一时间提供主动帮助。上海地铁服务明星熊熊告诉东方网记者：“我们在服务过程中目光接触时，实际是在传达一种无声的语言，表示我在关注您，我乐意为您服务。”

☆ 南宁地铁推“准妈咪”徽章　孕妈坐地铁可享优先服务

广西新闻网-当代生活报讯　黄静报道：南宁地铁1、2号线全线各站正式开启“关爱孕妈•同心同行”活动，孕妈本人可以前往1、2号线任一地铁站客服中心处领取一枚“准妈咪”徽章。

孕妈可在搭乘地铁时佩戴上“准妈咪”徽章，车站工作人员会主动为其提供绿色通道等优先服务，包括主动引导孕妈优先安检尽快进站，引导孕妈到候车的队列前方优先上车等，当孕妈身体不适或遇其他紧急情况时，可向车站工作人员求助，车站人员会根据需求为其提供椅子、热水等帮助。同时，南宁地铁也呼吁其他乘客如在列车上发现佩戴“准妈咪”徽章的孕妈时，能主动让座。

通过此次活动的开展，南宁地铁呼吁广大市民乘客关爱母亲群体，形成地铁文明之风，营造文明礼让、和谐温馨的地铁氛围，为孕妈出行创造一个和谐友爱的环境。

第十七章 服务投诉处理

学习目标

通过本章学习，应该达到以下目标：

知识目标：了解旅客投诉的原因，掌握服务投诉的处理方法。

能力目标：能够独立分析投诉原因，并具有处理投诉的对策和技巧。

素质目标：具有正解分析问题、解决问题的意识与能力。

核心概念

服务投诉　　原因分析　　处理原则　　处理步骤

第一节　服务投诉分析

在服务行业，需求与服务往往会存在差异，差异容易导致矛盾的产生。在铁路旅客运输服务过程中，当旅客的需求与客运服务之间的差异引起的矛盾处理不当时，会导致旅客的投诉。客运服务部门对旅客的投诉应给予足够的重视，不应恐惧、厌烦或不予理睬。铁路客运部门非常重视旅客的投诉，设有铁路客户服务中心，全国统一客服电话 12306，负责受理旅客咨询和投诉、建议。

一、投诉原因分析

旅客对铁路抱怨和投诉的原因，涉及因素较多（如对旅客不尊重、态度不好、工作不负责、车上食品价格高、设施不配套、服务项目种类少等），大致可分为两种：客观原因和主观原因。

（一）客观原因

客观原因一般是指非铁路责任。例如：旅客在明知列车晚点是因为自然灾害造成时，同样会产生焦急、烦躁等心理变化，并会在语言上、行为上有所表现。另外，由于焦急等待会在心理上产生时间上的错觉。

（二）主观原因

在全部投诉中，更多的是主观原因引起的投诉，主要集中在以下两个方面。

1. 不尊重旅客

客运服务工作人员对旅客不尊重，这是铁路旅客服务中引起旅客不满的一个重要原因。其具体表现有如下几个方面：

(1) 招待旅客不主动、不热情、不周到。有的服务人员不主动称呼旅客，或者经常以“喂”代替；有的则对待旅客态度冷淡，或者旅客多次招呼也毫无反应；有的接待有些人热情，对其他人态度冷淡。

(2) 用不礼貌的言语冲撞旅客。

(3) 不尊重旅客的风俗习惯。

(4) 没有根据地胡乱怀疑旅客拿走列车上的物品。

(5) 讽刺、挖苦，甚至辱骂旅客。有的服务人员对旅客评头品足，讽刺挖苦；个别服务人员甚至用粗俗的言语辱骂旅客。

2. 工作不负责任

(1) 工作不主动、不及时。

(2) 清洁卫生工作马虎，食品、用具不洁。例如：有的服务人员卫生习惯不好，仪表不整；有的边工作边吃东西等。

(3) 忘记或搞错了旅客的要求。

(4) 弄脏或损坏旅客的物品。

二、投诉心理分析

通常情况下，旅客在投诉时有以下 4 种不同的心理需要。

(1) 求尊重心理：在乘车过程中，旅客感到自己未被尊重，这是投诉最主要的原因。

(2) 求宣泄心理：旅客利用投诉的机会把自己的不满发泄出来，以维持其心理上的平衡。

(3) 求补偿心理：旅客希望自己在精神上和物质上的损失能得到补偿。

(4) 求公平心理：根据“公平理论”，旅客花了钱而没获得相应的服务，如价格不合理、服务设施不完善，服务不到位等，就会寻找一种公平的机会来满足自己的心理。

三、投诉主体分析

旅客来自不同的阶层，出行的目的也各不相同，通过对不同旅客的分析，可以使得投诉的处理工作针对性更强，真正做到有的放矢。一般来说，旅客投诉的主体可大致概括为：

(1) 公务出行者：人大代表、政协委员、政府公务员。

(2) 商务出行者：国有企业公出人员、私营企业家、个体经营者。

(3) 因私出行者：旅行结婚、旅游观光、求医治病等因私出行人员。

(4) 其他出行者。

四、投诉对策分析

(一) 正确认识旅客的投诉

要正确处理旅客的不满和投诉，首先必须能正确看待和分析旅客的不满和投诉。

(1) 失误是难免的。不管一家铁路企业的经营管理多么完善，也不论铁路服务人员怎样尽心尽力，要想在服务中使每一位旅客时时处处都感到满意，恐怕也是难以做到的。事实上，列车的环境、卫生，或是食品质量、服务人员的态度等，都可能会遭到旅客的投诉。当遇到旅客投诉时，服务人员既不必大惊小怪，惊慌失措，也不可漠然视之，而应当保持平和的心态去积极应对和解决。

（2）旅客的投诉是一把“双刃剑”。旅客的投诉一方面可能会刺激、伤害服务人员，使服务人员感到尴尬和不快，但另一方面，旅客的投诉对铁路企业来说又是极其宝贵的信息来源，也能给铁路企业带来一些好处：

① 旅客的投诉可以反映出铁路企业在管理、食品及服务方面的缺点，从而促使铁路企业改进工作、提高服务并进一步增强铁路的市场竞争力。

② 如果旅客的投诉能够获得满意的解决，将增加旅客对铁路企业的正确评价，降低对铁路企业的负面影响。

因此，旅客的投诉是一把“双刃剑”：解决得好会使铁路企业获得一个改善、提高自己的好机会；解决得不好则会使铁路企业深受其害，形象和声誉受到损失。

（3）要能够区别投诉和“挑刺”。多数旅客的投诉，并不是要不花钱而白吃白喝，而是为了“出口气”，并让铁路企业有关人员改进工作。一般说来，旅客对铁路企业投诉就意味着他对铁路企业还是信任的，也存在着友好的愿望。因此，一定要对旅客的投诉抱有正确的认识，不能不加分析地统统将投诉看作是旅客故意“挑刺”，如果误认为旅客“挑刺”，那就会造成更大的纠纷。

（二）对处理投诉的服务人员的素质要求

为及时、妥善地处理好旅客的投诉，对列车服务人员也提出了很高的要求。

（1）要树立正确的指导思想。列车乘务人员必须正确认识自己在铁路服务工作中的定位。否则，就不可能有效应对各种突发事件和旅客投诉。其实，在旅客心里，几乎都是把乘务人员当作铁路企业的“主人”来看待的。当旅客对食物和服务工作有意见时，总是向乘务人员直接提出，一般都不会直接去找相关领导。在此情况下，铁路乘务人员就应当以“主人”的姿态认真听取旅客的意见，并有义务满足旅客提出的合理要求，绝对不能对旅客不理不睬、敷衍搪塞或推诿卸责。衡量一个客运服务人员是否具有主人翁意识的主要标准就是看其在实际的服务工作中，能否坚持把旅客放在首要的位置，处处为旅客着想，千方百计为旅客做好服务工作。

（2）具备良好的职业道德和公关意识。对于列车乘务人员来说，最基本也是最重要的职业道德，就是诚实、礼貌待客，以“诚招天下客”作为开展服务工作的一个核心信念。乘务人员需要在服务工作中奉行实事求是、有错必纠、有过就改的服务原则，决不可弄虚作假欺诈旅客及损害旅客的合理合法权益。

（3）掌握丰富的业务知识。作为铁路客运服务人员，必须熟练掌握与铁路服务有关的各种业务知识。其中既包括铁路服务业方面的专业性知识，也包括其他方面的社会知识。铁路乘务人员必须了解铁路的各种规章制度、工作要求，掌握相应的技能技巧，懂得怎样有条不紊地做好服务工作。就社会知识来说，铁路乘务人员则必须了解不同旅客的服务需要，知道如何尊重特殊旅客的特殊习惯等。总之，只有具备丰富的专业性知识和其他相关的社会知识，才能很好地预防乘务工作中可能发生的各种矛盾，并将已经发生的矛盾予以正确的处理。

（4）高超的语言艺术。语言是打开心门的钥匙，也是人们相互间加深理解、加强交流的一个得力助手。优美、得体的语言，可以使人们消除误会、冰释前嫌，化干戈为玉帛。服务语言是铁路乘务人员为旅客服务的有效工具，彬彬有礼的服务用语伴随主动、热情、耐心、体贴、周到的服务行为，可以充分显示出铁路乘务人员良好的素质和高超的服务水准。更重要的是，当碰到突发紧急事件和旅客抱怨时，铁路服务人员需借助高超艺术的语言来进行化解，使语言艺术成为化解旅客不满的有力武器。

第二节 服务投诉处理对策和技巧

对于旅客的投诉，铁路服务人员一定要慎重对待，并且必须做到：耐心倾听，弄清真相，理解旅客，诚恳道歉，恰当处理。

一、处理旅客投诉的一般对策

第一，对旅客的投诉耐心倾听，弄清真相不急于辩解、反驳或埋怨别的部门。旅客来投诉时，应当礼貌地接待，让他慢慢地讲，要耐心地倾听。

旅客心中有怨愤时，应让他们讲出来，以发泄情绪，他们心里才会舒服。耐心，有时可以使一个暴跳如雷的旅客平静下来。

第二，以诚恳的态度向旅客道歉。当旅客投诉时，铁路服务人员一定切忌置之不理或是与之发生争吵。

有些服务人员认为旅客来投诉是他们“多事”或有意“找茬”，有意和服务人员过不去，这种想法是不正确的。

第三，区别不同情况，在旅客同意的情况下做出恰当的处理。对于一些明显是由服务工作的错误引起的投诉，应当马上道歉，在征得旅客同意后，作出补偿等处理。

征得旅客的同意是为了避免处理时不合旅客的意愿，反而会使问题复杂化。

二、处理旅客投诉的技巧

第一，理解和尊重旅客。理解和尊重是服务工作的原则，但在沟通过程中，就不仅是原则，还有技巧问题，即适当的表达方式和技巧是保证沟通顺利的重要因素。

第二，加强与旅客的配合。在铁路服务过程中，旅客的行为会影响服务质量和效果。旅客有效的参与行为是保证服务质量和满意度的必要和重要条件。有效的、顺利的沟通，离不开旅客的有效参与和配合。为此，必须加强与旅客的沟通和协调，以促进旅客的配合。

第三，迅速解决问题。铁路企业对于临时出现的问题，如列车延误、旅客投诉等，必须迅速、及时地解决。因为一个问题如不及时解决，就可能迅速变大或升级，从而造成极坏的影响。

第四，巧用幽默。在沟通过程中，除了一些特殊场合，人们总希望有轻松愉快的氛围，适当的幽默能引起对方的善意。要在沟通中运用好幽默，注意幽默要看对象，对象不同，对幽默的理解和感受也不同。比如，文化水平高低不同的对象对幽默的理解和感受就存在很大差异。总之，幽默要以引起对方的共鸣为益。

第五，正确使用沟通语言。语言作为沟通工具，能否在沟通过程中正确地使用它，对达到沟通目的具有重要意义。正确使用沟通语言应注意：

① 掌握运用语言的规律和艺术。一般沟通中的语言是按形式逻辑的规律来运作的，因此，我们应尽量使用清晰明确的语言，并使之前后呼应，通俗易懂。同时，注意使语言生动活泼，使之具有感染力。

② 尽量“纯化”语言。这主要是指，在一般的人际沟通过程中，尽量少用方言、土语或

专用术语，特别是在与不熟悉当地文化传统背景的人及本行之外的人沟通时，应尽量使用普通话和大众熟悉的概念，以免发生误解。

③尽量发挥语言的综合优势。从大的方面，要尽量发挥有声语言和无声语言的综合优势，使要传达的信息准确而有力地触动对方的心灵；从小的方面说，要利用好词语、语音、语调等的综合优势，使我们的语言表达更有情感，给人留下更加深刻的印象，使沟通顺利。

第六，站在旅客的角度。换位思考是服务工作的法宝。

第七，分清原因，合理应对。

对于客观原因造成的投诉，铁路客运服务人员可以针对这些旅客的心理，明确自己工作的性质，急旅客之所急，想旅客之所想。同时，利用自己的服务技巧做好铁路运输非正常情况的服务，安抚旅客情绪，做到“旅客可以对客观原因造成的不正常不满意，但决不能使旅客对自己的服务不满意”。

对于主观原因造成的投诉，铁路客运人员首先应该在感情上、心理上与投诉者保持一致，然后必须尽快正确地判断失误的性质和责任划分，再采取合适的方式进行补救。一般来讲，可以采取以下几种主要方法：口头或书面向旅客表示道歉；承认失误，承担相应的责任，并加以改正；以合理的形式对旅客进行补偿。

事实上，旅客在心理上对铁路所提供的服务往往具有较高的期望值，服务的失误会使旅客产生过度的不满和抱怨，虽然错误不一定在铁路企业，但铁路企业必须树立“假设当前旅客正确”的观念，对旅客的不满尽量在投诉的现场采取措施进行解决，延误的时间越长则解决的效果越差处理成本也会大幅度的增加，使不良影响扩大或升级。

第三节 服务投诉处理的基本步骤

面对旅客来势汹汹的投诉，处理具体步骤如下：

一、不要与旅客争论、辩解

无论旅客是对服务人员还是其他方面进行投诉，当事人应该马上离开现场。一定不要与旅客争论不休，而是应该由铁路企业的管理人员出面解决，以表示重视。

二、认真聆听

要详细地了解旅客投诉的缘由，认真聆听旅客的诉说，让旅客感到铁路企业十分重视他提出的问题。

三、真诚道歉

在了解了旅客投诉的缘由时，要表示出同情和歉意。在听旅客诉说的时候，要温和地注视着旅客，并不时地点头，同时向旅客说：“为此事，我们非常抱歉。”“我们非常理解您现在的心情”等。

四、立刻采取措施

在明白了旅客投诉的事情后，要立刻采取措施。

铁路企业方面负责出面解决问题的人员应该有权力对投诉的问题立即进行处理，同时把采取的措施与具体内容告诉旅客，让旅客知道铁路企业方面对此事的态度，从而减轻旅客的不满程度，产生对铁路企业的信任与感激之情。

五、感谢旅客的批评指教

旅客无论是基于何种心理去投诉，在客观上都起到了帮助铁路企业改正缺点、改进工作、完善服务的作用，因此，要向旅客表示真诚的谢意，感谢他们的提醒与建议。

六、将补救措施立即付诸行动

了解清楚旅客的投诉情况后，要果断采取补救的措施，视情况对旅客予以补偿。

指定了措施后，还要立即贯彻执行，付诸行动。拖延不决只会引起旅客更大的不满，旅客可能会认为铁路企业缺乏诚意。补救措施实施后，要尽快再次征求意见，询问旅客的满意程度。

七、要落实、监督、检查

检查对旅客的投诉的具体解决措施。处理旅客投诉并要获得良好的效果，其最重要的一环便是落实、监督、检查已经采取的纠正措施。

只有良好的监督机制，才能确保正确的补救措施得以真正地执行，否则，补救措施制定得再完美，也只能流于空谈。

第四节 服务投诉的案例分析

一、旅客急病情景再现与分析提示

一天深夜，石家庄开往广州的某次列车正在奔驰。忽然，一位少女的哭声惊醒了车厢内熟睡的旅客，原来是她两岁的小妹妹突发急病，已陷入了昏迷状态，惊慌失措的姐姐眼含着泪水求助地望着大家。紧急之中，列车员叫来了值班车长。

“大家不要急！”列车长先稳定住车厢内旅客的情绪，同时，迅速布置乘警、列车员在车厢内寻找医生，并抓紧向少女了解情况，为下一步工作做好准备。前后赶到的四位医生经过紧急会诊，一致确诊为急腹症，需马上入院手术。可列车运行到下一个停车站长沙还需要近两个小时，到时恐怕就来不及了，小患者的姐姐一听又哭了起来。情况紧急，需特殊处理。列车长立即向列车运行所在局客运调度汇报，请求批准本次列车在前方某个市级站临时停车。在得到客运调度批准并得知调度已通知当地医院的准确消息后，小患者姐姐的脸上也露出了笑容。列车长还没来得及松口气，发现女孩低着头又哭了起来，经询问，得知女孩只带了300元，怕到医院不够。为解决旅客的困难，列车长掏出了100元，紧接着乘警、列车员也各掏出了100元，四名医生每人也捐出了100元，其他旅客也纷纷解囊。女孩还带着泪花的脸上露出了笑容，她感谢列车长、乘警、列车员，感谢在场的医生和旅客，也感谢那些未曾见面而帮助她的好人。

当列车停稳在站台旁时，人们见到了迎候的救护车。深夜中，救护车顶上那闪烁的蓝色灯光是那样的灿烂、温馨。

【分析提示】

① 列车员、列车长能在发现旅客患病、稳定旅客情绪、应急处置、向上级汇报、后续援助等环节中，各司其职，及时果断采取相应措施，有条不紊地控制事态向良性方面发展，既成功地救助了旅客，也为铁路赢得了良好的社会声誉。

② 事件发展过程中，列车长能凭借自己的良好的心理素质和过硬的业务能力，临危不乱，准确把握患病旅客亲属及周围旅客的心理，既用适当的言语及时稳定大家的情绪，为救助工作创造了条件，又通过合理的应急处理流程落实各项工作，从始至终，很好地掌控着局势的发展，为最后的成功救助奠定了良好的基础。

③ 尤其值得表扬的是列车长在旅客遇到困难时，能把旅客当亲人，急旅客所急，正是列车乘务人员的高度责任心和对旅客的爱心，感动了有困难的旅客，也感动了周围的旅客，真正做到完成了一次服务，化解了一次危机，更收获了一片荣誉。

二、无责旅客投诉情景再现与分析提示

某日晚 19：30 左右，×× 站组织 ×××× 次旅客检票进站时，有一女旅客携带 1 名小女孩通过闸机检票进站，由于小孩身高不足 1.2 m，没有购票。该名女旅客和小女孩用一张票通过闸机，让小孩跟随其进站，闸机关门时扇门夹到了小孩的头。客运员马上走到旅客面前询问情况，见小孩身高约 0.9 m，头部无伤痕，便对小孩进行了安抚，向旅客做好了解释工作，但女旅客要求客运员出具地铁闸机扇门夹到她女儿头部的证明，客运员听后向旅客解释车站不能出具此类证明。女旅客听后就说：“你不能决定就找你的上级。”于是客运员致电客运值班员，得到回复：因铁路无此规定，不能为旅客出具此类证明，请客运员做好解释工作。于是客运员再次向旅客解释，但旅客仍不接受，于是客运员将服务总台电话提供给旅客，请其向总台咨询，旅客记下客运员的工号并致电 12306 投诉。

【分析提示】

① 客运员在处理事件的过程中，能够保持良好的服务态度，并能够及时安抚旅客，没有与旅客发生任何的争执。

② 在处理过程中，客运员工的服务技巧仍有所欠缺，在语言表达及解释工作方面没有与旅客达成共识，使旅客打 12306 投诉。

③ 车站在处理类似事件时，员工只知道公司规定不能给旅客任何的书面证明，但在旅客解释方面没有一个明确的指引。

④ 车站日常服务技巧的培训不够。

【定性】无责旅客投诉

技巧指引：

① 车站应对员工日常服务工作中的技巧进行检查、监督，发现问题及时指正。

② 当旅客解释提出异议时，先用肯定句接受旅客意见再婉转提示旅客，并使用其他方式再次向旅客解释，务求与旅客达成共识。

③ 工作时要实现服务角色的非个性，即承担服务角色时，要抛弃个人的性格、习惯和不良情绪，将最谦逊的一面展现给旅客。

④ 做好服务投诉的记录，要求员工进行讨论、学习，使员工吸取教训、经验，不断提高服务技巧。

【处理原则】

① 不能与旅客发生正面争执。

② 对旅客的解释要婉转、要做好旅客的引导工作，一切从旅客的角度出发。

小提示：

① 进入服务者角色，从旅客的角度思考问题，从旅客的立场处理问题。

② 在日常的工作中，注意对旅客的观察，了解旅客的需求。

三、列车空调故障情景再现与分析提示

某日，某次列车 1 号车厢前半部空调发生故障，致使车内温度达到 29.5℃。该车厢乘坐的为某市十余所重点中小学赴外地参加桥牌比赛的学生选手及带队老师，共 55 人。由于车内温度较高，带队老师对列车工作人员关于空调故障的解释以及在随后的列车给旅客发放矿泉水的过程中漏发了一些旅客的情况表示不满，情绪激动、言辞激烈，要求给予补偿、给出说法，并声称到站后不下车。

列车长接到乘务员报告后，与机械师立即赶到现场，一方面积极做好解释和安抚，另一方面对空调故障全力进行抢修。同时集中列车所有矿泉水，使用一次性纸杯，逐人送到每位旅客手中后，经客运调度协调，又于列车运行前方站补充 20 箱冰冻矿泉水，向每位旅客发放，同时始终做好致歉、解释，使旅客情绪得到稳定。

整个过程中，列车长随时将车内状况及旅客情况向段派班室、车队汇报，并按客运调度要求拍发空调故障电报。当段里接到带队老师强烈表示到站不下车的信息后，相关段领导于列车到达某中间站时上车，与带队老师进行直接接触，表明诚意，准确说明铁路相关规定，使旅客感受到铁路企业的诚意，增强了旅客对铁路企业的信任。经多方反复努力，列车到达旅客的目的站时，55 名旅客全部顺利下车。

【分析提示】

① 在开始环节引起旅客不满的原因中，直接原因是气温较高、列车空调设备的故障，属于客观原因，间接原因是列车乘务人员给予旅客的空调故障简单解释及在发放矿泉水工作中的疏忽，属于主观原因。客观原因反映出乘务工作准备不足，并且对已发现的设备故障问题重视不够，主观原因显示出乘务工作人员尊重旅客的意识不强和对工作的责任心不足。而这两种原因相结合，造成了旅客的抱怨和不满。

② 随着列车长和机械师的迅速赶到，进一步的解释原因并安抚旅客，以及对空调进行全力抢修，使旅客感到他们反映的问题有实质性进展，心理稍微宽慰，同时，旅客也感到自己受到了更多的重视和尊重，心里的怨气也就减弱了许多，这样也就为乘务人员更好地解决问题赢得了时间和条件。接下来乘务人员的两个细节服务措施值得肯定：一是集中列车所有矿泉水，使用一次性纸杯，逐人送到每位旅客手中，这样把给旅客发放整瓶矿泉水换成为每一位旅客倒上一杯水，既体现了乘务人员对旅客的诚意，又不会再次因漏掉哪一位旅客而引起旅客的误会，而且方便乘务人员能单独带给每一位旅客一句真诚的道歉，这样就会让旅客心里的怨气进一步得到缓和。二是积极与客运调度，从前方站紧急补充冰冻矿泉水，再次向旅客发放，更加显示出铁路乘务人员的诚意与歉意。通过列车乘务人员这一系列的工作，旅客的心情势必已发生很大的变化，也就为最后的解决问题打下了良好的基础。

③ 最后，相关段领导及时、主动上车，与带队老师进行直接接触，进一步表明了诚意，沟通了感情，因此当列车到达旅客的目的站时，55 名旅客全部顺利下车也就顺理成章了。至此，本。次旅客的投诉终于得到了完满解决。

④ 从本案例的发生、发展、解决的整个过程中，我们看到在处理旅客投诉时，乘务人员的基本素质积淀以及对旅客心理的把控能力、对突发情况的应急反应水平、对本职工作的敬业精神等都在起着至关重要的作用。因此，加强职业培训力度，不断提高列车乘务人员的综合素质，始终是铁路客运服务工作中的一项需要长期坚持而又非常重要的工作。

演礼训练

（一）训练内容

纠纷处理技巧方法大练兵：

1．“谅解法”处理投诉纠纷。

重点：(1) 核实事情。

(2) 聆听对方心声。

(3) 用真诚的态度取得谅解。

任务 1：每一团队运用“谅解法”沟通技巧进行此类纠纷的处理，要求有两个以上方案。

2．“移情法”处理投诉纠纷。

重点：(1) 特别适用于对方非常偏激的安抚。

(2) 聆听对方心声。

(3) 有声语言与肢体语言要得体。

任务 2：每一团队运用“移情法”沟通技巧进行此类纠纷的处理，要求有两个以上方案。

3．“3F 法”处理投诉纠纷。

重点：(1) 表示理解对方需求。

(2)“将心比心”，转移淡化对方感受。

(3) 尽量将自己的建议用第三者的心态行为来引导。

任务 3：每一个团队运用“3F 说服法”沟通技巧进行此类纠纷的处理，要求有两个以上方案。

（二）训练目的

1．理解服务纠纷常用处理方法。

2．培养沟通意识与处理纠纷能力。

3．全面提升职业素养与综合素质。

（三）训练模式

1．以创作服务情景短剧表演的方式训练。

2．以项目完成方式训练。

（四）训练评价

1．团队代表发言，说说创作的主题思想。

2．老师点评总结，记载成绩。

思考应用

1．旅客投诉的客观原因与主观原因有哪些？

2．处理旅客投诉的技巧方法有哪些？

3．实践应用：如果在工作中，遇到乘客因车上盒饭不洁净而大发雷霆，并说要申诉到上级有关部门，你如何处理此类问题纠纷呢？请说明具体理由。

4．案例分析：某日，客流高峰期，乘客非常多，有一位拎着两大袋行李的乘客没有自觉排队就想直接挤上车，引起旁边的乘客的不满，这时站在旁边维持秩序的站务员看到这种情况也非常生气，拽了这个乘客一下，可能是弄痛了乘客，这位乘客非常气愤，直接就骂了句粗话，说“你以为你是谁啊，你凭什么拉我，弄伤了你负责啊……”。

讨论：如果是你面临此情况，应用什么技巧方法处理为最佳方案？同学之间互相配合体会感受。

礼仪热点

☆ 成功处理纠纷的启示

有一天在候车室里相邻而坐的两位旅客发生了激烈争吵。事因是A旅客把鞋子脱掉后，把脚搭在座位上，再加上脚有一股难闻的味道，引起B旅客极大的不满。B旅客提醒A旅客把脚放回去。

A旅客：这是你家吗？你多管什么闲事。

B旅客：难道你不知道你的脚有多臭吗。

A旅客：你嫌臭你可以不在这里坐啊。

B旅客：你怎么这么不讲理啊，太没素质了。

A旅客站起来：你说谁没素质？说谁啊！

B旅客也站起来：说你啊，有娘生没爹教。

两人眼看就要动起手来了，这时小张走过去先了解事件原因，听取了双方陈述后，小张用朋友语气指出A旅客的不对：“大哥，天气太热，确实委屈大家了，但候车室是公共场所，您把脚搁在座位上确实不妥，而且座位是给人坐的，不是给我们放脚的。”没有直接指出是因为A旅客的脚臭，给足了对方面子。接着小张也指出B旅客的不对：“这位大哥，别人做得不对说出来是应该的，但您也要注意某些用语，假如别人也这么说您，您也会不高兴吧。”最后小张安抚双方：说“出门在外，很辛苦，再找气受就更累了，所以大家要尽量站在对方的立场想问题，好吗？这位先生（A旅客），这样吧，我带你到那边比较通风凉快的地方候车，好吗？”，这样处理避免了两旅客坐在一起尴尬或再发生冲突。

参考文献

[1] 王芬．秘书礼仪实务 [M]．北京：电子工业出版社，2009．
[2] 马幼莲，陈海英．现代社交礼仪 [M]．北京：北京出版社，2007．
[3] 陈向红，岳晓琪．新编现代商务礼仪 [M]．北京：电子工业出版社，2011．
[4] 刘芳．公共关系与礼仪 [M]．上海：同济大学出版社，2009．
[5] 刘国柱，王振林．现代商务礼仪 [M]．2 版．北京：电子工业出版，2009．
[6] 滕新贤，龙一平．新编礼仪教程 [M]．北京：新华出版社，2009．
[7] 秦启文．现代公关礼仪 [M]．重庆：西南师范大学出版社，2009．
[8] 周艳波．形象塑造与自我展示 [M]．北京：高等教育出版社，2015．
[9] 高蓉．城市轨道交通礼仪 [M]．北京：人民交通出版社，2011．
[10] 张百章，何伟祥．公关礼仪 [M]．大连：东北财经大学出版社，2005．
[11] 李智．社交礼仪 [M]．武汉：武汉大学出版社，2014．
[12] 能卫平．现代公关礼仪 [M]．北京：高等教育出版社，2004．
[13] 贾薇，任迎春．社交礼仪 [M]．北京：中国轻工业出版社，2013．
[14] 董正秀．铁路客运服务礼仪 [M]．北京：中国铁道出版社，2009．
[15] 彭林．中国古代礼仪文明 [M]．北京：清华大学出版社，2004．